北京润朗律师
REAL LONG LAW FIRM

法律风险防控系列丛书

中国民企风控指南

葛翠寒 黄 鸿 张 琦 著

GUIDELINES FOR RISK CONTROL OF PRIVATE ENTERPRISES IN CHINA

法律出版社 LAW PRESS · CHINA

序

1962年的秋天，当时“上山下乡”还未成势，干部子弟们一般只是在北京近郊象征性地劳动一阵子，但父亲给我们全家做工作，坚决把我送到河南黄泛区锻炼。时值三年困难刚过，我出发那天，家里很多人都哭了，没想到这一走就是十个春秋。在漫长下乡岁月中，我同大多数知青一样，也产生过离开农村的想法，但父亲的态度一度让我却步，他撂下狠话“：你不能当逃兵，逃回来我也不会让你进家门。”诚然他这种强烈的“规则意识”一度让我自嘲：别人是“朝中有人好做官”，我却是“朝中有人难返京”，但也正是这种“规则意识”的教育与熏陶，让我在日后的工作、生活中受益匪浅。

熟悉我的人都知道，我到国家体委工作后酷爱垂钓。钓鱼时如何下钩、看漂、扬杆都有“法”可依，无论花样如何翻新，无论是“台钓法”还是“横八字遛鱼法”，个中要义不外乎一个“法”字：下饵，上钩，四十五度握紧，杆如满月，俨然行家派头！因为从小成长环境的缘故，红墙内外我听过不少伟人的钓鱼轶事，万里长征时物资匮乏，朱德总司令和贺老总就喜欢在戎马倥偬的间隙抡杆垂钓解决口粮问题。这些轶事展现的不单是他们对钓鱼的喜爱，更多的是流露出了一种“垂钓哲学”，一种对“法”与“规则”的敬畏。

改革开放四十余春秋，我国经济发展始终坚持中国特色社会主义市场经济体制，尊重资本流通原则。马克思在《资本论》中将资本的流通方式归纳为公式“C－M－C”，即为商品（Commodity）交换为货币（Money），最后货币又交换为商品的过程，生生不息。诚然个人资本的累积并不违法，但是货币却带有与生俱来的公众制度属性。私人资本积累带来的必然结果是公众权利会一定程度地集中到个人手中，其对于社会稳定性的干涉与影响也愈大。企业是活跃在资本市场里的主角，是永葆国民经济发展的关键一环，企业高管自身风险的防控对于企业风险防控乃至社会的稳定具有深刻的影响。

从1987年转业进入国家体委到今天，我的生命中有一半的时间专注在推广网球运动这项事业上。除了笔杆子，我这辈子注定要与这“球拍子”相守，网球运动是一门文化艺术，企业管理同样也是一门文化艺术。在2017年锦织圭的第四轮比赛中，费德勒一记精妙的“Outside－in”向世人展现了他登峰造极的网球技艺；而对于企业而言，如何规避风险将濒临“出界”的企业行为击回法律的框架之内，同样需要高超的艺术手段。

在党的十八大上，习近平同志提出了依法治国“新十六字”方针，强调了“全民守法，倡导社会新风”对于依法治国的重要作用。国家法治是精神文明的基础，更是一切经济发展的基础，作为国民经济的重要组成部分，企业不仅要有积极的进取心和首创精神，更应对“法律风险”和“法律边界”有足够的认识，坚守法律风控这条生命线，不忘初心，牢记使命，依法治企，正当其时。

我与祖华相识有些年头了，诚然，他时常自嘲自己只会摆弄那些个法界“劳什子”，但仍旧长年黄卷青灯，口上法言法语，笔下法学法理，终日浸泡在法坛里乐此不疲。在律界深耕十载，其难免有许多言语蕴于胸中，积累数年，涂抹成册，便有了今天的法律风险防控系列丛书。全书洋洋洒洒二十余万字，贯穿了企业自设立到终止的全过程，涵盖了民事、刑事风险防控等多维度，从案例与法律条文入手，以小见大、通俗易懂，字里行间虽没有纵横捭阖的法治论衡之意，却有“润万物耕法治之心，朗巷人戍契约之城”的谦谦君子之心。我相信该系列丛书能够在法治漫谈中润物细无声，助诸位拨云见日，识君瞰法。

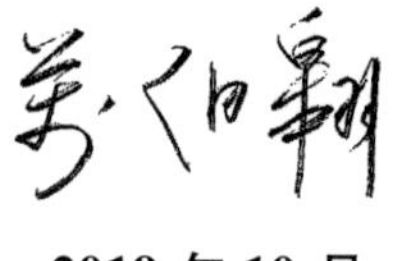

2019年10月

目　录

第一章 企业设立相关法律风险及防控

第二章 企业内部治理相关法律风险及防控

第三章 企业合规管理相关法律风险及防控

第六章 企业融资法律风险及防控

第十章 企业刑事法律风险及防控

第一章

企业设立相关法律风险及防控

企业设立是指企业设立人依照法定的条件和程序，为组建企业并取得相应资格而采取和完成的法律行为。实践中，很多企业的设立人往往对企业的设立过程并不十分在意，甚至是非常随意。在多年的实务工作中，我们看到大量的企业在设立时为了缩短设立的时间，往往在选择企业类型时没有深入思考，遵循的原则也是怎么方便怎么做，甚至为了达到某些目标，而采取一些非常规的手段。然而实际上，企业在设立过程中的不规范行为，往往会为企业今后的健康运行埋下隐患，导致企业成立后运营不畅、纠纷不断，甚至走向灭亡。为此，我们在讨论企业法律风险防范这个课题时，首先从企业设立的法律风险开始。

第一节　不同类型企业的法律风险及防控

企业可以分为公司制企业（股份有限公司、有限责任公司、一人独资有限责任公司）、合伙企业（普通合伙、特殊的普通合伙、有限合伙）、个人独资企业等，每一种法律特性的企业对应不同的法律风险，每一种形态在业务开展、股东关系上又有不同的优势和不足。究竟选择哪一种方式，则需要根据投资者追求的经营目标和投资者之间的关系来设定。

一、我国法律规定的企业类型

（一）公司制企业

公司制企业是指按照法律规定，由法定人数以上的投资者（或股东）出资建立、自主经营、自负盈亏、具有法人资格的经济组织。我国目前的公司制企业包括有限责任公司和股份有限公司两种形式。

（二）合伙企业

合伙企业[①]，是指由各合伙人订立合伙协议，共同出资，共同经营，共享收益，共担风险，并对企业债务承担无限连带责任的营利性组织。合伙企业分为普通合伙企业和有限合伙企业。其中普通合伙企业又包括特殊的普通合伙企业。

普通合伙企业由普通合伙人组成，合伙人对合伙企业债务承担无限连带责任。此外，我国《合伙企业法》第55条又对特殊普通合伙企业作出了规定，特殊普通合伙企业，是指以专业知识和专门技能为客户提供有偿服务的专业服务机构。

---

① 《合伙企业法》第2条："本法所称合伙企业，是指自然人、法人和其他组织依照本法在中国境内设立的普通合伙企业和有限合伙企业。普通合伙企业由普通合伙人组成，合伙人对合伙企业债务承担无限连带责任。本法对普通合伙人承担责任的形式有特别规定的，从其规定。有限合伙企业由普通合伙人和有限合伙人组成，普通合伙人对合伙企业债务承担无限连带责任，有限合伙人以其认缴的出资额为限对合伙企业债务承担责任。"

（三）个人独资企业

个人独资企业[①]，是指一人投资经营的企业。个人独资企业投资者对企业债务负无限责任，企业负责人是投资者本人。

二、风险揭示

企业组织形式的对比见表1－1。

表1－1　企业组织形式对比

	公司制企业		合伙企业	个人独资企业
法律基础	公司章程		合伙协议	无章程或协议
法律地位	企业法人		非法人营利性组织	非法人经营主体
责任形式	股东以其认缴的出资额为限对公司承担有限责任	股东以其认购的股份为限对公司承担有限责任	普通合伙人承担无限连带责任；特殊的普通合伙人因故意或者重大过失造成的合伙企业债务按照约定承担赔偿责任；有限合伙人承担有限责任。	无限责任
投资者要求	无特别要求，法人、自然人皆可。 法律、行政法规禁止从事营利性活动的人不能作为发起人。	发起人须半数以上在中国境内有住所，法律、行政法规禁止从事营利性活动的人不能作为发起人。	自然人、法人和其他组织，但是国有独资公司、国有企业、上市公司以及公益性的事业单位、社会团体不得成为普通合伙人，法律、行政法规禁	有完全民事行为能力的自然人，法律、行政法规禁止从事营利性活动的人除外。

① 《个人独资企业法》第2条："本法所称个人独资企业，是指依照本法在中国境内设立，由一个自然人投资，财产为投资人个人所有，投资人以其个人财产对企业债务承担无限责任的经营实体。"

续表

	公司制企业		合伙企业	个人独资企业
			止从事营利性活动的人不能作为合伙人。	
投资者人数	由 50 个以下股东出资设立	应当有 2 人以上 200 人以下的发起人，股东人数无限制。	2 人以上	1 人
注册资本	一般无要求	一般无要求	协议约定	投资者申报
出资	法定：货币以及实物、知识产权、土地使用权等可以用货币估价并可以依法转让的非货币财产出资。		约定：货币、实物、土地使用权、知识产权或者其他财产权利、劳务（但有限合伙人不得以劳务出资）。	投资者决定
出资评估	对作为出资的非货币财产应当评估作价		以实物、土地使用权、知识产权或者其他财产权利出资，可由全体合伙人协商确定或评估，也可由全体合伙委托法定评估机构评估；以劳务出资，由全体合伙人协商确定或评估。	投资者决定
成立日期	营业执照签发之日			
章程或协议生效条件	公司成立，但对创始股东或发起人而言，自章程签署时生效。		合伙人签章	无
财产性质	法人财产（公司所有）		合伙人共有	投资者个人所有
财产管理使用	公司机关		全体合伙人或执行合伙人	投资者

续表

	公司制企业		合伙企业	个人独资企业
出资转让	股东之间可以相互转让其全部或者部分股权；股东向股东以外的对手转让股权，应当经其他股东过半数同意。经股东同意转让的股权，在同等条件下，其他股东有优先购买权。两个以上股东主张行使优先购买权的，协商确定各自的购买比例；协商不成的，按照转让时各自的出资比例行使优先购买权。	股东可以依法转让其股份，但应在证券交易所进行或通过其他合法途径进行。发起人持有的本公司股份，自公司成立之日起1年内不得转让。公司公开发行股份前已发行的股份，自公司股票在证券交易所上市交易之日起1年内不得转让。	除合伙协议另有约定外，合伙人向合伙人以外的人转让其在合伙企业中的财产份额时，须经其他合伙人一致同意。合伙人之间转让在合伙企业中的财产份额时，应当通知其他合伙人；普通合伙中合伙人向合伙人以外的人转让其在合伙企业中的财产份额的，在同等条件下，其他合伙人有优先购买权，但是，合伙协议另有约定的除外；有限合伙人可以按照合伙协议的约定向合伙人以外的人转让其在有限合伙企业中的财产份额，但应当提前30日通知其他合伙人。	投资人对本企业财产享有的财产权可以转让和继承。
经营主体	股东不一定参加经营		普通合伙人共同经营或者委托执行合伙人经营。	投资者及其委托人
事务决定权	股东会	股东大会、董事会	有约定按约定；未约定或者约定不明确，除法定须由全体合伙人一致同意的事务外，实行合伙人一人一票并经全体合伙人过半数通过决定。	投资者个人

续表

	公司制企业		合伙企业	个人独资企业
事务执行	董事会、总经理等公司机关		普通合伙人权利同等，可委托一个或数个普通合伙人执行事务；作为合伙人的法人、其他组织执行合伙事务的，由其委派的代表执行；有限合伙人无权执行事务；不执行事务的合伙人有权监督执行。	投资者或其委托人
利亏分担	按投资比例，但有约定的从约定	按股东认购的股权比例分配	有约定的从约定；未约定的协商决定；协商不成的按照实缴出资比例分配、分担；无法确定比例则平均分配、分担；除另有约定，有限合伙企业不得将全部利润分配给部分合伙人。	投资者个人
解散程序	清算、注销并公告		清算、注销	注销
解散后义务	无		原普通合伙人对合伙企业存续期间的债务仍承担无限连带责任。	原投资人对个人独资企业存续期间的债务仍应承担偿还责任，但债权人在 5 年内未向债务人提出的除外。

通过表 1－1 可以看出，有限责任公司、股份有限公司与合伙企业及个人独资企业最本质的区别就是公司制企业（包括有限责任公司以及股份有限公司）的股东承担有限责任，而合伙企业及个人独资企业的投资

者须承担无限责任（有限合伙人除外）。

所谓有限责任，即股东以其认缴的出资额为限对公司承担责任，只要股东向公司实际缴纳了其认缴的全部出资，并且没有抽逃出资，股东就不需要再对公司经营过程中形成的债务承担责任，公司的债权人不能追究股东的责任。与有限责任制度相对应的，就是公司的独立人格制度，即公司是企业法人，有独立的法人财产，享有法人财产权，公司以其全部财产对公司的债务承担责任，而相对应地，股东缴纳出资后，其缴纳的出资也不再属于股东，而应当属于公司，股东对其缴纳的出资不再享有占有、使用、收益和处分的权利，但如果股东滥用其权利，严重损害公司债权人利益的，此时仍应当对公司债务承担连带清偿责任。

对于公司制企业而言，最大的优势在于股东的有限责任，即使公司日后运营出现困难，无法偿还所有债务，债权人通常情况下也不能向投资人主张偿还责任。

对于合伙企业，其优点表现在以下几个方面：（1）合伙企业无须缴纳企业所得税，由其合伙人缴纳个人所得税，而公司在缴纳企业所得税后向股东分配利润，股东还需缴纳个人所得税，因此投资合伙企业的税负明显低于投资公司制企业；（2）创办费用较低；（3）合伙人人数没有限制，可以从众多的合伙人处筹集资本；（4）合伙人对企业盈亏负有完全责任，有助于提高企业的信誉。

当然，合伙企业也存在不少缺点，例如：（1）普通合伙人都对企业债务负有无限连带清偿责任；（2）权利比较分散，决策效率较低，如果合伙人之间在决策方面发生矛盾，非常容易影响企业经营；（3）外部筹资比较困难。

对于个人独资企业，其优点表现在：（1）创立容易，结构简单，无最低注册资本要求；（2）不需要缴纳企业所得税，投资者只需要按照盈余额缴纳个人所得税。

个人独资企业的缺点主要有：（1）投资者需要对投资的企业承担无

限责任；（2）企业的存续年限受限于投资者的寿命，若投资者死亡且无继承人或者继承人决定放弃继承，则企业必须注销，无法实现企业的延续发展；（3）由于规模较小，很难从外部获得大量资金发展企业。

三、防控建议

创业伊始，创业者不但需要了解我国现有企业制度中可以选择的各种企业类型，而且应当了解每一种形式的优劣，从而选择一种合适的企业组织形式。通常而言，决定企业组织形式时应考虑以下几个方面的因素：

（一）拟投资的行业

对于一些特殊的行业，法律规定只能采用特殊的组织形式，比如律师事务所只能采用合伙形式而不能采用公司制企业形式，而对于银行、保险等金融事业，法律则要求必须采用公司制形式。因此，根据拟投资的行业确定可以采取的企业组织形式是应当首先考虑的因素。对于法律有强制性规定的行业，只能按照法律的要求办理，对于法律没有强制性要求的，则需要根据实务中通常的做法以及创业者的特殊要求来确定组织形式。例如，创业投资领域内非常热门的私募股权基金（Private Equity，PE），法律允许采用的组织形式包括公司制和合伙制，但随着《合伙企业法》的修改，越来越多的私募股权基金采取了发达国家最为流行的做法，即有限合伙制的组织形式。

（二）创业者的风险承担能力

对于创业者而言，其风险承担能力是其创业前必须考虑的重要因素之一。商业环境中存在各式各样的经营风险，而企业组织形式如何与创业者日后所需要承担的责任大小息息相关。正如前文所述，公司制企业的股东仅以其出资额为限对公司承担责任，公司以其全部资产对公司的债务承担责任，因此公司制企业的有限责任制度对于风险控制具有重要的意义；而对于普通合伙企业以及个人独资企业，合伙人或者投资人则需要对于企业承担无限责任，如果选择这两种组织形式，则创业者所必须承担的风险不仅限于目前的投资额度，还包括全部个人财产，因此，采取后两种组织形式进行创业的风险相对较大。

（三）税务因素

由于不同的企业组织形式所缴纳的税不同，因此选择企业组织形式，必须考虑税负的问题。根据我国相关税法的规定，对个人独资企业和合伙企业的生产经营所得计征个人所得税，其中合伙企业的投资者将全部生产经营所得按合伙协议约定的分配比例，确定各自的应纳税所得额，分别缴纳个人所得税。而对于公司制企业既要就经营所得缴纳企业所得税，又要在向股东分配利润时为股东代扣代缴个人所得税，即按照20%的税率缴纳个人所得税。因此从税负筹划的角度而言，选择合伙企业以及个人独资企业，通常所需要缴纳的税负较公司制企业更低。但是这并不能一概而论，对于一些特殊的行业，如高新技术企业和小微企业，由于我国政府对其采取税收优惠政策，在享受到税收优惠政策的情况下，公司制企业或许更加节税。

（四）未来融资的需要

企业组织形式对于未来的融资也具有较大的影响。如果创业者自身资本充足，拟投资的事业所需资金要求也不大，则采用合伙制或者有限责任公司的形式均可；但是如果日后发展业务所需要的资金规模非常大，则建议设立股份有限公司。

（五）关于经营期间的考量

对于个人独资企业，一旦投资人死亡且无继承人或者继承人决定放弃继承，则企业必须解散；合伙企业由合伙人组成，一旦合伙人死亡，除非不断吸收新合伙人否则合伙企业的寿命也是有限的。因此，无论是合伙企业还是个人独资企业，通常的经营期限都不会很长，很难持续发展下去。但公司制企业却完全不同，除出现法定解散事由或者股东决议解散外，原则上公司制企业是可能永远存在的。因此，创业时可以根据拟经营的期限来选择企业组织形式，若希望将该企业不断经营下去，则建议采取公司制企业形式。

当然，除了上述因素之外，还可以从投资权益的自由流通度、经营管理的需要等多个方面就企业组织形式的优劣进行分析与比较。总之，企业组织形式没有最好的，只有最适合的，创业者只有对自己的实际需要有充分的了解，才能选择出最适合的企业组织形式。

四、以案释法

巧选企业类型，助力企业发展

案情简介

张某经营一家化工厂，多年来，张某一直坚持独资经营，身兼所有者与经营者双重角色。但是由于年事已高，他想从管理岗位上退下来，并将事业留给自己的儿孙们。

他首先考虑将该独资企业转为公司制经营，并将公司的股份分配给自己的儿孙，他同时也在考虑将该独资企业转变为合伙经营企业，由儿孙合伙经营。为了选择正确的企业组织形式，张某提出以下要求：

（1）权益结构：他希望他的两个儿子各拥有30%的股份（或份额），四个孙子各分配10%股权（或份额）；

（2）管理：由于化工产品生产经营管理要求较高，而自己的子孙没有经营管理能力，他希望将企业交给原来的副厂长李某经营管理；

(3) 所得税：他希望拟采用的组织形式能够尽可能地减少应缴的税收；

(4) 风险承担：由于经营化工厂风险较高，一旦发生事故，赔偿额度无法估量。故希望发生意外风险的时候，他的儿孙的财产不受任何影响。

润朗说法

在此情况下，张某寻求了润朗律师的帮助，律师作出了如下分析：

假设将该化工厂转为公司制经营，成立一家有限责任公司，在权益结构、管理以及风险承担方面均能够满足张某的要求，然而由于公司经营过程中需要缴纳企业所得税，在分配利润时，各股东还需要缴纳个人所得税，因此张某的子孙所需要实际承担的税额较高。

假设将该化工厂转为合伙企业经营，在权益结构方面没有任何问题，同时税负也比公司制企业低，然而在风险承担方面，则需要各合伙人承担连带责任；另外，经营管理方面，按照法律规定，合伙人对执行合伙事务享有同等的权利，故通常而言，合伙人需要参与合伙企业的事务管理，这一点与张某的要求也不相符。

律师建议采用有限合伙形式，但必须以副厂长李某同意作为普通合伙人继续经营为前提条件。张某因此征求副厂长李某的意见，李某跟随张某多年，对该化工厂的经营管理非常熟悉，愿意继续经营下去，但是，他表示作为普通合伙人，须承担无限责任，应当有对应的激励机制。为此，律师根据双方的意图拟订了注销个人独资企业、成立有限合伙企业的方案。

第二节　企业出资相关法律风险及防控

一、关于注册资本的法律风险及防控

2013 年 12 月 28 日，第十二届全国人大常委会第六次会议通过了《中华人民共和国公司法》（以下简称《公司法》）的修正案，这是自《公司法》颁布 20 年以来第三次修改，自 2014 年 3 月 1 日起施行。其中，将原《公司法》第 26 条规定的公司注册资本制度进行了彻底改变，将原注册资本实缴登记变更为注册资本认缴登记。同时国务院、工商行政管理部门也将有关的行政法规、规章进行了调整以配合注册资本认缴登记要求。时至今日，注册资本认缴登记的制度已施行 5 年有余，由于对于注册资本认缴登记的认识不全面、不透彻，或者主观上想钻法律的空子以为可以“任缴”注册资本，致使公司债权人与股东之间，股东与股东之间，公司与股东之间纠纷频发，付出惨痛代价。

（一）风险揭示

认缴制不是空头支票，股东必须在公司章程中约定并详细载明，各自认缴的出资比例、数额、出资方式、出资期限等。《公司法》的认缴制规定了工商登记机关登记的责任，尽管公司实收资本不再作为公司的登记事项，但是对认缴的公司，登记机关必须如实将公司注册资本、股东认缴出资额、出资期限、出资方式等登记事项向社会公示。

对必须实缴的公司或者可以认缴的而自愿实缴的公司，在办理登记注册手续时，对实收资本实行备案制。所以说，认缴并没有弱化出资人的出资义务，并没有转化公司对第三人或对社会应该承担的责任。

而我们在代理案件中发现，大多数股东对资本认缴制度误解太深，

根本不知道资本认缴制度的真正法律意义。为此，结合当前的《公司法》及其司法解释，对认缴注册资本的股东可能承担的法律责任进行分析，概括出以下四种法律风险，即对公司的资本缴足风险、对足额实缴股东的违约风险、对公司债权人的补充赔偿风险以及其他法律风险。

1. 应缴未缴股东对公司的资本缴足风险

股东认缴的出资，从认缴并登记在公司章程或者公司营业执照之日起，则从股东的个人财产转变为公司的法定资本，未足额缴纳的出资在性质上即股东对公司的负债，应当按照认缴的期限及金额足额缴纳。

2. 应缴未缴股东对足额缴纳出资股东的违约风险

股东出资是公司成立的前提，也是其成为股东的必要条件。无论是有限责任公司，还是发起设立的股份公司，在公司设立过程中股东通过股东出资协议、发起人协议以及公司章程等文件对股东的权利义务进行约定，而出资是核心内容。股东不履行出资义务实际上是违约行为，对其他履行合同义务的股东构成违约，应当承担违约责任。

3. 应缴未缴股东对公司债权人的补充赔偿风险

股东出资属于公司财产，股东尚未缴纳的出资，包括分期缴纳（含尚未到期）以及应缴未缴的出资亦包括在公司财产范围内。因此，当公司对债权人承担责任时，尚未足额缴纳出资的股东应就其未缴纳的部分对债权人承担补充赔偿责任。

根据最高人民法院《关于适用〈中华人民共和国公司法〉若干问题的规定（三）》（以下简称《公司法解释三》第 13 条①的规定，公司债权

---

① 《公司法解释三》第 13 条："股东未履行或者未全面履行出资义务，公司或者其他股东请求其向公司依法全面履行出资义务的，人民法院应予支持。公司债权人请求未履行或者未全面履行出资义务的股东在未出资本息范围内对公司债务不能清偿的部分承担补充赔偿责任的，人民法院应予支持；未履行或者未全面履行出资义务的股东已经承担上述责任，其他债权人提出相同请求的，人民法院不予支持。股东在公司设立时未履行或者未全面履行出资义务，依照本条第一款或者第二款提起诉讼的原告，请求公司的发起人与被告股东承担连带责任的，人民法院应予支持；公司的发起人承担责任后，可以向被告股东追偿。股东在公司增资时未履行或者未全面履行出资

人请求未履行或者未全面履行出资义务的股东在未出资本息范围内对公司债务不能清偿的部分承担补充赔偿责任的，人民法院应予支持。

4. 公司破产清算时未缴纳的出资加速到期的风险

根据《中华人民共和国企业破产法》（以下简称《企业破产法》）第35条[①]的规定，人民法院受理破产申请后，债务人的出资人尚未完全履行出资义务的，管理人应当要求该出资人缴纳所认缴的出资，而不受出资期限的限制。

这也是认缴注册资本制度下，对于股东来说最大的法律风险，超出股东的承担能力，随意扩大注册资本，公司经营一旦出现问题之后走向破产的，对于认缴的注册资本就不受年限限制，需要一次性出资到位，很多股东在前期认缴了远超过自己承受能力的注册资本，在公司破产时却要一次性出资到位，很多股东这时候才知道法律风险在于此，但为时已晚。

（二）防控建议

根据自身经济实力，作出合理认缴承诺。为规避认缴注册资本过高带来的法律风险，投资者应当立足于企业经营的实际情况，合理计算企业运行所需的经营资金，以此来确定企业的注册资本，在此基础上作出认缴承诺。

因时制宜运用增减资措施。公司的注册资本可以根据自身的经营情况，根据法律规定的相应程序进行增资、减资。为此，企业可以结合当期资金能力或可预期资金能力进行增资、减资，为未来的资本运作和经营运行降低压力。

义务，依照本条第一款或者第二款提起诉讼的原告，请求未尽公司法第一百四十七条第一款规定的义务而使出资未缴足的董事、高级管理人员承担相应责任的，人民法院应予支持；董事、高级管理人员承担责任后，可以向被告股东追偿。”

① 《企业破产法》第35条：“人民法院受理破产申请后，债务人的出资人尚未完全履行出资义务的，管理人应当要求该出资人缴纳所认缴的出资，而不受出资期限的限制。”

（三）以案释法

香通公司诉昊跃公司等股权转让纠纷案①

案情简介

徐某、毛某于2013年11月1日成立昊跃公司，注册资本2000万元，徐某认缴70%即1400万元，实缴280万元，毛某认缴30%即600万元，实缴120万元。

2014年4月2日，毛某将股权全部转让给林某。2014年4月6日，徐某、林某决定将公司注册资本增加至10亿元，并于2017年4月17日获工商批准。认缴期限是20年。

2014年5月1日，昊跃公司与香通公司签订协议，约定香通公司将其持有的"卫运公司"99.5%股权以7960万元转让给昊跃公司，转让款30日内付清。

2014年7月1日，双方签订补充协议，约定7960万元转让款在8月30日前付2000万元，11月30日前付2000万元，12月31日前付2000万元，2015年1月31日前支付1960万元。但过后昊跃公司分文未付。

2014年8月21日，徐某将70%股权以280万元转让给接某。2014年9月3日，昊跃公司向工商局申请减资至400万元，于10月10日受核准。

2014年10月17日，香通公司将昊跃公司及其新老股东告上法庭，要求昊跃公司支付转让款2000万元，新老股东在未出资和减资范围内承担补充赔偿责任。

---

① 上海市普陀区人民法院（2014）普民二（商）初字第5182号，案例来源：中国裁判文书网，http：//wenshu. court. gov. cn/，访问日期：2019年8月10日。

裁判结果

最终，法院审理后，判决昊跃公司立即支付2000万元，昊跃公司不能清偿时，徐某、林某在未出资范围内承担补充赔偿责任。也就是说，公司不能清偿债务时，即使约定的出资期限是200年，也将被要求提前出资。

润朗说法

昊跃公司及其股东在明知公司对外负有债务的情况下，没有按照法定的条件和程序进行减资，该减资行为无效，昊跃公司的注册资本应该恢复到减资以前的状态，即公司注册资本仍然为10亿元，公司股东为徐某和林某。在公司现有财产不足以清偿债务，而公司股东承诺在将来认缴出资的情况下，可以要求公司股东提前出资，以清偿公司债务。

由此可以看出，增资容易减资难。认缴了高额注册资本，当创业项目出现巨额债务时，投资者也将承担巨大的投资风险。

二、关于隐名出资的法律风险及防控

股权代持又称隐名投资、委托持股，是指实际出资人与他人约定，以他人名义来持有股份的一种行为。实际出资人与名义出资人之间往往通过协议来确定存在代为持有股权的关系和事实，而这也是股权代持成为合法行为的一个基础。

在效力方面，代持股协议为当事人双方的真实意思表示，且没有违反法律法规强制性规定，该协议有效，双方应依约履行。

再结合司法实践来看，法院一般会区分代持股行为的内外效力。这种区分涵盖了两个层次：

第一，区别看待代持股协议对协议当事人和对公司其他股东的效力。

代持股协议的约定对于前者一般有效。若公司其他股东对代持股不知情，则代持股协议一般对公司其他股东及公司难以发生效力。

第二，区别看待代持协议内部责任与显名股东的对外责任。即使代持股协议约定责任分配，但若该代持的股份出资不实，公司的债权人仍可以要求显名股东在出资不实范围内承担责任。

在合同终止方面，根据《中华人民共和国合同法》（以下简称《合同法》）的规定，合同可以终止权利义务。根据代持股协议所约定的内容，比较可能终止权利义务的情形就是解除合同。无论是双方协商一致解除合同，还是行使根据法律规定而享有的解除权。

解除合同的法律效果为合同内容尚未履行的，终止履行；已经履行的，根据履行情况和合同性质，当事人可以要求恢复原状、采取其他补救措施，并有权要求赔偿损失。

实践中，隐名股东与名义股东解除代持协议并不意味着“一劳永逸”，一方面，显名股东仍为公司的登记股东，需要承担股东的权利义务，不能随随便便“解套”；另一方面，隐名股东是实际出资人，而公司的“人合性”决定了隐名股东不能顺理成章地“入主”。这就导致一旦由于代持协议发生纠纷往往非常复杂。

《公司法解释三》第24条①第3款所规定的“显名程序”，明确规定了该程序的核心内容——“经公司其他股东半数以上同意”，搭建了实际

---

① 本条已被《最高人民法院关于修改〈最高人民法院关于破产企业国有划拨土地使用权应否列入破产财产等问题的批复〉等二十九件商事类司法解释的决定》修改为：“有限责任公司的实际出资人与名义出资人订立合同，约定由实际出资人出资并享有投资权益，以名义出资人为名义股东，实际出资人与名义股东对该合同效力发生争议的，如无法律规定的无效情形，人民法院应当认定该合同有效。

前款规定的实际出资人与名义股东因投资权益的归属发生争议，实际出资人以其实际履行了出资义务为由向名义股东主张权利的，人民法院应予支持。名义股东以公司股东名册记载、公司登记机关登记为由否认实际出资人权利的，人民法院不予支持。

实际出资人未经公司其他股东半数以上同意，请求公司变更股东、签发出资证明书、记载于股东名册、记载于公司章程并办理公司登记机关登记的，人民法院不予支持。”

出资人与公司之间的桥梁。

综上所述，代持股协议的效力、履行及终止均可通过合同法理论予以解释。本质上，隐名出资行为是一种合同行为。同时，有条件地承认实际出资人的股东资格的做法，体现了公司组织的认可性，实际上是由名义出资人将股权转让给实际出资人。显名程序具有十分重要的公司法规范意义。

（一）风险揭示

1. 显名股东的风险

（1）清偿公司债务的风险

公司承担债务时，债权人有权依法请求股东承担责任，此时，显名股东面临承担清偿责任风险。

在公司需要对外承担债务而公司资产不足以偿还时，如果股东对公司有虚假出资或抽逃出资的，债权人可要求该股东在出资不实的范围内承担补充清偿责任。

如果部分发起人股东在设立公司时出资不实的，则债权人可要求发起人股东在不实出资范围内对公司债务承担相互连带清偿责任。

（2）难以退出的风险

与隐名股东要求显名，需经其他股东过半数同意相似，显名股东若不愿再继续代持，也受到该条件的限制。如果其他股东事先对代持并不知情，事后又不愿实际投资人显名的，则该代持人仍然难以顺利退出。

此外，部分股权代持协议约定在某些条件成就时，显名股东将其名下股权变更至隐名股东名下。但在实践中，对相关条件是否成就存在较大争议，若显名股东无法举证的，也会使其退出困难。

2. 实际出资人的风险

（1）股东权利难获保护的风险

若公司其他股东事先不知存在隐名股东，或者故作不知，否认隐名股东的身份，则代持股协议不能约束公司或公司的其他股东，隐名股东的知情权、参与决策权、分红权难以获得司法保护。

（2）代持股权被滥用的风险

实践中，显名股东擅自以转让、设定质押或者以其他方式处分股权的情况时有发生。若受让的第三人不知显名股东与隐名股东之间的股权代持关系，按照善意取得原理，第三人可以获得相应的权利。此外，若显名股东因自身债务而成为被执行人时，显名股东所代持的股份很有可能被冻结、拍卖。若代持人无偿债能力，隐名股东将无法通过追偿维护自身权利，因而会有承担巨大损失的风险。

（二）防控建议

1. 谨慎签署代持协议

根据股权代持协议，当事人之间形成的法律关系通常为委托投资合同关系，隐名股东并不当然获得股东的资格，应谨慎用隐名股东的方式持股。从维护隐名股东利益的角度，代持协议建议明确以下三项内容，以更好维护自身合法权益：

第一，显名股东确认收到隐名股东提供的资金，并承诺将该款项专用于代隐名股东对目标公司的出资。

第二，隐名股东为股东的真实意思表示，显名股东对隐名股东的出资所形成的股东权益不享有任何收益权或处置权；显名股东应将其未来所收到的因代表股份所产生的任何全部投资收益转交给隐名股东；显名股东在以股东身份参与公司经营管理过程中需要行使表决权时应提前取得隐名股东书面授权。

第三，隐名股东有权将相关股东权益转移到自己或其指定的第三人名下；隐名股东有权随时解除代持股协议；在隐名股东拟向公司股东或股东以外的人转让、质押“代表股份”时，显名股东应对此予以必要的配合。

目前很多代持协议都是从维护隐名股东利益的角度进行条款设计的，

然而最近笔者接触的很多实务案例是股权代持方陷入困境而没有任何主动权。因此，代持方需要注意在协议中设置解除权行使条件，在发生继续履行可能违法违规、股权代持方被公司外部债权人追偿等情况下，确保代持人可以通过行使解除权得以脱身，另建议设计违约金或赔偿责任条款，如显名股东因代持行为遭受损失，可以要求隐名股东赔偿。

2. 条件允许情况下，尽可能使公司知晓并认可代持关系

隐名股东合法权益的保护是否完善取决于公司是否知晓并认可代持关系，应做到以下几点：

第一，代持股协议签订时，保留好相关证据，如支付出资的流水，要求显名股东提供其向公司注资的记录，以及显名股东的出资证明书、股东名册、股东会决议等。

第二，为了保证隐名股东行使表决权，可以在签订代持协议的同时，要求显名股东签署隐名股东出席股东会的授权书。

第三，在公司配合的情况下，为防止显名股东滥用股东权力，隐名股东应对公司高管职位、董事会席位及公司财务人员等作出安排，防止显名股东通过关联交易，自我交易等方式侵占隐名股东的利益。

第四，在显名股东防范风险方面，显名股东应保留好授权文件、代持协议等，并确保在发生对外责任承担情形时，能够通过文件证明其代持人身份，最大限度地降低个人法律风险。

（三）以案释法

温泉与陈达建股权代持合同纠纷案[①]

案情简介

2009 年 8 月 10 日，陈达建、谢军委托攀联公司将其购买韦加公司股

① 四川省高级人民法院（2016）川民终 908 号民事判决书。

份的出资款200万元，通过该公司账户转入温泉指定的银鹏公司账户。银鹏公司于2009年8月11日以200万元的现金支票支付给温泉，委托温泉购买韦加公司的股份。

2009年8月17日，陈达建、谢军与温泉补签《股权代持协议》，协议约定：陈达建、谢军作为投资人，出资200万元人民币购买温泉所有的其名下的韦加公司105.26万股权，占韦加公司全部注册资本的2.1%（当时韦加公司注册资金5000万元）；在协议签署前，投资人陈达建、谢军应将出资款划入温泉指定的银行账户，温泉以其名义将该款转入韦加公司；陈达建、谢军、温泉确认，温泉所有的韦加公司股权中的105.26万股份的实际出资人和所有人为陈达建、谢军，温泉仅是依据协议代陈达建、谢军持有韦加公司股份；未经陈达建、谢军书面同意，温泉不得以任何方式处置陈达建、谢军的股份，温泉违反约定除应当赔偿直接和间接损失外，还须按照所代持韦加公司股权面值的100%（每一份股权面值人民币1元）支付违约金。

韦加公司工商登记载明，温泉为此增持了韦加公司股份，于2009年9月11日完成股份增持工商变更登记。2009年10月19日，谢军与陈达建签订《股权转让协议书》，约定谢军将其所有的全部韦加公司10万元股份转让给陈达建，谢军不再持有韦加公司股份，并通知温泉。

2014年11月13日，温泉将其名下的韦加公司的全部出资额1280万元，占韦加公司全部注册资本的21.90%，转让给于保宏、渭南公司并于2014年11月14日收到受让人支付的转让总价款6000万元，于同年12月1日与受让人完成工商变更登记手续。前述转让股权行为，温泉未经陈达建书面同意。

因温泉未经陈达建同意便转让韦加公司股权，陈达建遂提起诉讼，要求温泉支付股权转让款，按照代持协议支付相应违约金，补偿因股权价值上涨产生的经济损失。

裁判结果

一、二审法院均支持了陈达建关于股权转让款及违约金的诉讼请求，因陈达建未提出韦加公司股权价值上涨的证据，法院未支持关于补偿经济损失的诉求。

润朗说法

陈达建、谢军与温泉签订的《股权代持协议》和谢军与陈达建签订的《股权转让协议书》，均系各方当事人真实意思表示，内容不违反法律强制性规定。按照合同约定，陈达建、谢军已将购买韦加公司股份的200万元款项支付给温泉，温泉也按约增持韦加公司股份，陈达建、谢军已以温泉名义持有韦加公司股份。其后，谢军自愿将所持股份转让给陈达建并通知温泉，该转让行为发生法律效力，陈达建、谢军共同购买的韦加公司股权归陈达建所有。依照《公司法解释三》第24条[①]关于"有限责任公司的实际出资人与名义出资人订立合同，约定由实际出资人出资并享有投资权益，以名义出资人为名义股东，实际出资人与名义股东对该合同效力发生争议的，如无合同法第五十二条规定的情形，人民法院应当认定该合同有效"之规定，《股权代持协议》《股权转让协议书》应属合法有效。

---

① 本条已被《最高人民法院关于修改〈最高人民法院关于破产企业国有划拨土地使用权应否列入破产财产等问题的批复〉等二十九件商事类司法解释的决定》修改为："有限责任公司的实际出资人与名义出资人订立合同，约定由实际出资人出资并享有投资权益，以名义出资人为名义股东，实际出资人与名义股东对该合同效力发生争议的，如无法律规定的无效情形，人民法院应当认定该合同有效。

前款规定的实际出资人与名义股东因投资权益的归属发生争议，实际出资人以其实际履行了出资义务为由向名义股东主张权利的，人民法院应予支持。名义股东以公司股东名册记载、公司登记机关登记为由否认实际出资人权利的，人民法院不予支持。

实际出资人未经公司其他股东半数以上同意，请求公司变更股东、签发出资证明书、记载于股东名册、记载于公司章程并办理公司登记机关登记的，人民法院不予支持。"

为此，各方当事人应当严格按照合同约定履行自己的义务，不得擅自变更或者解除合同。当事人一方不履行合同义务或者履行合同义务不符合约定的，应当承担继续履行、采取补救措施或者赔偿损失等责任。温泉未经陈达建书面同意，将其名下代陈达建持有的韦加公司的105.26万股股权，以每一出资股权转让价格6元转让给他人，温泉应对此承担违约责任。依照《公司法解释三》第25条[①]第2款关于“名义股东处分股权造成实际出资人损失，实际出资人请求名义股东承担赔偿责任的，人民法院应予支持”之规定，温泉应将转让价款给付陈达建，并按照合同约定赔偿违约金。

三、关于非货币性财产出资的法律风险及防控

非货币性资产，是指现金、银行存款等货币性资产以外的资产，包括股权、不动产、技术发明成果以及其他形式的非货币性资产。实践中，股东常常以非货币财产如厂房、机械设备、交通工具、土地使用权、知识产权等作价出资。这些出资对公司意义重大，但不一定能在出资时就确定其价值，所以《公司法》规定以非货币性资产出资的必须评估，量化其价值及出资比例。

（一）股权出资

股权出资，是投资人以其持有的国内有限责任公司或股份有限公司的股权作价出资，设立新公司的行为。近年来，股权出资已成为越来越

---

① 本条已被《最高人民法院关于修改〈最高人民法院关于破产企业国有划拨土地使用权应否列入破产财产等问题的批复〉等二十九件商事类司法解释的决定》修改为：“名义股东将登记于其名下的股权转让、质押或者以其他方式处分，实际出资人以其对于股权享有实际权利为由，请求认定处分股权行为无效的，人民法院可以参照民法典第三百一十一条的规定处理。

名义股东处分股权造成实际出资人损失，实际出资人请求名义股东承担赔偿责任的，人民法院应予支持。”

普遍的出资形式，尤其是在组建上市公司过程中。股权出资一方面激活原公司资产，降低股权转让成本；另一方面也增强投资人对原公司的影响力和控制力。

1. 风险揭示

股权出资实质上是出资者将其对其他公司的股权转让给接受出资的公司，并用转让对价向公司出资，因此股权出资需要履行两层法律手续：一是出资人与公司之间的关于股权转让的法律手续，其结果是将公司登记为出资股权指向的公司的股东；二是出资人向公司履行出资义务的法律手续，其结果是将出资者登记为公司的股东。股权出资的法律结果是出资人成为公司的股东，公司成为出资股权指向公司的股东。

根据《公司法解释三》第 11 条①规定，出资人以其他公司股权出资，必须符合下列条件，否则可能被认定为出资不到位：（1）出资的股权由出资人合法持有并依法可以转让；（2）出资的股权无权利瑕疵或者权利负担；（3）出资人已履行关于股权转让的法定手续；（4）出资的股权已依法进行了价值评估。上述四个条件中如不符合（1）、（2）、（3）的规定，公司、其他股东或者公司的债权人请求认定其未履行出资义务的，人民法院应当责令其在指定的合理期间内采取补正措施；逾期未补正的，人民法院应当认定其未依法全面履行出资义务；如股权出资不符合（4）规定，公司、其他股东或者公司的债权人请求认定其未履行出资义务的，人民法院应当委托具有合法资格的评估机构对该股权进行评估

---

① 《公司法解释三》第 11 条："出资人以其他公司股权出资，符合下列条件的，人民法院应当认定出资人已履行出资义务：（一）出资的股权由出资人合法持有并依法可以转让；（二）出资的股权无权利瑕疵或者权利负担；（三）出资人已履行关于股权转让的法定手续；（四）出资的股权已依法进行了价值评估。股权出资不符合前款第（一）、（二）、（三）项的规定，公司、其他股东或者公司债权人请求认定出资人未履行出资义务的，人民法院应当责令该出资人在指定的合理期间内采取补正措施，以符合上述条件；逾期未补正的，人民法院应当认定其未依法全面履行出资义务。股权出资不符合本条第一款第（四）项的规定，公司、其他股东或者公司债权人请求认定出资人未履行出资义务的，人民法院应当按照本规定第九条的规定处理。"

作价。人民法院应当根据评估结果判定出资人是否全面履行了出资义务。

2. 防控建议

股权出资给投资人提供了一种全新的投资方式和渠道，股权出资不仅具有降低转让交易成本等优点，同时可以解决投资人股权变现难，投资资金不足等问题。结合新修订的《公司注册资本登记管理规定》，润朗律师认为，不论是准备以股权作为出资方式的投资人，还是准备接受股权出资的被投资公司及其股东，还应注意以下几个方面：

（1）查清投资人与拟出资股权的权属关系

根据《公司注册资本登记管理规定》第 6 条规定，可以作为出资的股权必须是权属清楚、全能完整、可依法转让的股权。

首先，查实投资人是否持有股权所在公司出具的“出资证明书”，因为“出资证明书”是公司确认股东已经实际缴纳出资的有效凭证。

其次，要求该投资人提供股权所在公司其他股东对投资人股权的说明，确保该投资人的股东地位以及所持股权的合法性得到股权所在公司其他股东的一致认可，并且与其他股东无争议。

最后，到工商部门调取股权所在公司的工商登记信息，确认股权所在公司的股权结构，拟投资股权是否存在司法限制、抵押等情况。

投资人以股权出资设立新公司的，在新公司成立之后，在审验投资人股权出资是否到位时，应检查股权是否转移的手续，到工商行政管理部门查询股东状况，核实股权已经转移至新公司后方可出具验资报告。

（2）明晰不得出资股权的范围

第一，已被设立质权的股权。如何掌握股权是否已经质押，除投资人作出无质押承诺外，还需要到股权所在公司所在地的工商部门（涉及股份有限公司股票的到相关证券部门调查）进行调查了解。质押时，往往投资人会将“出资证明书”或“股票”原件交付给债权人作为质押担保。因此，如果投资人无法提供“出资证明书”或“股票”原件时，则需要特别谨慎。

第二，股权所在公司章程规定不得转让的股权。股权出资本质上是一种股权转让行为。如果在股权所在公司章程中明确规定，投资人所持股权不得转让，则该投资人不能以股权作为出资。

第三，法律、行政法规或者国务院决定规定，股权所在公司股东转让股权应当报经批准而未经批准的股权。

第四，法律、行政法规或者国务院决定规定不得转让的其他情形。

对于第三、第四不得转让的情况，应当在磋商拟股权出让之前，向股权所在公司设立时的审批部门（工商部门、商务委员会等）进行征询，了解股权是否可以股权出让方式进行投资。

（3）对拟出资股权进行评估作价，并经各出资者认可

《公司注册资本登记管理规定》虽然取消了强制评估环节，赋予被投资公司股东各方自治协商的权利，自行认定出资股权的作价出资额。但润朗律师认为，股权作价属于专业财务问题，没有良好财务知识背景的人很难对股权价值作出合理、客观的判断。股权作价估高了，对于被投资公司及其他股东利益是一种侵害，为日后可能存在的“出资不实”埋下祸根。股权作价估低了，又损害了投资人利益。因此，建议委托第三方会计师事务所对拟出资股权进行评估作价。司法实践中，司法机关往往会认可具有公信力的第三方会计师事务所作出的“股权作价”结论。

（4）股权出资符合相关法律、法规、股权所在公司章程规定，不侵害其他投资人利益

根据《公司法》第 71 条规定，投资人股权出资前，股权所在公司应当召开股东会，通过决议同意该投资人以股权对外投资，并明确其他股东放弃优先购买权。股权出资还会涉及被投资公司其他股东的权益，因此，投资人以股权出资的，还应当经被投资公司全体股东一致同意。

（5）尽快完成出资股权的权属变更登记

被投资公司设立后，出资股权权属未变更之前，投资人仍然是股权

所在公司股东，同时又是被投资公司股东。投资人有机会利用双重股东身份，进行不当交易。同时不排除投资人利用同一股权对多家公司进行股权（出资）投资的风险。

虽然新《公司注册资本登记管理规定》取消了投资人股权出资必须1年内实缴到位的规定。但是从实践操作看，尽快将出资的股权变更登记到被投资公司名下，仍然是被投资公司规避投资风险的不二选择。

（二）债权出资

债权出资，即股东将其对目标公司或其他第三人享有的债权权益转让给目标公司，使其成为该公司财产的一部分。股东将其对目标公司所享有的债权出资，一方面，可以消除目标公司的负债，增加公司所有者的权益；另一方面，让债权人成为股东分享公司利益，也即债权被实现。因此，对公司和债权人而言，均不失为明智之举。但因公司在未设立阶段，不可能出现负债的情形，因此，股东以其对目标公司的债权出资只能发生于公司成立后，尤其是增资扩股阶段。而在公司设立阶段，股东若以债权出资，只能以其对第三人的债权出资。

1. 风险揭示

以债权作为公司设立出资，主要存在以下风险：

（1）债权不确定的风险。债权属于请求权，从理论上讲，请求权的财产利益不能直接从中取得，而要通过债务人履行一定义务方能得以实现。如果债务人对债权人用以出资的债权无异议，则债权实现就有赖于债务人的偿债能力，如果在债务履行过程中，债务人不能履行或履行不足，则必然导致债权人出资不实。另外，如果债务人对此债权存在异议，其主张抗辩权或抵销权，则将引发债权人瑕疵出资。

（2）债权难以评估的风险。债权出资缺乏价值评估体系，这归根结底亦是债权系请求权所导致。将债权的价值进行评估，除考虑债务本身的真实性外，还需要考虑债务人的资信、偿债能力等；如果再结合评估本身存在的风险，那么，债权价值的明确即成为一个难题。

（3）出资时间短于债权到期时间的风险。一方面，如果根据协议或章程规定股东出资时间已至，而债权尚未到期，则股东无法按期出资；另一方面，根据我国法律的规定，债权的实现诉讼时效一般为 3 年。如果债权已过诉讼时效，则很有可能导致其无法得以实现；即便中断诉讼时效，此债权实现也存在诸多不确定性。

2. 防控建议

接受债权出资意味着接受了上述风险揭示中涉及的风险，所以为了将其中风险降到最小，建议在实践中把握好以下方向。

第一，公司应与债权人（出资股东）签订《债权转股权协议》，并在协议中明确债权债务人的信息、债的形成时间和原因、债权总额及拟转为股权的债权金额等事项，当债权涉及多个债权人时，还应该明确各个债权人所分别享有的债权数额。

第二，应当履行资产评估程序，对债权作出合理的验资报告。

第三，债权转股权的相关事项和债权作价出资的金额应当经过接受该等出资行为的公司的股东（大）会作出有效决议，得到 2/3 以上表决权的股东通过。因为接受股权出资属于公司增资的过程，股东（大）会决议是必经过程。

第四，对于债权人（出资股东）将自已对公司享有的债权转为该公司股权的，应当经依法设立的审计机构对相关债权债务进行审计。

第五，要求出资人提供相应的担保，当债权不能得以实现或者不能得以完全实现时，出资人必须以其他财产性权利替代清偿。

3. 以案释法

案情简介

2015 年 1 月 26 日，甲、A 公司法定代表人乙、A 公司签订《债转股意向协议书》，约定：甲愿将其对 A 公司享有的 1.2 亿元债权以 1.1 亿元的价格作为甲的入股资金。办理完毕工商变更登记后，视为A公司的债务清偿完毕，甲正式成为A公司股东，享有股东权利。待财务核对完毕无异议后，根据A公司的资产数额确定甲所占股份份额。甲同意在30天内完成股权入股并办理工商登记手续，其中，前20天完成A公司的财务和资产摸底工作，后10天完成商务谈判、签订相关协议并办理工商登记备案手续等。

乙、A公司已被最高人民法院列入失信被执行人员名单，其中，乙涉及案件一起，A公司涉及案件8起。甲于2016年1月26日以A公司、乙违约为由诉至人民法院。

裁判结果

法院审理后认为，甲的起诉理由成立，判决支持了其诉讼请求。

润朗说法

本案中，《债转股意向协议书》明确A公司拖欠甲债务数额及该笔债务拟转化的入股资金，但未约定该入股资金折算公司股份的具体数额及安排持股的方式，是由A公司股东让渡股份给甲，还是由A公司增资扩股并安排甲对增资部分持股等，该债转股协议属于未完成的债转股交易。根据《债转股意向协议书》的协议名称、协议安排尽职调查及调查后有商务谈判和签订相关协议等内容，应认定《债转股意向协议书》为债转股的预约合同，并非完成交易的本合同。要完成债权转股权交易，当事人还需要签订建立法律关系的相关协议，例如，增资扩股协议或者股权转让协议等。

合同签订后，由于A公司被最高人民法院列入失信被执行人员名单，A公司的商业信誉受损，资产状况欠佳。甲失去了投资入股A公司的信心和兴趣，与A公司签订《债转股意向协议书》后，A公司发生的重大变故，将使甲以 1.2 亿元的债权折算 1.1 亿元的投资入股价值受到贬损，即使完成债权转股权的全部行为，其得到的股权价值也不是原来合同预期目标。

鉴于 A 公司不能提供双方预期交易的股权，故甲决定放弃交易，不再签订本合同的行为符合常理，其主张解除《债转股意向协议书》的理由成立，其诉讼请求可以获得支持，法院的判决结果是正确的。

（三）知识产权出资

知识产权是指商标权、专利权、著作权及一切受法律保护的可以以货币估价并可以依法转让的智力成果。知识产权出资为非货币财产出资，应当经全体股东或者发起人协商同意，并在评估的基础上协商作价。出资的知识产权名称及作价额应当载于公司章程或者发起人协议之中。知识产权中的商标权和专利权为有证照的资产，因此，用其出资的股东应当办理产权过户手续，其他无证照的以交付为出资的完成。

1. 风险揭示

实务中，以知识产权出资常发生以下问题：

第一，知识产权出资在公司总出资中的比例过高。出资比例过高将会影响公司的正常运作。

第二，出资人是否可以继续使用该知识产权。实务中，出资人以知识产权出资后，因丧失其知识产权的使用权给公司造成巨大损失的案例时有发生。

第三，出资的知识产权是否有对外许可。有些知识产权已向第三人作出了独占、排他许可，这会降低知识产权的相应价值，同时也会对公司后续使用该知识产权产生障碍。

2. 防控建议

针对如上风险点，企业可以采取以下防控措施，防患于未然：

第一，合理设置知识产权出资在公司总出资中所占的比重。

第二，通过方法查明知识产权对外许可情况。必要时，可与出资人就商标权和专利权的地域使用权等问题事先谈明，并载于公司章程或者发起人协议之中。

第三，公司在接受知识产权出资时，应当确保公司在受让该知识产权后能够继续使用该知识产权。明确该知识产权的使用期限，同时还可以与出资人签订保证协议，让出资人为该知识产权作担保。

除此之外，出资人之间需特别明确的是知识产权以所有权出资还是使用权出资，如果以使用权出资，则需要明确使用权的使用年限；如果以所有权出资，注意及时办理所有权转移手续。

同时还应对知识产权出资在贬值时的解决方法作出明确约定，根据《公司法解释三》第 15 条规定，如果因为市场变化或客观因素导致了知识产权贬值的，该非货币资产出资的股东无须承担补足出资的法律责任，但股东之间另有约定的除外。因此在公司设立时，如果有股东以知识产权出资的，股东之间一定要对知识产权存在贬值的风险作充分的考虑。

3. 以案释法

案情简介

某从事医疗器械研发、生产、销售的企业，为了在脑血管专业医疗器械的研发方面取得突破，引进了一名留学美国的专业博士，该博士多年来专门研究相关技术，在国内拥有两项该技术的发明专利。该公司为了让此项目能够“落地生根”，斥巨资进驻某沿海城市的高新技术园区，同时拟成立新公司，注册资本 5000 万元。但在设计新公司股权时，双方发生争议。引进博士认为，他的专利技术价值至少 2500 万元以上，要求持有新公司 50% 以上的股权，该公司不同意，表示公司花的是真金白银，引进博士的技术只是“预估”的价值，在该技术目前并未带来效益的情况下，让博士来控股不合适。博士也不同意，认为自己技术已经低估了，而且其他投资人目前也在向他伸出“橄榄枝”。双方协商不下，筹建工作一度陷入停滞状态。

老总将我们请到公司，并表达了以下立场和疑惑：他经营医疗器械几十年，的确看好该技术项目的市场前景；引进博士是一名优秀的专业人才，拥有专业技术和管理能力，已经进行过多次合作，是值得信任和托付的人才；但该技术还须经过进一步研发、多次临床试验以及行政审批，才能进入市场，时间长，存在较多未知因素，如竞争性技术的发展，市场的对接等问题；公司作为投资方，已经支出了巨额资金，而且后期投入，包括研发成本、人工成本、审批成本，投入的都是真金白银，一旦损失，则无法弥补，而技术则不同。基于公司老总与博士多年的信任关系，他们也不准备去找专业评估机构作价值评估，还是请我们专业律师提出意见后与博士协商解决。

针对公司提出的问题，我们进行了一系列尽职调查工作。经过调查，核实了以下事实：

发明专利已经公告授权，处于有效期，专利年费正常缴纳，无其他人对此专利提出无效的请求；排除了该专利技术属职务发明的可能性，博士对该专利技术有处分权，在此之前无专利许可或质押等处分行为，专利权已经办理转移手续，且博士同意将相关技术也转移给公司，并签订技术保密和竞业禁止协议；该专利技术并未经过专业评估机构评估及审验，目前也不准备找评估机构评估，价值是通过双方的预估来判断；该专利技术目前并未进行产业化，还处于进一步研发、试验、审批阶段。

针对该专利技术出资，我们提示该法律顾问单位有如下风险：

1. 知识产权定价以协商确定为主是没有问题的，也符合市场规律，但要注意协商定价与《公司法》中规定的出资的关系。该专利技术如果不经专业机构评估，可能会导致该专利资产价值一直处于不确定状态。基于知识产权价值的复杂性和动态性，根据《公司法》第 30 条及第 93 条之规定，未经评估、仅依协商定价，该专利技术价值可能被高估，博士可能被要求补足差额，其他股东可能承担连带责任；同时，根据《公司法解释三》第9条规定，出资人以非货币财产出资，未依法评估作价，公司、其他股东或者公司债权人请求认定出资人未履行出资义务的，人民法院应当委托具有合法资格的评估机构对该财产评估作价。评估确定的价额显著低于公司章程所定价额的，人民法院应当认定出资人未依法全面履行出资义务。由此可见，这种做法对出资人是存在风险的。

2. 如果按博士的意见，知识产权占公司注册资本比例过高，会造成公司经营资金短缺，公司发起人或股东决定接受以知识产权出资时，应当结合公司自身发展需要，将知识产权出资所占注册资本比例控制在合理范围内。

3. 如果专利出资预期收益与实际情况相差很大导致专利出资价值缩水，在投资协议中无明确约定的情况下，可能会导致专利价值大幅度降低，却按出资比例享受分红和参与决策等股东权益的僵局。

润朗说法

基于以上分析，我们为该公司提出按照“基础股权、动态股权、评估股权”三结合的解决方案框架，重新起草新公司设立的《出资协议书》。

1. 基础股权

公司设立之初，可以与博士协商对专利价值予以初步估价，并按此价值设立公司初步股权结构。基础股权中专利价值预估不可过高，如10%（价值500万元），因为在目前研发、试验及至投放市场还有较长周期，短期内产生不了经济效益，技术目前须依靠资本扶持才能转化为产品，所以在股权设计时应突出货币资本的重要性，由投资方占主导地位。

2. 动态股权

同时，在投资协议中约定，预留“股权池”，对于博士所持有的技术股，以动态股权的方式，按照技术研发的周期完成情况、研发效果、投入市场的效果，分阶段对技术股从股权池中予以分配，逐步提高技术股所占比例。这样技术人员只要有工作效果，在股权结构中的地位是逐步提高的。同时从股权池进行股权分配的还有投资方的新增投入（包括新增研发费用）、未来公司进入的新的投资者等。股权池不能提前分配，在分配条件成熟前应先由投资方代持。

当然，为了平衡利益，可以约定，不按股权比例分配利润，在研发周期内甚至投放市场后一定期间，技术股可以按照高于其持有的股权比例来分配利润，这样，投资方成为大股东，可以把控整个公司发展方向，而技术股的经济利益也得到了合理的补偿。当然，也可以考虑以其他方式给予技术股补偿，以达到平衡的局面。

3. 以评估价值来设置股权

在公司目前评估股权条件还不成熟的情况下，先以“基础股权 + 动态股权”相结合的方式设置；一旦条件具备，应及早聘请有资质的专业评估机构对该专利价值进行评估，以规避相应法律风险。在评估机构的选择上，最好选择具备证券资质的评估机构，可以参照《新三板知识产权出资操作实务》。同时，做好原“基础股权 + 动态股权”所形成的股权比例与评估形成的股权比例的衔接，最关键是原股权设计尽量谨慎、公允、就低原则，否则会出现“前高后低”的尴尬局面。

该“基础股权、动态股权、评估股权”三结合的解决方案，不仅考虑到了《公司法》的规定、知识产权的价值属性、知识产权权利人的关切，也得到公司其他出资人和经营领导的认同。根据笔者提出的建议，该公司与引进博士进行多次磋商并给予待遇上相关提升后，博士接受了公司提出的条件，以专利及相关技术初始作价 500 万元，占有该公司 10% 的股权，与公司签订了《出资协议书》。根据约定，后期动态股权比例的预期提高，与工作效果等密切相关，也有利于提高个人工作积极性，新公司目前已经注册成立，各项工作正有条不紊地推进。

从上述案例可以看出，知识产权出资过程中，妥善处理《公司法》

的规定和知识产权的属性，尊重各种出资人的合理关切，提出创造性的法律解决方案以处理好知识产权出资价值的“变量”与注册资本“定量”关系，是解决问题的关键。

（四）土地使用权出资

土地使用权是《公司法》规定的股东出资的法定形式之一。在许多企业中，土地是其拥有的最具价值的资产。由于土地使用权在我国的规定复杂，以土地出资在司法实践中的问题也显得相当复杂。一般来说须注意如下事项：

出资条件。（1）土地出资是使用权的出资，而不是所有权的出资。（2）用于出资的土地使用权只能是国有土地的使用权，而不能是集体土地的使用权。如果欲以集体所有的土地对外投资，则必须先将集体土地通过“招拍挂”途径变为国有土地。（3）用于出资的土地使用权只能是出让土地的使用权，而不能是划拨土地的使用权。划拨土地的使用权只能由原使用人自己使用，而不能用于对外投资。若以划拨土地使用权出资，根据《公司法解释三》第 8 条规定，存在被认定未依法全面履行出资义务的风险。即使能够办理土地变更手续的，也必须先补交土地出让金。（4）用于出资的土地使用权应是未设权利负担的土地使用权，即土地使用权必须是干净的，否则可能被其他权利人追索而在财产价值上发生贬损的风险。

履行方式。土地使用权的出资不仅需要交付，而且还需办理土地使用权的过户登记，只有经过登记，公司才能取得完整的土地使用权，出资人也才是完全履行了其出资的义务。只实际交付土地而未办产权登记或只办理了产权登记而未实际交付土地的都属于出资义务的未完全履行。

税费成本。根据有关税务法律法规规定，企业以房地产投资的，不征收营业税；如果被投资的企业为非从事房地产开发或者并非将土地用于房地产开发的，暂免征土地增值税；以土地使用权出资超过账面价值的部分应按规定缴纳所得税；以土地使用权作价出资的行为视为土地使用权转让，应缴纳契税；土地使用权转移应按“产权转移书据”税目征收印花税。

用途和期限的限制。以土地使用权出资的还必须考虑土地使用权的期限与公司经营期限的关系，考虑公司对土地的用途与土地使用权取得合同对土地用途的规定以及土地使用规划的限制，还要考虑可否对土地使用权的期限和用途作出变更，由谁负责变更，其变更费用由谁负担等问题。

1. 风险揭示

实务中，以土地使用权出资，主要存在以下法律风险：

（1）土地使用权权属存在瑕疵的法律风险

有些出资人本身没有获得合法的土地使用权，该土地或者是集体土地，或者是租用他人的土地，显然，这样的土地根本无法用以作价出资；另外，有些出资人没有支付完毕土地出让金，此种情况下，如果出资人已将土地使用权过户到新设立公司的名下，则可能导致新设立公司承担剩余土地出让金的法律风险。

（2）股东拒绝将土地使用权过户至公司名下的法律风险

根据《物权法》的规定，不动产物权的变更采取登记生效主义。故股权以土地使用权出资的，应当配合新设立公司办理过户手续，完成变更登记。如果股东拒绝，则公司只能起诉解决，如此，将耗费不少的诉讼成本。

（3）土地使用权价值评估中的法律风险

在进行土地使用权价值评估时，会出现评估价值高于实际价值的情况，《公司法解释三》第9条对此作出了规定：“……评估确定的价额显著低于公司章程所定价额的，人民法院应当认定出资人未依法全面履行出资义务。”此时，用土地使用权出资的股东将承担未全面履行出资义务所引发的一系列责任，如面对公司债权人，其应当承担相应的补充赔偿责任，而其他股东也要承担连带责任。

（4）土地使用权作价出资缴纳费用过大的法律风险

因土地属于稀缺资源，故用土地使用权出资，办理过户登记手续的过程中，需支付高额的转让费、税费等。

2. 防控建议

第一，重视事前的尽职调查。公司应当委托专门人员或者律师，调查股东用以出资的土地使用权是否系租用、是否已设定相关抵押等，如此一来，才能降低自身风险，保证股东出资不存在瑕疵。

第二，明确违约责任等相关条款。股东以土地使用权出资，公司应当尽早办理过户登记手续，为防止股东拒绝办理，公司可在事前的出资协议中约定详细的违约条款，尤其可以设定高额的违约金，从而督促股东及时配合过户手续的办理。

第三，严格筛选评估机构和人员。一方面，新设立公司应自行确定评估机构和评估人员，选择资质高、声誉好的评估机构及综合素质高的评估人员；另一方面，应与评估机构签订规范的《委托评估合同》，尤其在合同中对双方的责任进行规定。

第四，采用股权并购的形式取得土地使用权。因土地使用权出资过程中需缴纳高额的转让费、税费等，故公司可采取股权并购的形式取得土地使用权，即公司收购拥有土地使用权公司的全部或多数股权，从而控制公司，间接获得土地使用权。

第三节　设立协议缺失或瑕疵的法律风险及防控

一、发起人协议

公司设立协议是设立人在公司设立过程中明确设立人的权利和义务

而签署的协议。设立协议一般包括如下内容：公司的注册资本数额，各设立人的出资数额、出资方式和出资时间，出资人在设立过程中的权利和义务，公司成立时费用的承担等。

二、风险揭示

实践中，由于法律知识的缺乏，很多投资人自行拟定设立协议甚至不签订设立协议，结果造成了许多纠纷，严重的则会影响公司成立。我们通过下面的案例可以知道大多数投资者对公司设立协议都没有足够的重视，最后不得不吞下苦果。

（一）缺少书面协议的法律风险

由于出资的灵活性和多样性，出资人往往考虑的是公司未来的发展前景，很少考虑公司设立过程中出现的问题。有些出资人之间甚至没有书面的设立协议，这将直接导致当事人之间的权利义务不明确，当事人的行为决策活动也呈现出了多元化，进而引起了成本和资源的浪费。当公司的设立活动与发展前景不一致时，当事人之间就可能因为这样或那样的事情引起不和，纠纷和诉讼的可能性就增加了。

应当说，缺乏书面的公司设立协议是一种完全的不确定法律风险，不仅体现在设立活动本身，而且还体现在公司的发展始终。主要是因为出资人放弃了明确股东之间进一步权利义务划分的机会，使这种法律风险长伴股东左右。

（二）协议约定不当的法律风险

从根本上说，公司设立协议主要反映的是民事法律关系中的权利义务关系，所有违反公司设立协议的行为都是违反了合同，这种合同上的违约行为，应适用《合同法》的有关规定。公司的设立协议基本描绘出了公司的轮廓，起到了指引各个设立人的设立活动。在公司不能依法成立的情形下，设立协议也就显得格外重要了。其主要作用如：可以确定公司不能合法设立的原因；可以判定设立人的违约行为；可以确定违约人的赔偿责任等。

当公司设立协议并没有很好地明确各个设立人的权利义务以及违约责任时，法律风险也就应运而生了。通常来说，约定不当的法律风险是局部的，只有在特定的情况下才会产生影响。在法律风险评估中，通常这部分法律风险需要在其具体约定不明的事项及约定欠缺情况下来进行评估。

协议约定的事项违法的情况也偶有发生，但这些违法条款某些是个别无效，某些则可能影响公司成立。这种法律风险的影响常常是连锁性影响，因此需要对此相关的后续行为进行关注。

（三）协议的保密条款相应风险

公司在设立过程中，有关公司的很多资料、信息一般都没有采用保密措施，各个设立人之间单凭口头协定有时并不能解决保密问题，只有在协议中明确保密条款才是上策。尤其是，一些具有特定的专利技术、技术秘密，或者具有特殊的经营方法或服务理念的公司，更应该注意这种保密问题。

在公司设立过程中，如果股东之间相互披露大量个人信息，以及未来公司的独创管理和经验思路，一旦被他人知悉利用，对未来公司的损害难以估量。当公司设立人是其他企业法人时，这种保密条款的作用就更为重要。

对将来那些不参与经营管理的股东来说，保密条款中的保密义务就显得十分重要。一来可以避免股东利用股东身份损害公司利益；二来可以避免股东利用该公司的信息“另立门户”，与公司直接竞争。

（四）股东之间约束机制缺乏的法律风险

股东作为公司的投资者和公司的受益者，既了解公司的全部经营活动，也了解公司的全部收益。但股东往往因出资的比例不同从公司获取的利益也有所差异，当股东了解的经营信息超过其出资获得的收益时，约束股东对经营信息的滥用就显得十分必要。

公司可以用公司章程和合同来规范员工行为，而《公司法》对董事和经理也规定了基本义务。不管是《公司法》还是公司制度都很难限制股东的行为，股东行为的限定，也只能通过股东之间的相互约束来完成，如包括设立协议约定和股东制定的公司章程等。从这个意义上讲，设立协议比章程更为灵活，股东更可以根据实际需要而约定广泛的内容。

公司股东利用知悉的公司信息另外投资从事与公司相同的行业，形成与公司直接或间接的竞争关系，这对公司的收益是非常不利的。对那些在公司里不参与经营的小股东来说，他们引起的法律风险更为突出。在评估该法律风险时，要考虑这些因素即股东了解的信息和掌控程度、是否投资其他公司、在其他公司所占股份份额等。

公司设立协议所存在的法律风险应引起设立人的足够重视，这样既可以防范未来公司成立所产生的法律风险，也可以规范股东之间的约定。设立协议的完整和完善是为公司的最大利益服务的。

三、防控建议

第一，应当以书面的形式确立公司设立协议。

第二，设立协议应当或者至少包含以下内容：（1）股东基本信息；（2）出资方式及出资额；（3）公司治理机构的产生和运作方式；（4）出资转让的约定；（5）财务管理制度的约定；（6）利润分配、话语权分配及亏损的分配；（7）争议的解决。

第三，根据公司经营范围的特点，或者股东的特殊约定，在公司设立协议中予以明确。

第四，对于股东的约束条件应当在协议中说明，尤其是股东众多且部分股东不参与经营的公司，这主要是为了避免同业竞争，或者利用公司商业秘密的行为。

第五，设立协议签订后要同步其实施情况，避免协议成为一纸空谈，并且该协议亦应当作为公司成立后的后续规章制度的重要参考依据。

四、以案释法

公司设立协议约定不当

案情简介

A公司成立于2011年7月20日，肖某持有A公司95%股份。2011年7月27日，汪某（乙方）与肖某及A公司（共同作为甲方）签订《合作协议书》一份，约定甲乙双方就共同成立丙公司达成协议。载明：乙方于签订合约后投资资金30万元给甲方，占共同成立子公司30%股份，甲方占子公司70%股份。合约签订后，乙方将投入资金划入甲方指定账号（合同除了提供了A公司的对公账户外还附上了肖某的个人账户），甲方派分公司运营经理前往郑州与乙方代表筹备跟进。筹备期为1个月，费用预算为30,000元，包括新公司注册、办公楼租赁及办公设备等。2011年10月25日，肖某开具《收条》一份，确认收到汪某款项30万元。对于该30万元的给付情况，汪某提交证据证明其于2011年8月8日、8月15日、10月14日分别向肖某转款10万元、10万元、5万元。另外现金给付肖某5万元。肖某确认收条的真实性，但称只收到25万元。后来双方并未成功履行合同在郑州设立公司。汪某遂于2012年4月10日诉至法院，要求依法解除其与甲方签订的《合作协议书》并由肖某与A

公司连带返还其投资款30万元及利息。但肖某认为其是A公司的总经理，其各项行为均属于履行职务的行为，故不属于本合作协议的主体，不应承担返还投资款的责任。另外，A公司为设立丙公司对外承担了债务100多万元，该费用应由汪某和A公司一起承担。为此，肖某提交了转款给案外人宋某的转款记录，拟证明为履行合同所支出的费用，并指出宋某是汪某指定的合同具体履行人，另外还提交了众多发票，拟证明操办设立公司事宜所支出的费用，对此，汪某不予确认。

本案的争议焦点为：(1) 肖某是否应与A公司共同承担返还债务的责任；(2) A公司为筹备公司花费100多万元的主张能否成立。

裁判结果

法院最终认定：(1) 合作协议有效，认定肖某为涉案的主体，丙公司未能设立时，允许汪某解除合同；(2) 合同解除后，双方对债权债务进行合理处理，肖某与A公司应连带返还投资款及利息给汪某，A公司对外发生的债务中与公司设立相关的费用认定为6000元，由甲乙双方平均承担，其他费用因不能证明与筹办设立公司有关，不予支持。

润朗说法

1. 肖某是否承担连带责任?

笔者认为，肖某应该承担连带责任，理由如下：第一，在合作协议的签订主体以及内容中多次明确了肖某为合同的甲方，并同时在合同上签字盖章，故A公司与肖某应视为共同甲方。第二，肖某虽然为A公司的控股股东，但并不是A公司的法定代表人，对于A公司设立子公司的投资行为应以法定代表人的名义签字，肖某作为总经理，也没有证据证明其是在代表A公司签订协议，故其个人签名不应视为履行职务的行为。第三，肖某是以其个人账户接受了投资款，并开具了收据给汪某且后续肖某作为涉案一方参与设立公司。综上所述，肖某应该作为合同主体。

2. 公司设立失败，如何承担债务?

首先，公司未能设立时，设立人收到的投资款及利息都应该返还给投资人。根据《民法典》的规定，合同解除后，已经履行的，根据履行情况和合同性质，当事人可以要求恢复原状、采取其他补救措施，并有权要求赔偿损失。另外，根据《公司法》的规定，发起人对认股人已缴纳的股款，负返还股款并加算银行同期存款利息的连带责任。故肖某与A公司应将投资款30万元及利息返还给汪某。

其次，关于100万元筹办费用的债务承担。根据相关的司法解释，公司未能设立，部分发起人对外承担了与设立公司相关的债务后有权请求其他发起人分担，部分发起人有过错的，应当相应承担起过错责任。因为在庭审中，法院认为肖某和A公司提交的证据并不能直接证明该款项是用于公司设立，也没有其他证据佐证是与公司筹备存在关联性。故法院酌情认定为6000元，由汪某承担3000元，这与被告主张的数额相差巨大。

本案从一个侧面反映出了部分投资者们在设立公司过程中对投资协议的法律风险防范没有做到位，导致在公司设立失败后，投资协议没有起到应有的风险规避作用。

首先，设立人的基本情况，包括其资格及其权利义务应该在合同中约定清楚，应该尽量避免像本案中肖某和A公司作为共同甲方这种合同主体混合在一起的情况，如果投资者有三个，应分别注明为甲、乙、丙方，以此类推，而且应该分别规定各个主体的权利和义务，避免出现责任不清。

其次，公司设立是一个结果不确定的过程，可能成功亦可能失败，在设立协议中应该提前详细规定好公司设立失败后各方的权利、义务以及债务承担比例。并对负责设立事宜的发起人的行为进行规范，约定好违约责任，使得条款具有可执行性。

除此之外，在一个完备的投资协议中至少还应该涵盖以下事项：拟设立公司基本情况，如公司名称、住所、注册资本和经营范围等；设立人的出资数额、出资比例、出资方式、出资的缴付期限、所占股权比例、股权的转让规定等；设立失败后资本回转规定；设立人对特定信息的保密约定；设立人协商确定的约束股东特定行为的条款，如竞业限制等；解除协议条款和争议解决条款；公司利润的分配。

因此，只要投资人能够重视这些风险，做好风险防范工作，还是可以尽量避免相关风险出现或在风险出现时，顺利解决风险。

第二章

企业内部治理相关法律风险及防控

第一节　法定代表人相关法律风险及防控

法定代表人[1]，是指依照法律或者法人章程的规定，代表法人从事民事活动的负责人，为法人的法定代表人。

法定代表人与公司法人在内部关系上也往往是劳动合同关系，故法定代表人属于雇员范畴。但对外关系上，法定代表人对外以法人名义进行民事活动时，其与法人之间并非代理关系，而是代表关系，且其代表职权来自法律的明确授权，故不另需法人的授权委托书。故，法定代表人对外的职务行为即为法人行为，其后果由法人承担。并且，法人不得以对法定代表人的内部职权限制对抗善意第三人。

---

① 《中华人民共和国民法典》第61条："依照法律或者法人章程的规定，代表法人从事民事活动的负责人，为法人的法定代表人。

法定代表人以法人名义从事的民事活动，其法律后果由法人承受。

法人章程或者法人权力机构对法定代表人代表权的限制，不得对抗善意相对人。"

一、风险揭示

润朗提示，有关法定代表人的法律风险主要有如下几点，企业应当予以高度重视。

（一）法人、法人代表和法定代表人混用的法律风险

法人、法人代表和法定代表人虽然字面上看起来区别不大，实质上三者是完全不同的概念。

实务中，不乏滥用三者的情形，轻则影响公司形象，重则会给公司造成损失。

（二）因法定代表人资质不符合法律规定使得无法办理核准登记的风险

并不是任何人都可以担任法定代表人，我国法律对法定代表人的任职资格作出了相应的限制，若违反以下规定，有可能无法通过企业登记机关的核准登记。

1. 无民事行为能力或者限制民事行为能力的；

2. 正在被执行刑罚或者正在被执行刑事强制措施的；

3. 正在被公安机关或者国家安全机关通缉的；

4. 因犯有贪污贿赂罪、侵犯财产罪或者破坏社会主义市场经济秩序罪，被判处刑罚，执行期满未逾 5 年的；因犯有其他罪，被判处刑罚，执行期满未逾三年的或者因犯罪被判处剥夺政治权利，执行期满未逾 5 年的；

5. 担任因经营不善破产清算的企业的法定代表人或者董事、经理，并对该企业的破产负有个人责任，自该企业破产清算完结之日起未逾 3 年的；

6. 担任因违法被吊销营业执照、责令关闭公司、企业的法定代表人，并对该企业违法行为负有个人责任，自该企业被吊销营业执照之日起未逾3年的；

7. 个人负债数额较大，到期未清偿的；

8. 有法律和国务院规定不得担任法定代表人的其他情形的。

（三）法定代表人越权代表的风险

当法定代表人超越其权限范围而代表公司实施民事活动，构成越权代表。实务中，法定代表人越权行为主要包括以下两种情形：一是超越法律规定的行为；二是超越公司章程、股东会或董事会决议等所规定的授权范围的行为。

而根据我国相关法律规定，除了强制性规定或者第三人为恶意的情况下，法定代表人以公司的名义作出的代表行为均对公司具有法定约束力，公司必须承担该代表越权行为带来的不利风险及法律后果。

（四）设置挂名法定代表人的风险

不少人在实际出资设立公司时，因个人原因不方便在工商登记上显现个人名字，通常会找人来“挂名”，充当工商登记的显名法定代表人。我们将其称为“挂名法定代表人”。殊不知，此种安排下，公司与挂名法定代表人均承担着极高的法律风险。

就公司而言，实务中经常出现“挂名法定代表人”利用法定代表人身份侵占公司的财产；违反公司章程的规定，未经股东会、股东大会或者董事会同意，将公司资金借贷给他人或者以公司财产为他人提供担保；利用职务便利为自己或者他人谋取属于公司的商业机会，自营或者为他人经营与所任职公司同类的业务；擅自披露公司商业秘密等现象，给公司造成了重大的损失。

二、防控建议

针对以上法律风险点，润朗认为企业可以采取以下防控方案：

（一）审慎选任法定代表人，确保不违反相应限制性规定

公司的法定代表人对外代表公司，易发生损害公司权益的行为，应选定适合的人选担任法定代表人，从源头上把控风险。不到万不得已，切勿设置挂名法定代表人。

（二）规范使用法人、法人代表和法定代表人概念

根据我国《民法典》第 57 条[①]规定，法人，是指具有民事权利能力和民事行为能力，依法独立享有民事权利和承担民事义务的组织。据此可知，法人是一种组织，而不是某一个人。

“法人代表”一般是指根据法人的内部规定担任某一职务或由法定代表人指派代表法人对外依法行使民事权利和义务的人，它不是一个独立的法律概念。

“法定代表人”是一个确定的法律概念，它是指依照法律或法人组织章程规定，代表法人行使职权的负责人，是法人的法定代表人，没有正职的，由主持工作的副职负责人担任法定代表人，设有董事会的法人，以董事长为法定代表人，没有董事长的法人，经董事会授权的负责人可作为法人的法定代表人。

法人代表依法定代表人的授权而产生，没有法定代表人的授权，就不能产生法人代表，而法定代表人则依法由上级任命或由企业权力机构依法定程序选举产生。作为民事权利主体的法人，其法人代表可以有多

---

① 《中华人民共和国民法典》第 57 条：“法人是具有民事权利能力和民事行为能力，依法独立享有民事权利和承担民事义务的组织。”

个，而法人只有一个法定代表人代表法人独立行使法人职权。法人代表对外行使权力都要受到法定代表人授权的限制，他只能在法定代表人授权的职责范围内代表法人对外进行活动，他的行为不是法人本身的行动，而是对法人发生直接的法律效力；而法定代表人有权在法律规定的职权范围内，直接代表法人对外行使职权。法人代表的变更没有一定的程序，他不需要登记；而法定代表人是法人应登记的事项之一，这是法律规定的必经程序，如有变更，应及时办理变更法定代表人登记手续。

（三）建立完善的规章制度，规范行使法定代表人职权

首先，可以在法人内部，通过章程、权力机构的决议、股东协议等方式对法定代表人的权限进行限制，做到权责明确，促使法定代表人严格履行忠实义务；设定损失赔偿条款，当法定代表人已经发生越权行为导致公司损失时，公司可依据章程中赔偿规定向法定代表人进行追偿。

其次，建立规范合理的用章制度。实行公司印章分类管理机制，公司印章保管和使用分离，通过印章保管人对印章使用人的监督确保以公司名义作出的行为符合公司利益。

最后，强化公司财务负责人对法定代表人的制衡机制，保证财务负责人能事先制止法定代表人超越内部权利限制以公司名义作出的代表行为。

第二节　股东会、董事会、监事会相关法律风险及防控

一、股东会、董事会与监事会

（一）股东（大）会——公司权力机关

股东会由全体股东组成，只能以法定形式形成决议，不能对外代表

公司，也不能对内执行管理业务。

股东会的权力是终极的和绝对的：作为公司的最高权力机构，它有权对公司的一切重要事务作出决议，董事会成员和监事会成员均由股东会决定产生，董事会和监事会均需对股东会负责。

股东会虽为必设机构，但却以会议形式体现其存在，是非常设机构，仅以年度会议和临时会议的形式行使职权；在股东会闭会后，股东只能通过有关参与权的行使，对公司的生产经营活动产生影响。

在公司控制中，股东会的控制权是最核心的权力，而原则上，股东会的控制权来自最大的股东或控制最大股东的实际控制人，所以，要控制公司，就得最终控制股东会，为此，就要有形成这种地位的绝对出资。

（二）董事会——公司决策机关

董事会依法由股东会选举产生，享有公司的经营决策权和管理权。

首届董事的产生，有限责任公司由全体股东选举产生；股份有限公司首届董事，采取发起设立方式设立公司的，由发起人选举产生，采取募集方式设立的，则由创立大会选举产生。

通常情况下，董事通过法定程序被股东确定后，应与公司签订聘任合同，明确公司和董事之间的权利义务、董事的任期、董事违反法律法规和公司章程的责任以及公司因故提前解除合同的补偿责任。选举和更换董事是股东大会的职权，股东大会是公司的权力机构，股东大会对于其认为不适合继续担任董事职务的，有权予以撤销而不必有正当理由。被解除职务的董事，如果在执行职务中没有过错，可以根据聘任合同的约定，要求公司承担违约责任。

但是，股东大会无权撤换职工董事。因为由职工代表大会或者职工大会选举产生的职工董事，对其免除董事职务应由职工代表大会或者职工大会进行，公司股东大会无权免除。

此外，并非所有的企业均需设立董事会。一人有限公司和规模较小的有限责任公司可以不设立董事会，只设置执行董事。

（三）监事会——公司监督机关

监事会是由股东选举产生，对于职工代表监事由公司职工民主选举产生。监事会对董事和经理的经营管理行为及公司财务进行监督的常设机构。监事会代表全体股东对公司经营管理进行进行监督，行使监督职能，是公司的监督机构。监事会的职责是发现公司经营行为违法、违规和违背股东利益的行为。监事对公司业务和财务资料有平等的监督权，并不需要形成集体决议行使职权。

监事会应当包括股东代表和适当比例的公司职工代表，其中职工代表的比例不得低于1/3，具体比例由公司章程规定。董事、高级管理人员、财务总监等不得兼任监事。

此外，并非所有的企业均需设立监事会。股东人数较少或者规模较小的有限责任公司，可以设1名至2名监事，不设监事会。

二、风险揭示

企业的股东（大）会、董事会、监事会作为现代公司治理结构的重要组成部分，其对企业生存发展的重要程度不言而喻。那么其在行使职权的过程中可能会存在哪些法律风险？企业应当如何规避这种法律风险？润朗律师总结了如下五个方面的法律风险点供企业参考。

（一）股权设置不合理导致股东会僵局的法律风险

日常实务中接触到不少股东会僵局而致股东不欢而散、两败俱伤的案例。教训是深刻的，后果是惨痛的。痛惜之余，也想总结其深层次的原因：一是没有设计合理、科学的股权架构；二是没有做好预防工作；等到事态严重、“火山喷发”了，才知道一切都是必然的。

股东会无法召开，可能分为两种情形。一种情形是股东会无法按照正常规定的流程召开；另一种情形是股东在寻求各种自力救济之后，股东会仍然持续无法召开或者无法作出决议。

一般来讲，在公司正常运转情况下，股东会由董事会召集，董事长主持。如果董事长个人出了问题，或者大股东控制董事会不召集股东会，那么就出现第一种情形，即股东会无法按照正常规定的流程召开。

一旦形成公司僵局，股东之间的人合基础就丧失了，既可能损害股东利益，又阻碍了公司业务正常开展。

（二）因召开程序存在瑕疵，导致股东会决议无效的风险

如果公司股东或者董监高伪造股东会决议，或者起草了股东会决议事项但并未就相关事项进行表决，或者虽然进行表决但是未达到法定的表决比例，此时，股东会决议一旦被利害关系人向法院申请无效，该项股东会决议有可能失去存在的法律基础，产生的后果即该决议自始无效，视为该决议从没有作出。

一般来说，股东会决议不成立，主要存在于股东会决议存在重大瑕疵的情形，通常出现在大股东一股独大，罔顾《公司法》和章程的强制性规定的情形。该程序瑕疵严重影响了股东的实质权利或对公司决议形成产生实质影响。

（三）因董事会人数设置不合理导致决议无法作出的风险

董事会人数看似无关紧要，实则影响深远。若董事会成员为偶数时，董事会表决就可能出现赞成和反对票数相同，从而出现董事会无法达成决议。即使在董事会成员为单数的情况下，董事会僵局仍然可能出现，如某名董事未出席也未委托他人出席，某名董事投弃权票等，都可能导致有效投票为偶数，如果对此种情况公司章程中没有规定，同样也无法作出有效的决议。

（四）监事会成员组成不当的法律风险

我国《公司法》从法定人数、职工人数、人员构成等方面对监事会作出了规定。企业如果忽视相关法律，极易导致因监事会组成不符合法律的规定，承受相应风险。

1. 监事会成员不足法定人数

《公司法》规定，一般有限责任公司应设监事会，监事会成员人数至少为 3 人。但同时又规定，如果股东较少或规模较小的有限责任公司则不用设立监事会，设 1 至 2 名监事即可。

2. 监事会成员中职工人数不足 1/3

《公司法》规定监事会成员中应包括股东代表及职工代表，具体比例由公司章程规定，但其中职工代表不得少于 1/3。但有的公司监事会中没有职工代表，或职工代表不足 1/3。如果监事会出现以上情况，其构成就违反了法律规定，其作出的决议可能会归于无效。

3. 董事、高级管理人员兼任监事

监事会的职权是监督董事与高级管理人员，如果允许其再兼任监事，则相当于“既当球员又当裁判”，监事会的职能无法实现，基于此，《公司法》规定“董事、高级管理人员不得兼任监事”。

（五）监事会主席行使职权不当或怠于行使职权

监事会主席是监事会的负责人，如果监事会主席故意不行使或怠于行使监督职权，那么就有可能给公司造成不必要的损失。《公司法》从两方面来防范此种情况发生。

1. 监事会主席的产生

《公司法》规定，监事会设主席 1 人，由全体监事过半数选举产生。这样保证了监事会主席选举的民主性、公正性。从而为监事会及时、正确行使职权设置了第一道防护。

2. 监事会主席召开监事会会议

监事会主席应当根据法律规定及时召开和主持监事会会议，如果监事会主席不履行或不能履行职责，新《公司法》规定应由过半数的监事共同推举 1 名监事召开和主持监事会会议，这样就为监事会及时履行职责设置了第二道防护。

三、防控建议

为了有效规避上述法律风险，润朗律师认为企业可从以下三个方面着手：

（一）合理设置股权架构

公司的股权架构设置应该尽量避免 50% vs 50% 的情形；同时在公司章程中要对一些股东的一票否决权慎重约定。当然，如果能在章程中提前约定公司出现僵局的处理办法，比如赋予董事长最终的决定权、股东的退出条款等，更加有利于应付公司僵局的极端形式。

公司应充分利用公司章程，在章程中设立避免股东会僵局的机制，以及如果出现股东僵局后的解决机制。

（二）规范股东（大）会召开流程

作为公司内部最高权力机关的股东会，其运作的有效性决定了公司是否能够正常运营，也决定了各个股东的利益是否能够得到有效保障。因此，股东们应该充分重视股东会的运作程序和决议的合法合规性。谨防大股东无视法律法规和公司章程，不经股东会决议或者滥用大股东的权利，代替公司径直作出决议，损害公司和其他股东的利益。一旦发现股东会决议存在违法情形，股东很难自力救济，最好的办法就是申请法院撤销相关股东会决议、认定其无效或不成立，防止事态的扩大，及时维护自己的利益。

（三）合理设置董事会成员组成

我国《公司法》对董事会的组成人数与资质作出了相应的规定。对有限责任公司而言，董事会成员为3人至13人。股东人数较少或规模较小的有限责任公司，可以设1名执行董事，不设董事会。执行董事可以兼任公司经理。对股份有限公司而言，董事会成员为5人到19人。

为了规避董事会无法作出有效决议的风险，公司最好将董事会成员人数设置为单数，并对一旦出现偶数投票时的情况作出规定，比如在偶数票情况下董事长投票一方为决议方等。

四、以案释法

林某清诉常熟市某实业公司、戴某明公司解散纠纷案[①]

案情简介

原告林某清诉称：常熟市某实业公司（以下简称某实业公司）经营管理发生严重困难，陷入公司僵局且无法通过其他方法解决，其权益遭受重大损害，请求解散某实业公司。

被告某实业公司及戴某明辩称：某实业公司及其下属分公司运营状态良好，不符合公司解散的条件，戴某明与林某清的矛盾有其他解决途径，不应通过司法程序强制解散公司。

法院经审理查明：某实业公司成立于2002年1月，林某清与戴某明系该公司股东，各占50%的股份，戴某明任公司法定代表人及执行董事，林某清任公司总经理兼公司监事。某实业公司章程明确规定：股东会的

---

① 江苏省高级人民法院（2010）苏商终字第0043号民事判决书。

决议须经代表1/2以上表决权的股东通过，但对公司增加或减少注册资本、合并、解散、变更公司形式、修改公司章程作出决议时，必须经代表2/3以上表决权的股东通过。股东会会议由股东按照出资比例行使表决权。自2006年起，林某清与戴某明两人之间的矛盾逐渐显现。同年5月9日，林某清提议并通知召开股东会，由于戴某明认为林某清没有召集会议的权利，会议未能召开。同年6月6日、8月8日、9月16日、10月10日、10月17日，林某清委托律师向某实业公司和戴某明发函称，因股东权益受到严重侵害，林某清作为享有公司股东会1/2表决权的股东，已按公司章程规定的程序表决并通过了解散某实业公司的决议，要求戴某明提供某实业公司的财务账册等资料，并对某实业公司进行清算。同年6月17日、9月7日、10月13日，戴某明回函称，林某清作出的股东会决议没有合法依据，戴某明不同意解散公司，并要求林某清交出公司财务资料。同年11月15日、25日，林某清再次向某实业公司和戴某明发函，要求某实业公司和戴某明提供公司财务账册等供其查阅、分配公司收入、解散公司。

江苏常熟服装城管理委员会（以下简称服装城管委会）证明某实业公司目前经营尚正常，且愿意组织林某清和戴某明进行调解。

另查明，某实业公司章程载明监事行使下列权利：（1）检查公司财务；（2）对执行董事、经理执行公司职务时违反法律、法规或者公司章程的行为进行监督；（3）当董事和经理的行为损害公司的利益时，要求董事和经理予以纠正；（4）提议召开临时股东会。从2006年6月1日至今，某实业公司未召开过股东会。服装城管委会调解委员会于2009年12月15日、16日两次组织双方进行调解，但均未成功。

裁判结果

江苏省苏州市中级人民法院于2009年12月8日以（2006）苏中民二初字第0277号民事判决，驳回林某清的诉讼请求。宣判后，林某清提起上诉。江苏省高级人民法院于2010年10月19日以（2010）苏商终字第0043号民事判决，撤销一审判决，依法改判解散某实业公司。

润朗说法

首先，某实业公司的经营管理已发生严重困难。根据《公司法》第183条和最高人民法院《关于适用〈中华人民共和国公司法〉若干问题的规定（二）》（以下简称《公司法解释二》）第1条的规定，判断公司的经营管理是否出现严重困难，应当从公司的股东会、董事会或执行董事及监事会或监事的运行现状进行综合分析。“公司经营管理发生严重困难”的侧重点在于公司管理方面存有严重内部障碍，如股东会机制失灵、无法就公司的经营管理进行决策等，不应片面理解为公司资金缺乏、严重亏损等经营性困难。本案中，某实业公司仅有戴某明与林某清两名股东，两人各占50%的股份，某实业公司章程规定“股东会的决议须经代表二分之一以上表决权的股东通过”，且各方当事人一致认可该“二分之一以上”不包括本数。因此，只要两名股东的意见存有分歧、互不配合，就无法形成有效表决，显然影响公司的运营。某实业公司已持续4年未召开股东会，无法形成有效股东会决议，也就无法通过股东会决议的方式管理公司，股东会机制已经失灵。执行董事戴某明作为互有矛盾的两名股东之一，其管理公司的行为，已无法贯彻股东会的决议。林某清作为公司监事不能正常行使监事职权，无法发挥监督作用。由于某实业公司的内部机制已无法正常运行、无法对公司的经营作出决策，即使尚未处于亏损状况，也不能改变该公司的经营管理已发生严重困难的事实。

其次，由于某实业公司的内部运营机制早已失灵，林某清的股东权、监事权长期处于无法行使的状态，其投资某实业公司的目的无法实现，利益受到重大损失，且某实业公司的僵局通过其他途径长期无法解决。《公司法解释二》第5条明确规定了“当事人不能协商一致使公司存续的，人民法院应当及时判决”。本案中，林某清在提起公司解散诉讼之前，已通过其他途径试图化解与戴某明之间的矛盾，服装城管委会也曾组织双方当事人调解，但双方仍不能达成一致意见。两审法院也基于慎用司法手段强制解散公司的考虑，积极进行调解，但均未成功。

此外，林某清持有某实业公司 50% 的股份，也符合《公司法》关于提起公司解散诉讼的股东须持有公司 10% 以上股份的条件。

综上所述，某实业公司已符合公司法及《公司法解释二》所规定的股东提起解散公司之诉的条件。二审法院从充分保护股东合法权益，合理规范公司治理结构，促进市场经济健康有序发展的角度出发，作出的上述判决是正确的。

第三节　关联交易相关法律风险及防控

一、关联交易

关联交易（Connected Transaction），依据我国《公司法》规定，是指公司控股股东、实际控制人、董事、监事、高级管理人员与其直接或间接控制的企业之间的关系，以及可能导致公司利益转移的其他关系。依据上述定义可知，认定是否具有关联关系，除法律条文中明确列举的以外，还应根据是否可能导致公司利益转移的实质来认定。实务中，关联交易主体可能表现为多种形式，如母公司和子公司、同一母公司控制的子公司、相互持股公司、因生产经营控制而形成的关联公司等。

法律并非禁止所有的关联交易，正当的关联交易可以降低企业成本、分散经营风险，有利于公司的稳定发展。正当的关联交易具备以下三个特征：价格合理，即关联交易不会造成公司在经济上的损失；程序合法，公司进行关联交易之前，由股东会或董事会表决通过，有利害关系的股东或董事进行了回避，保障作出的股东会或董事会决议不受关联方的影响；信息披露，公司财务报告对于关联交易进行披露，让所有公司股东、债权人乃至监管部门掌握完整信息进而作出判断。

二、风险揭示

实务中，关联交易的表现形式多种多样。但润朗律师认为关联交易的本质特征是：关联方利用自身作为控股股东、实际控制人、董事、监事、高级管理人员等身份形成的优势地位，不经过法定程序，促使公司与关联方以不合理价格进行关联交易，将公司利益转移至关联方，实现自身获益，同时导致公司利益受损。其主要类型如下（见表2-1）：

表2-1　关联交易表现形式

类型	表现形式
资产转让	将优质资产低价转让给关联方，或以高价从关联方购买劣质资产。
资产出租	与关联方签订该租赁合同，租用公司土地、厂房、设备等，但不合理支付对价。
资产重组	用公司优质资产置换关联方劣质资产。
资金占用	公司为关联方提供借款，但关联方不支付利息。
提供原料	公司为关联方低价提供原料，或关联方高价为公司提供原料。
提供劳务	公司无偿为关联方提供劳务。
提供担保	公司无偿为关联方提供担保、股权质押等。
对外投资	关联方利用公司资金对外投资，但不承担亏损。
股权转让	公司与关联方之间股权转让，但公司未获合理对价。

三、防控建议

在企业经营管理过程中，为防范不当关联交易给公司造成经济损失和引起不必要的法律纠纷，公司经营管理人员和法务人员除需了解《公司法》关于不当关联交易的法律规定之外，还应加强企业内部制度建设，我们认为，可以从以下几个方面制定关于公司关联交易的防控措施：

（一）通过完善关联交易定价机制，可实现对公司利益的基本保证

判断公司间的关联交易是否属于不当关联交易以及是否给公司造成损失，交易价格是一个关键的判断标准。如果交易价格公允，也基本上能够保证公司不会受到经济损失。至于如何判断交易价格是否公允，一般应遵守市场价格确定原则，如果市场价格不明确，则应聘请评估机构对交易标的进行评估，从而科学合理地确定交易价格。

（二）规范关联交易审批流程，降低不当关联交易概率

对于公司与关联方发生的关联交易，要依照交易金额的大小以及重要性程度，由公司股东会或董事会进行审批，在股东会、董事会对于关联交易事项表决时，有关联关系的股东或董事应当回避。对于重大的关联交易，还应请公司独立董事对交易合规性和价格公允性发表独立意见。

（三）强化外部监管措施，建立关联交易信息披露制度

上市公司应当按照监管部门要求建立信息披露制度，在公司作出重大关联交易的决定后，按照公司信息披露的程序和方式，及时、完整、准确地向监管部门和社会大众披露，披露的内容应包括关联交易的主体、关联交易类型、关联交易标的、定价依据等，公司股东及债权人只有在披露信息真实完整的情况下，才能判断关联交易是否公平，价格是否公允，是否侵害了公司利益。

综上所述，为了避免公司利益和公司小股东、债权人的利益受到控股股东、实际控制人等通过关联交易方式的侵害，企业经营管理人员和法务人员应采取有效措施防范关联方以各种形式干预公司的经营，规范

关联交易的定价机制、审批流程及信息披露机制，如果发现异常，应及时采取诉讼、财产保全等保护性措施，以避免或减少给公司造成的损害。

四、以案释法

大股东不当关联交易侵权案

案情简介

甲与乙分别是A公司的股东，甲持有A公司65%的股权，乙持有A公司35%的股权，由甲担任A公司董事长和公司法定代表人。甲作为担保人向A公司借款500万元给甲作为实际控制人的B公司，约定借款期限为1年。B公司一年后没有按时偿还A公司借款，甲与A公司签订《抵债协议》，约定甲将其所有的一辆宝马汽车作价抵偿给A公司，作为B公司向A公司的还款。乙不认可该协议内容，认为该宝马车辆实际价值远低于500万元，甲利用大股东地位进行不当关联交易损害A公司利益。因此，乙要对该宝马车辆进行评估，并要求A公司起诉B公司、甲。

在起诉文件准备过程中，由于甲是A公司法定代表人，不肯在起诉自己的文书上签字，造成无法以A公司名义进行起诉。为解决诉讼过程中遇到的障碍，乙以股东代表诉讼的方式向法院提起了诉讼。请求法院判令B公司赔偿给A公司造成的损失并承担诉讼费。

裁判结果

法院认为，甲作为A公司控股股东为自己作为实际控制人的B公司借款提供担保，在明知宝马汽车价值远低于500万元的情况下与A公司签订《抵债协议》违背公平、诚实信用原则，应认定无效。经过法院委托评估，甲用作抵债的宝马车辆实际价值为270万元，显著低于B公司应当偿还的借款数额，给A公司造成了经济损失。甲与A公司以低于债务价值的车辆进行抵债的行为构成不当关联交易，该不当关联交易给A公司造成了经济损失，应当承担损失赔偿责任。据此，法院判决B公司向A公司支付人民币230万元及其利息并承担本案诉讼费，由甲承担连带赔偿责任。

润朗说法

第一，从不当关联交易的认定上看。A公司控股股东甲先将属于A公司的现金资产转移至由其控制的B公司，再利用关联交易，通过人为提高宝马车辆价格的方法进行抵债，从而实现了自己利益的最大化，关联方之间的交易不仅损害了公司的利益，还间接损害了公司其他股东及公司债权人的利益，因此，应认定为不当关联交易。

第二，从法律性质看。甲是A公司控股股东，同时又是B公司的实际控制人，甲明知其宝马车辆价值不足500万元，仍与A公司签订《抵债协议》，将车辆作价500万元为B公司抵债，使A公司遭受经济损失。表面上，A公司与甲签订《抵债协议》为合同行为，但因违背公平、诚实信用原则，被法院认定为无效。该抵债行为符合侵权行为的四个特征：有不当关联交易的行为；公司受到损害的事实；不当关联交易与损害事实之间有因果关系；关联方甲有过错。因此，甲与A公司之间的抵债行为构成侵权行为。

第三，从不当关联交易的损害赔偿范围看。不当关联交易损害赔偿范围应包括间接损失。不当关联交易虽然是因有关联关系的公司之间签订的协议而发生，但是该协议因违反公平、诚实信用原则被法院判定合同无效，并导致公司和股东利益的受损，构成侵权行为。《民法典》（侵权责任编）对于侵权行为的赔偿原则不同于《民法典》（合同编）对于违约行为适用的损失填补原则，而是具有对侵权行为进行惩罚的性质，让侵权者承担赔偿间接损失的责任即是对于侵权赔偿责任具有惩罚性质的体现。

第四，从不当关联交易诉讼途径看。由于不当关联交易常常牵涉公司内部特定主体以及形式上的多样化，导致公司作为原告起诉面临现实障碍，司法实践中可以采取变更原告的主体身份加以解决，本案中，乙首先向A公司监事书面提出起诉大股东甲与B公司的请求，遭到A公司监事的拒绝，在穷尽公司内部救济程序后，乙以股东代表诉讼的方式向人民法院提起诉讼，从而解决了诉讼主体的问题。除了股东代表诉讼外，还可以提起撤销权之诉。例如，上市公司进行关联交易，如果法律、行政法规或公司章程对关联交易的审批权限、表决程序及方式进行了规定，而股东会或董事会违反了前述规定，则公司股东可请求法院撤销该决议。

第三章

企业合规管理相关法律风险及防控

合同作为企业从事经济活动取得经济效益的桥梁和纽带，同样也是很多法律纠纷产生的根源。在日常的经济交往中，一些企业对合同的法律风险防范意识不强，法律知识匮乏，合同签订技巧不足，合同印章、文本管理不善等，都会让企业面临尴尬处境。而企业处理这些争议纠纷时，不仅要花费大量的人力、物力、财力，有时还要承担于己不利的法律后果。

第一节　合同订立前的法律风险及防控

企业在签订合同过程中，最关心的是如何将一份合同可能对公司造成的风险降到最低程度，怎么样最大化地保障企业的利益。而对于企业来说，想要把所有的风险都尽可能地排除，实现风险的最小化，风险防控工作早已在合同签订前就已经着手了。只有把防控工作前置到合同签订前，才能够有效保障合同当事人行使自己的权利，确保企业实现预期的经济利益，使企业合同法律风险降到最低，从而促进企业良性发展。

一、风险揭示

根据我国《民法典》的有关规定，合同主体包括自然人、法人等的民事主体。润朗律师在此提示，不同的主体有不同的资质和能力，合同主体资格会直接影响到合同的效力。

对于企业的组成部门而言，原则上是不具备主体资格的，例如因企业的各部、科、处、室等不具备合同主体资格，其签约的合同自然无效。而对于企业的分支机构，如分厂、分公司、办事处等，应看其是否具有对外开展业务的资格，即是否具有总公司的授权；是否有非法人营业执照。如果有授权或者有非企业法人营业执照，其具备签订合同的资格。

当合同对方为自然人时，法律要求必须是完全民事行为能力人，根据《民法典》相关规定，成年人为完全民事行为能力人，可以独立实施民事法律行为。16 周岁以上的未成年人，以自己的劳动收入为主要生活来源的，视为完全民事行为能力人。

此外，无论是自然人还是法人，都可以委托代理人签订合同。在这种情况下，若委托代理人不具备相应的授权，则极易引起合同纠纷。

二、防控建议

（一）重视对合同主体的审查

1. 合同主体的形式审查

如果在审查的过程中，接受审查的合同的签订主体不是企业而是自然人的话，则要看其是不是具备签订合同的资质，看该自然人是否具备相应的行为能力，此外，还要看是不是有相关的国家准许经营资格或者合伙人的资格等。

如果对方是以企业名义签订的，应当要求对方提供营业执照复印件等证明资料，如有必要，可到工商部门查询；与事业单位签订的，则必须提供社团登记证明。

润朗律师提醒，企业在签订合同时，应当尽可能与具有法人资格的单位签订，避免与分支机构、职能部门签订合同。法人内部职能部门对外订立的合同如果没有事后的追认，其签订的合同一般被认定为无效合同。法人依法设立并领取营业执照的相对独立的分支机构，如银行的分行、支行，保险公司的分公司等具有一定的运营资金和在核准的经营范围内开展交易业务的行为能力，可以以自己的名义签订合同。另外，对于特殊的合同的签订需要在主体审查时需要履行特殊的形式，如分支机构对外签订保证合同，须有法人书面授权，否则保证合同无效。

对于合同方应该要注意调查确认其是否有合同约定事项的经营准入权和应该具备的相关资格，没有违反国家的禁止性法律规定等。

2. 合同主体的签约资格审查

准确来说，合同双方在订立合同的时候必须由有权利代表双方的人进行，并且在最终还要加上公司的印章。然而，企业在实际的经营过程中，大都是由公司派出的代表、业务员等人员负责签署。在此情况下，法律顾问就负有对交易方签约人所获授权进行形式和实质的审查，形式上需要签约人有公司签署的授权委托书并附上身份证复印件，实质上需要审查其代表公司签约的权限范围，并与公司取得联系确认其授权的真实性与合法性，该有证明效力的授权委托书应交由对方与所签署的合同一并保存。

司法实践中，经常遇到已离职的员工利用手中所有未交还的授权委托书或公章等骗得对方公司信任，与其签订无法履行的合同。公司因对其空白合同、授权委托书、介绍信管理不善而使自身利益受损或损害他人利益的情形。也有基于员工离职后未告之签约公司，签约公司依惯例仍与其履约，结果导致合同得不到相对方认可，或使公司利益受损，比较典型的是代收货款截留等。

企业法人单位公章是代表企业从事法人活动的信物。公章一般分为法人行政章、合同章、财务章和企业内部用章。法律顾问审查签约主体资格必须注意公司只有行政章和合同章可以使用在合同签约中。如果涉及企业财务，如背书、付款等情形还需加盖企业财务章。企业内设机构公章如办公室、后勤处、汽车队等公章一般没有对外签约的效力。同时，值得注意的是，法律顾问必须提示其企业决策人，公司内设机构对外签订合同是要承担相应的法律责任的。因此，在规范对外印章的同时还要管理好内部使用印章。法律顾问必须既严格审查合同签约对方的主体资格，也要管好自己的印章、授权、介绍信，杜绝借用印章、空白委托书、空白介绍信的流出，以免企业因为对印章等管理不善而成为合同签订中的伪主体，从而承担相应的法律责任。

另外，如果合同的内容涉及国家限制经营、特许经营等情形时，法律顾问还应当审查签约方是否取得相应的许可证，否则将不具备签约资格，其所签的该合同将归为无效。

（二）合同主体履约能力的审查

对于主体的履约能力的审查，说到底就是针对合同签订方到底有没有能力去履行合同进行审查，这个审查并非形式上的。对于合同主体来说至关重要。主要包括对企业注册资金、会计凭证资料、股东资信以及企业经营历史，有无企业资产抵押、质押等情况进行审查。企业法律顾问在对于合同签订方到底有没有能力去履行合同进行审查的时候，对于对方的信誉情况以及资金能力等各方面都要完整严格调查，特别是如果合同的标的额度比较大的话，也可以让专业的机构对其进行审查，以便最大限度地降低法律风险。

如有可能，通过调查其财产抵押登记情况，通过法院查询，了解其所涉诉讼及执行情况，对于其履约能力和履约诚信的审查是很有帮助的。

（三）重视对自身主体资格和履约能力的审查

企业签订合同的目的是实现其合同利益，签约各方通过各自的履行合同义务的行为实现合同的共同目的。司法实践中，签约主体往往注重对合同相对方进行严格审查而忽视对企业自身的主体资格和履约能力的审查。特别是一些附条件的合同签订，如需行政审批、民事授权等方面的合同，极易造成因不具备签约条件而签约导致合同无法履行。一些企业对自身履约能力了解不够，盲目追求合同最大利益，导致合同履行违约。

三、以案释法

2012 年 2 月，某农业合作社与山东一家公司签订西瓜购销合同。合同约定该农业合作社向山东公司提供西瓜 30 万斤，每斤 0.8 元，预付一半货款，另一半货款提货时支付。并特别约定，西瓜成熟时卖方通知买方，买方需在 10 日内提货。同时，买方需在提货前一天通知卖方，卖方需在 24 小时内装货发车。否则，违约方需承担合同总标的 30% 的违约金。合同签订前，农业合作社法律顾问提醒其负责人，30 万斤西瓜有 150 吨，受人力、田间到公路的转运工具等限制，正常情况下一天根本无法履行合同，如果遇上下雨等天气，更加无法履行合同。但企业负责人面对合同价款的诱惑，还是签订了合同，买方支付了预付款。同年 7 月上旬，西瓜开始成熟。卖方通知买方，后者通知卖方 3 日后的 7 月 13 日交货。7 月 13 日，买方的 7 辆大货车齐刷刷地停在了西瓜地边的公路上，该农业合作社动用所有能够动用的车辆，高薪聘请了所有可以下地干活的人。无奈周围的农民的西瓜也都熟了，能请得到的人不多，加上下雨，好多车辆都下不了地。忙乎了一整天也只交出了 5 万多斤西瓜。其结果可想而知，卖方承担了违约责任。5 万多斤西瓜交了学费白白地赔给了买方，买方还要求卖方继续支付违约金3.2万元！

可见，合同审查不仅要审查合同相对人，同时也要对自身的主体资格、履约能力、履约诚信进行审查，做到“知己知彼，百战不殆”。

第二节　合同订立中的法律风险及防控

一、关于要约与承诺的法律风险

（一）要约与承诺

要约，是希望和他人订立合同的意思表示，是一种与承诺结合后成立一个法律行为（合同）的意思表示，要约本身并不构成一个独立的法律行为。不过，要约既属法律行为要素，其所具有的瑕疵，亦得影响法律行为的效力。[①]

承诺，是受要约人同意要约的意思表示。我国《民法典》规定的“承诺”其实有两种类型：一是需要受领的意思表示，二是不需要受领的意思表示。它们虽然都是意思表示，都属于广义上的承诺，但二者之间的差异性大于共同点。我国《民法典》对于“承诺”的规定，不是以包括上述两种类型的广义的承诺，而是以“需要受领的意思表示”为预想模型，“不需要受领的意思表示”被作为“除外”。

（二）风险揭示

任何一个合同的签订过程都包括要约、承诺两个阶段。在合同订立过程中，主要存在以下法律风险：

---

① 参见韩世远：《合同法总论》，法律出版社2004年版，第82页。

1. 忽略要约邀请视为要约的情况

要约邀请是指希望他人向自己发出要约的意思表示，如寄送的价目表、拍卖公告、招标公告、招股说明书、商业广告等。要约邀请也称要约引诱，其对象可以是特定的主体，也可以是不特定的主体。它的发出目的是引诱他人向自己要约，从而达到订立合同的效果。但民事法律实务中，不能简单地适用法律的规定，要考虑不同案件的实际情况，仔细析别要约与要约邀请。

实践中，形式上看似要约邀请但实则为要约，而要约人却仍误认为是要约邀请的时有发生。《民法典》第 473 条修改为："商业广告和宣传的内容符合要约条件的，构成要约。"最高人民法院《关于审理商品房买卖合同纠纷案件适用法律若干问题的解释》第 3 条规定："商品房的销售广告和宣传资料为要约邀请，但是出卖人就商品房开发规划范围及相关设施所作的说明和允诺具体确定，并对商品房合同的订立以及房屋价格的确定有重大影响的，应当视为要约。"

2. 要约内容不确定，意思表示不明确

要约应符合以下规定：（1）内容具体确定；（2）表明经受要约人承诺，要约人即受该意思表示约束。如果要约人要约内容不确定或不翔实，让受要约人有空可钻，那么受要约人一旦承诺，合同即为成立。如发生纠纷，受要约人对要约内容肯定要作对自己有利的解释，而要约人则会有不必要的损失。

3. 要约撤回方式不当

法律规定要约是可以撤回的，要约撤回是指在要约未生效之前，要约人将要约收回，使之不产生效力和行为。要约撤回要注意撤回要约的通知必须在要约到达受要约人之前或同时到达，这就要求撤回要约的通知的送达方式必须比要约送达方式要快。而有些企业不注意这个细节问题，认为只要将通知送达即可，所以采用撤回要约的通知与要约送达的方式一样，从而导致要约撤回不能的后果。

4. 承诺方式不当

如果要约中明确了承诺的方式与时间，一旦企业作出承诺的方式不当或错过时限，就会失去商业机会。

另外一种情况就是企业用自己的行为作出了承诺，当对方不愿意再进行交易时，企业证明自己作出承诺的难度会加大。所以，要想把握住商机，最好作出书面的明确的承诺并保留往来函件作为证明合同已经成立的证据。

5. 将新要约误认为承诺的法律风险

法律规定承诺的内容应当与要约的内容一致，合同才能成立。如果受要约人对要约的内容作出了实质性改变则为新要约。如果企业忽视了这些改变，把新要约当成承诺，误认为合同已经成立并开始履行合同，就会给自己带来不必要的损失。

（三）防控建议

企业如果接到对方的要约，企业应在对方要求的承诺期限进行承诺，并不要对要约作出实质性的变更。如果承诺以后，发现承诺对自己不利，则应及时撤回承诺。同时承诺的撤回应以书面的方式作出，并在承诺到达对方之前到达对方，才为有效，这样可以避免许多的风险。

（四）以案释法

要约邀请不等于要约

案情简介

某市食品公司因建造一栋大楼，急需水泥，基建处向本省的清风水泥厂、新华水泥厂与建设水泥厂发出函电。函电中称：“我司急需标号为150型号的水泥100吨，如贵厂有货，请速来函电，我司派人前往购买。”

三家水泥厂在收到函电后，都先后向食品公司回复了函电，在函电中告知他们备有现货，且告知了水泥的价格，而建设水泥厂在发出函电的同时，还派车给食品公司送去了50吨水泥。在该水泥厂送到之前，食品公司得知新华水泥厂所产的水泥质量较好，且价格合理，因此，向新华水泥厂发去函电，称："我司愿意购买贵厂100吨150型号水泥，盼速发货，运费由我司承担。"在发出函电后第二天上午，新华水泥厂发函称已准备发货。下午，建设水泥厂将50吨水泥送到，食品公司告知建设水泥厂，他们已决定购买新华水泥厂的水泥，因此不能接收建设水泥厂送来的水泥。建设水泥厂认为食品公司拒收货物已构成违约，双方协商不成，建设水泥厂遂向法院起诉。

润朗说法

首先，本案食品公司向三家水泥厂分别发函的行为，应认定为要约邀请，而不属于要约。因为要约是希望和他人订立合同的意思表示，而要约邀请是希望他人向自己发出要约的意思表示。食品公司向三家公司发函并未规定确定的合同条款，当属要约邀请。

其次，本案食品公司与建设水泥厂之间未成立有效的买卖合同。也是基于建设水泥厂发出的是要约，而非承诺，并且食品公司也没有作出相关的承诺，所以两者的买卖合同并未成立。

最后，基于上述原因，食品公司没有义务接收建设水泥厂送来的货物，应由建设水泥厂自己承担相应的责任。

二、关于合同成立与生效的法律风险及防控

（一）合同成立

合同的成立，是指合同订立过程的完成，也即主体对合同的基本内

容达成一致意见。成立是当事人意思表示一致的一种事实状态。合同的成立需要的条件主要有以下几个：

1. 订约主体存在双方或多方当事人

双方当事人订立合同必须是“依法”进行的。所谓“依法”签订合同，是指订立合同要符合法律、行政法规的要求，由于合同约定的是当事人双方之间的权利和义务关系，而权利和义务是依照法律规定所享有和承担的，所以订立合同必须符合法律、行政法规的规定。如果当事人订立的合同违反法律、行政法规的要求，法律就不予承认和保护。

2. 当事人必须就合同的主要条款协商一致

即合同必须是经过双方当事人协商一致的。所谓协商一致，就是指经过谈判、讨价还价后达成的相同的、没有分歧的看法。

3. 合同的成立应具备要约和承诺阶段法

要约承诺是合同成立的基本规则，也是合同成立必须经过的两个阶段法。如果合同没有经过承诺，而只是停留在要约阶段，则合同未成立。合同是从合同当事人之间的交涉开始，由合同要约和对此的承诺达成一致而成立。

以上只是合同的一般成立条件法。实际上由于合同的性质和内容不同，许多合同都具有其特定的成立要件。

（二）合同生效

合同的生效则指依法成立的合同为使其具有法律所赋予的约束力而产生的效力。

合同的一般生效要件包括以下几项：（1）行为人具有相应的民事行为能力。由于任何合同都是以当事人的意思表示为基础，并以产生一定的法律效果为目的，所以，行为人必须具备理解自己的行为性质和后果、独立地表达自己的意思的能力。（2）意思表示真实。（3）不违反法律和社会公共利益。（4）合同必须具备法律所要求的形式。

（三）合同成立与生效之间的关系

如果合同不成立就谈不上合同生效的问题，但成立的合同并不当然生效。两者之间的区别主要体现在以下几个方面：

1. 内容判断上不一致

合同的成立与否属于事实判断问题，其着眼点在于判断合同是否存在，而合同的有效与否则是法律价值判断问题，其着眼点在于判断合同是否符合法律的精神和规定，能否发生法律上的效力。判断合同是否成立，其结果只能是成立或不成立的事实，而判断合同是否有效，其结果则有生效、无效、效力待定、可变更、可撤销等多种情形。

合同的成立只需当事人对合同主要条款在表面上意思表示一致，而不问其意思表示背后的真实性和主要条款的合法性。而合同生效的确认，既要审查当事人的主体合法性，当事人的意思表示是否真实，又要审查合同内容的合法性。由此可以看出，对于合同成立的判断侧重于对合同表面状态的考察，而合同的生效则侧重于对合同实质内容的考察。如果将合同的成立和生效混同起来，那么对于效力待定的合同是成立还是生效则无法判断。

2. 成立和生效适用规则不同

合同的成立适用意思自治原则，当事人有从事合同行为的意志自由，可以自由地选择合同的相对人、订立的形式和合同的内容，依其自由意志创设权利义务关系。只要具备意思表示这一基本事实，合同即告成立。而合同的生效必须在国家的干预下，依法判断合同是否合乎法律，只有合法的合同才能有效。润朗律师在此特别提示，合同成立的条件只涉及当事人之间的问题，而合同生效的条件不仅涉及当事人，还涉及法律的要求问题。两者虽然都涉及意思表示一致，但二者的侧重点又有所不同。合同的成立要求意思表示一致，即承诺的内容必须与要约的内容一致，而合同的生效则进一步要求意思表示的自主性和真实性。

（四）风险揭示

1. 将合同成立等同于合同生效

上文中已经论述过合同的成立不等于合同生效，例如，实践中形式各异的附条件的合同就要求条件成就时合同生效。如果将合同成立等同于合同生效，则合同面临可能不生效的风险。同时附条件约定的条件模棱两可的，容易产生歧义和纠纷。

2. 合同成立但实际未生效

在一些涉及需要行政许可的合同里，企业处于各种考虑不想履行合同，往往拖延申请办理手续，或提出宣告合同未生效、无效等理由以达到毁约目的。

但依照法律、行政法规的规定经批准或者登记才能生效的合同成立后，有义务办理申请批准或者申请登记等手续的一方当事人未按照法律规定或者合同约定办理申请批准或者未申请登记的，属于《民法典》规定的“其他违背诚实信用原则的行为”，人民法院可以根据案件的具体情况和相对人请求，判决相对人自己办理有关手续；对方当事人对由此产生的费用和给相对人造成的实际损失，应当承担损害赔偿责任。

（五）防控建议

1. 限制附条件合同的使用

除非双方协商或确有必要，尽量避免附条件条款。合同草拟过程中切忌画蛇添足，把不必要的条件附加进去。如在担保合同中，虽然法律规定房屋用作抵押物的，需经过抵押登记才能产生抵押无权的设立。但抵押合同的成立并不依赖于抵押物的登记。

2. 终止（中止）履行合同应采取合法的方式，避免承担违约责任

企业确因各种原因不想履行合同，应以该原因为依据提请终止（中止）履行合同。或以其他法院可以接受的理由解除合同，如“情势变

更”、“不可抗力”、各种抗辩权等。

（六）以案释法

注意合同生效的条件

案情简介

甲木材厂与乙木器加工厂订立了一份木材买卖合同，合同约定在付清全部价款之前由甲厂保留木材所有权。乙厂收到木材后，认为质量低于约定，遂按低于合同约定价格800元的价格支付了货款，双方对此争执不下。在争议期间，乙厂和丙贸易公司签订了一份加工200套木器制品的合同。乙厂用从甲厂购买的部分木材进行生产，1个月后，丙支付货款并提走200套木器制品。之后，乙厂因欠丁公司货款，用剩余木材向丁公司作抵押，订立了抵押合同，但未办理抵押登记手续。此时又有A公司和乙厂洽谈，订立了一份加工家具的合同。双方约定：如乙厂迟延交货，则应当按日支付迟延交货违约金；A公司迟延付款，则应支付逾期付款的利息。

合同成立后，乙厂即用剩余木材加工此家具，但突然机器发生故障，便和某市的B公司联系，从B公司处租来一台同型号的机器使用。由于采取措施及时，乙厂按期完成订单，然后通知A公司提货付款。就在这时，丁公司得知乙厂和A公司之间的合同，遂告知A公司制作家具的木材已抵押给丁公司，并出具了抵押合同。A公司便通知乙厂提供担保，并停止付款。

乙厂认为木材已抵押，与A公司无关，坚持要求A公司提货付款。乙厂与A公司之间为争论此事，履行期已过了2个月。

那么，乙厂和丁公司之间的抵押合同是否成立？是否生效？

润朗说法

该抵押合同成立但不生效。因为以企业财产抵押的必须进行抵押登记。依《担保法》第42条第5项之规定，以企业的动产作抵押的，应到财产所在地的工商行政管理部门登记。又依《担保法》第41条规定，办理抵押物登记后，抵押合同自登记之日起生效。[①] 本案中乙厂与丁公司就木材抵押一事达成了合意，并订立了抵押合同，应认定该抵押合同已经成立，但由于未办理登记手续而未生效。

三、关于合同主要条款的法律风险及防控

实践中，合同相对方提出的，看似公平的条款，实际上很有可能是对方对某些法律问题的规避；己方提出的，在业务上很有利的条款，实际上很有可能存在重大的法律隐患。对于合同主要条款，要力争做到用词准确，表达清楚，约定明确，避免产生歧义，以防止对方利用条款设置骗局，留下隐患。该项工作，应由法律顾问或律师把关。对于重要的合同条款，要仔细斟酌，最好是参考一些标准文本并结合交易的实际情况进行增删。对合同条款的审查，不仅要审查文字的表述，还要审查条款的实质内容。

第三节 合同履行中的法律风险及防控

虽然说很多合同法律风险是在合同签订时留下的隐患，但绝大多数合同法律风险都是合同履行过程中发生，或者在合同履行的过程中由隐

---

① 《担保法》已经失效，现《民法典》第403条规定，以动产抵押的，抵押权自抵押合同生效时设立；未经登记，不得对抗善意第三人。

性的风险演变为显性法律风险。签订一份好的合同是良好开端，但合同履行作为合同目的实现的必经阶段，才是真正重要的环节。为保证合同的顺利履行，使现实效果与预期效果相统一，企业应做合同履行中的“风险掌舵者”，积极防范合同旅行中的法律风险。

一、合同的履行

合同的履行，是指合同约定义务的执行。任何合同约定义务的执行，都是合同的履行行为；相应地，凡是不执行合同约定义务的行为，都是合同的不履行。因此，合同的履行，表现为当事人执行合同义务的行为。当合同义务执行完毕时，合同也就履行完毕。

二、风险揭示

对于依法生效的合同而言，在其履行期限届满以后，债务人应当根据合同的具体内容和合同履行的基本原则实施履行行为。

合同履行不能的法律风险。履行不能又称“给付不能”，在合同履行过程中，债务人因各种非主观原因事实上已不可能履行合同，我们将这种情形称为履行不能。履行不能是否为债务人导致的，其法律后果完全不同：若因可归责于债务人的事由而履行不能，债务人可免除履行义务，但需承担违约责任或侵权损害赔偿责任，但若只是部分履行不能，对能够履行的部分债务人仍需继续履行；若因不可抗力等事由履行不能，债务人可以免除履行义务，不承担违约责任或侵权损害赔偿责任，但需告知债权人履行不能或延期履行或部分履行事由，并取得相关证明。若未及时告知导致债权人损失的，债务人应承担赔偿责任。因此，履行不能对双方而言，签订合同的目的没有实现，权益可能受损，尤其是债务人面临承担违约责任或侵权损害赔偿责任的较大的法律风险，应该及时防范。

三、防控建议

（一）注意“不安抗辩权”的使用

不安抗辩权是在双务合同中，一方有先为给付义务，当后履行方出现财产明显减少或财产状况恶化并可能影响其履行义务时，先履行方可以在对方未履行或提供担保前，拒绝履行义务。也就是说，债权人在对方可能履行不能时，可主张不安抗辩权，防止因自己履行完对方无法给付对价的法律风险。根据《民法典》规定，有确切证据证明对方有以下情形之一的，可行使不安抗辩权：（1）经营状况严重恶化；（2）转移财产、抽逃资金，以逃避债务；（3）丧失商业信誉；（4）有丧失或可能丧失履行债务能力的其他情形。注意，行使不安抗辩权应及时通知相对方，否则可能构成违约。

（二）注意及时解除合同

合同解除权的行使也是防止合同法律风险的有效措施之一。在一方履行不能的情况下，对方可以依照《民法典》行使合同解除权，使双方的合同法律关系归于消灭，保障守约者的合法权益。

一般而言，解除权分为法定解除权和约定解除权。由于法定解除权的范围较窄，我们企业要想保护自己，就要充分运用约定解除权。说直白一点，就是尽量在合同中将可以解除合同的情形、期限约定清楚，以免到需要解除的时候在合同中找不到依据。

（三）保留好相应证据材料

在履行合同时最好有比较完整的书面往来文件，而且都必须有对方当事人的确认。供货方在送货时，应注意送货单让对方接货人员签收并加盖公司收货章，如果没有加盖收货章，则每月应进行结算，并让对方公司加盖公章或财务章确认。否则，一旦因对方赖账起诉到法院，由于只有送货单，对方又否认送货单上的收货人是其公司员工，在没有其他相关证据证明的情况下，则有可能败诉。

开出发票时如果对方货款未付清，应在发票上注明。在实践中，经常是供货方先开出发票给对方公司，让对方做好账后再去收款。但在把发票交付给对方公司时，往往未注明该发票的货款还没收到。这种情形下，如果对方公司以收到发票作为已付货款的凭证，在供货方举不出相反证据证明对方公司未付货款时，就可能会输掉官司。

依法运用合同履行中的抗辩权防范风险。遇到法定条件或者合作方违约可能损害到己方利益的情况时，可以依法采取中止履行或解除合同的方法，保护本企业的权益。

（四）积极化解纠纷，依法捍卫企业的合法权益

出现纠纷时应以友好协商的态度来处理问题，这样有利于收集到有利的证据。一旦引起冲突和争执，对方往往采取不合作的态度，从而使事情陷入僵局。

签订还款协议时，条款要全体明确。在协议中应当写明对方承认的欠款数额和还款的具体时间，可以约定如果首次还款期满仍未依约还款，则全部欠款视为到期，并约定如果对方未依约付款，则由本企业所在地法院管辖，协议还应加盖欠款单位的公章。

寻求司法救济时应注意诉讼时效。我国《民法典》第 188 条对诉讼时效作了明确规定："向人民法院请求保护民事权利的诉讼时效期间为三年。"例如，在购销合同签订后，若有一方延期付款或延期交货，就应当从合同约定的履行期限届满之日起 3 年内提出诉讼。但要特别注意的是下列诉讼时效为 1 年：延付或者拒付租金的；出售质量不合格的商品未声明的；寄存财物被丢失或者损毁的。如果过了诉讼时效才来主张合同权益，就会丧失胜诉权，致使原本合法的权益无法得到法律的支持。

根据以上内容我们可以得知什么是合同订立以及合同签订过程中的风险防范，还有合同履行过程中的风险防范，合同履行时要注意保留相关的证明资料、依法运用合同履行中的抗辩权防范风险、积极化解纠纷，依法捍卫企业的合法权益。

第四章

企业税务法律风险及防控

税务风险是指企业涉税行为未能正确有效遵守税收法规而导致企业未来利益的可能损失，具体表现为企业涉税行为影响纳税准确性的不确定因素。在中国税收制度逐步完善和税务机关加强监管的过程中，许多企业仍面临着缺乏系统化和制度化控制和应对税务风险的内部机制问题，导致企业被动地应对税务风险。以这种“亡羊补牢”的方式对付层出不穷的税务风险会增加企业税务成本。

鉴于企业的税务风险管理现状不容乐观，故本章选取增值税、企业所得税、消费税三大税种，揭示其中的法律风险，并提出相应的防控方案，旨在引导大企业合理控制税务风险，防范税务违法行为，依法履行纳税义务，避免因没有遵循税法可能遭受的法律制裁、财务损失或声誉损害。

第一节　企业增值税税制下法律风险及防控

本节重点列举增值税税制下的企业相关法律风险，并提出相关防控建议。

一、增值税

增值税是以商品（含应税劳务）在流转过程中产生的增值额作为计税依据而征收的一种流转税。从计税原理上说，增值税是对商品生产、流通、劳务服务中多个环节的新增价值或商品的附加值征收的一种流转税。

根据《中华人民共和国增值税暂行条例》及实施细则的有关规定，增值税的纳税对象主要是从事下列行为的单位或个人（见表4－1）：

表4－1 企业增值税征税范围

编号	征税范围
1	销售货物
2	提供加工和修理修配劳务
3	销售服务（具体涵盖交通运输、邮政、电信、建筑、金融、现代服务业、生活等服务）
4	销售无形资产（具体指有偿转让无形资产的行为，包括转让无形资产所有权及使用权）
5	进口货物（指申报进入我国海关境内的货物）

增值税作为一种针对增值额部分征收的流转税，其计税原理是先确定商品或应税劳务在每一生产流转过程中的销售额，将其作为增值税的计税依据，再根据国家规定的相应税率计算出该商品或应税劳务的总税负，最后按照税款抵扣的方式扣除外购项目在之前环节已缴部分。通过此种计税方式进行征缴既减少了税务征收部门的工作量，又避免了对纳税人重复征税。

二、风险揭示

润朗律师认为，企业在增值税税制下的法律风险主要如下：

（一）混合销售行为中的法律风险

混合销售行为，是指一项销售行为既涉及服务又涉及货物。

在会计核算上，混合销售行为是将销售行为所涉及的货物和非应税劳务作为统一整体进行核算的，且两者之间存在密切的关联关系，因而混合销售行为与兼营行为存在明显的区别。

混合销售行为征收的税种由其具体经营的主营业务所确定，而增值税税率又由相应的税种所确定，故企业申报的主营业务类型将影响其适用的增值税税率。实务当中混合销售行为涉及的税务风险主要有以下几种情形：

1. 混合销售中的劳务行为按照销售货物行为，一并按照16%征收增值税，从而使企业多交增值税，增加企业税收负担。

2. 企业无法准确判定是混合销售行为还是兼营行为，导致核算无法准确区分不同税率核算，而自行按低税率核算，导致税务风险。

3. 建筑服务中，包工包料税务情况下，业主或发包方要求施工企业就材料和设备本身开具16%的增值税发票，而不接受其开具10%的发票。

（二）兼营行为中的法律风险

兼营行为，是指纳税人的经营范围既包括销售货物和加工修理修配劳务，又包括销售服务、无形资产或者不动产。但是，销售货物、加工修理修配劳务、服务、无形资产或者不动产不同时发生在同一项销售行为中。

根据《营业税改征增值税试点实施办法》第39条规定，纳税人兼营销售货物、劳务、服务、无形资产或者不动产，适用不同税率或者征收率的，应当分别核算适用不同税率或者征收率的销售额；未分别核算的，从高适用税率。

（三）企业身份选择中的法律风险

我国增值税纳税有一般纳税人与小规模纳税人之分。二者在适用税率、税款抵扣、发票种类等方面存在诸多差异。

增值税一般纳税人可以开具增值税专用发票，供应客户的需求，还可以享受免、抵退税等优惠政策。但相应地对一般纳税人的会计管理水平要求较高，对其适用的税率也较高。小规模纳税人虽然不能抵扣进项税额，但是其税率相对较低。

三、防控建议

（一）对于混合销售行为

润朗律师提示企业应当重视的是，企业首先要明晰混合销售行为与兼营行为之间的界限，如实申报其主营业务，不能隐瞒真实情况或虚构会计账簿，杜绝将高税率主营业务，申报为低税率主营业务，否则将存在违法犯罪的风险，轻者会受到行政处罚，重者还要承担刑事责任。

其次在签订涉及混合销售业务的合同时，为规避相关税务风险，企业可以签订两份合同，一份货物销售合同，一份服务销售合同；或者只签订一份合同，但是合同中要分别注明销售货物和销售劳务的价格，并在财务上分开核算，分开开票。

（二）兼营行为防控建议

虽然企业在选择分别核算和不分别核算方面存在一定的自主权，但这种自主权是相对的，应当在法律法规的允许范围内行使，而不能滥用该权利。例如，企业通过虚假做账的方式，将高税率货物统一按照低税率核算报税，则构成了违法行为，会受到相应的行政处罚；若构成犯罪，还要承担刑事责任，切莫因小失大。

（三）选择恰当的纳税身份

企业纳税人身份选择是增值税税制下首要的法律风险点。一般纳税人与小规模纳税人的征收方式不同，其缴纳的税款存在着差异，但二者都应认真履行其纳税义务。实务当中最常见的案例是，企业应当申报为一般纳人却申报为小规模纳税人，而受到了行政处罚，甚至是刑事处罚。究其原因，有的是追求小规模纳税人的低税率负担，故意为之；有的是轻视了企业纳税身份的重要性，过失为之。因此，为避免类似情况发生，建议企业在选择纳税身份时，立足实际情况，选择恰当的纳税身份。

四、以案释法

兼营行为缴税需谨慎

案情简介

某建筑安装公司为一般纳税人，某月取得以下收入：

（1）取得A建筑安装项目（2015年12月开工）收入1000万元，选择简易计税方法。

（2）取得甲方延期付款利息收入100万元。

（3）取得B建筑安装项目（2016年5月开工）收入2000万元。

（4）取得C项目收入（甲供工程）500万元，选择简易计税方法。

（5）取得销售材料收入200万元。

（6）取得销售2015年2月购置的办公楼收入2000万元，选择简易计税方法。

若该公司当月进项税额为340万元，期初无留抵税额。那么，公司应如何缴纳增值税？

润朗说法

（1）假设该公司各项收入能分别核算，则当月应缴增值税为：

$(100\times6\% + 2000\times11\% + 200\times17\% - 340) + (1000\times3\% + 500\times3\% + 2000\times5\%) = 65$（万元）

（2）假设该公司财务核算不健全，未分别核算收入，应从高适用税率，最高税率为17%，则应缴增值税为：

$(100 + 2000 + 200 + 1000 + 500 + 2000)\times17\% - 340 = 646$（万元）

由此可见，当企业发生兼营行为时，财务人员一定要区分好兼营的范围，准确计算适用的税率或征收率，这样才能做好企业的纳税筹划工作。

第二节 企业所得税税制下法律风险及防控

企业所得税作为我国第二大主体税种，对国家调控与企业发展都有着非常重要的影响。单就企业而言，最直观的影响就是企业所得税关系到企业的利润规模。现实生活中，许多企业正是看到了这一点，所以十分重视对企业所得税的纳税筹划，试图通过对企业各种经营行为的规划来达到节税的目的。但是企业在对企业所得税进行筹划的过程中，也应在法律的框架内进行，否则非但达不到最初节税的目的，还会为企业带来重大的法律风险。

本节将在对企业所得税进行介绍的基础上，揭示企业相关活动的法律风险，以唤醒企业的风险防控意识。

一、企业所得税

企业所得税是对我国内资企业和经营单位的生产经营所得和其他所得征收的一种税。我国《企业所得税法》第1条规定："在中华人民共和国境内，企业和其他取得收入的组织（以下统称企业）为企业所得税的纳税人，依照本法的规定缴纳企业所得税。个人独资企业、合伙企业不适用本法。"根据本条可知，个人独资企业与合伙企业不适用企业所得税制度，其他凡取得收入的各类经济组织，包括依照中国法律、行政法规在中国境内成立的企业、事业单位、社会团体以及其他收入的组织均使用企业所得税。

根据《企业所得税法》第6条的有关规定，企业所得税的征税范围（见表4-2）主要如下：企业以货币形式和非货币形式从各种来源取得的收入，为收入总额。包括：

表4-2 企业所得税征税范围

编号	征 税 范 围
1	销售货物收入
2	提供劳务收入
3	转让财产收入
4	股息、红利等权益性投资收益
5	利息收入
6	租金收入
7	特许权使用费收入
8	接受捐赠收入
9	其他收入

二、风险揭示

（一）亏损结转中的法律风险

亏损结转，是指缴纳所得税的纳税人在某一纳税年度发生经营亏损，准予在其他纳税年度盈利中抵补的一种税收政策。

润朗律师提示，企业在亏损结转中，主要有如下法律风险：

1. 违法虚增亏损的风险

我国税法对企业年度亏损额的计算方法有相应的规定，不能虚报亏损。实务中最常见的做法是多列扣除项目或少计应纳税所得额。其中，多列扣除项目主要有虚增招待费、工资等方式；少计应纳税所得额主要有瞒报业务收入等。而这种方式是法律所禁止的，一旦被税务机关稽查发现，则将面临严重的行政处罚。

根据相关法律规定，税务机关在对申报亏损的企业进行纳税检查时，如果发现企业存在通过多列扣除项目或少计应纳税所得方式多申报亏损，则税务机关有权对亏损额进行调整，并按相应利率增加应纳税额，同时企业还面临受到行政处罚的风险。

2. 亏损结转超过法律规定时限的风险

根据《企业所得税法》第 18 条规定，企业纳税年度发生的亏损，准予向以后年度结转，用以后年度的所得弥补，但结转年限最长不得超过 5 年。由此可见，我国法律规定亏损结转的最长期限为 5 年。

（二）固定资产加速折旧中的法律风险

固定资产折旧，是指固定资产在使用过程中逐渐损耗而转移到商品或费用中去的那部分价值，也是企业在生产经营过程中由于使用固定资产而在其使用年限内分摊的固定资产耗费。就企业所得税而言，我国法律规定，固定资产折旧一般可以在计算应纳税所得额时予以扣除，从而起到减轻企业税负的作用。

1. 超过法定折旧范围的风险

确定固定资产的折旧范围是计提折旧的前提。由于固定资产的种类繁多，因此我国《企业所得税法》主要通过禁止性规范，从反面规定了不得计提折旧的固定资产范围（见表4－3）：

表4－3　不得计提折旧的固定资产范围

编号	禁止计提折旧的固定资产种类
1	房屋、建筑物以外未投入使用的固定资产
2	以经营租赁方式租入的固定资产
3	以融资租赁方式租出的固定资产
4	已足额提取折旧仍继续使用的固定资产
5	与经营活动无关的固定资产
6	单独估价作为固定资产入账的土地
7	其他不得计算折旧扣除的固定资产

2. 低于固定资产折旧最低年限的风险

对各类固定资产而言，我国《企业所得税法实施条例》第60条规定了相应折旧的最低年限（见表4－4）：

表4－4　固定资产最低折旧年限

编号	固定资产类别	最低折旧年限
1	房屋、建筑物	20年
2	飞机、火车、轮船、机器、机械和其他生产设备	10年
3	与生产经营活动有关的器具、工具、家具等	5年
4	飞机、火车、轮船以外的运输工具	4年
5	电子设备	3年

注：对于技术进步，产品更新换代较快的固定资产，常年处于强震动、高腐蚀状态的固定资产，可以采取缩短折旧年限或者加速折旧方法，但是最低折旧年限不得低于上述规定折旧年限的60%。

3. 折旧方法选择不当的风险

实务中企业选择的折旧方法主要有四种，即年限平均法、工作量法、双倍余额递减法、年数总和法等。

年限平均法又称直线法，是指将固定资产的应计折旧额均衡地分摊到固定资产预计使用寿命内的一种方法。

工作量法，是指以固定资产能提供的工作量为单位来计算折旧额的方法。工作量可以是汽车的总行驶里程，也可以是机器设备的总工作台班、总工作小时等。

双倍余额递减法，是指在不考虑固定资产残值的情况下，用直线法折旧率的两倍作为固定的折旧率乘以逐年递减的固定资产期初净值，得出各年应提折旧额的方法。

年数总和法，是指用固定资产原值减去预计残值后的净额，乘以一个逐年递减的分数（称为折旧率），计算折旧额的一种加速折旧的方法。

需要注意的是，折旧方法虽有不同，但是企业最终提取的折旧总额是相同的，进而抵扣的所得税额也是相同的。唯一的区别在于，每一纳税期所抵扣的企业所得税是不同的。

（三）公益性捐赠行为中的法律风险及防控

公益性捐赠，是指企业通过公益性社会团体或者县级以上人民政府及其部门，用于《中华人民共和国公益事业捐赠法》规定的公益事业的捐赠。

我国《企业所得税法》及其实施条例中，关于公益性捐赠的规定主要分为三个层面：一是非公益性的捐赠，不得从应纳税所得额中扣除；二是纳税人未通过公益性社会团体或者县级以上人民政府及其部门，直接向受捐人进行的捐赠，不允许从应纳税所得额中扣除；三是超过国家规定允许扣除比例的公益性捐赠，不得从应纳税所得额中扣除。

三、防控建议

（一）依法进行亏损结转

企业在进行亏损结转时，必须要严格依照相关法律规定进行，既要保证亏损数额计算的准确性，又要确保符合5年最长的亏损结转年限。

（二）慎用固定资产加速折旧

针对固定资产加速折旧中的风险点，润朗律师提示，企业在进行固定资产折旧时，应当着重注意以下几个问题：

1. 严格按照法定折旧范围进行折旧

合理规划折旧年限。固定资产的使用年限决定了固定资产的折旧年限。但是使用年限因受到诸多现实因素的影响，具有不确定性，其决定了折旧年限也具有不确定性。这就要求企业在法律规定的最低折旧年限基础上，合理规划折旧年限，达到税务利益的最大化。

一般而言，缩短折旧年限可以起到促进回收资本，前移成本费用的作用，从而后移前期会计利润，起到折旧抵税的效果。折旧年限越短，此种作用越明显。但是这并不意味着折旧年限越短越有利于企业。例如，企业在减免期内计提的折旧就不能起到抵税的作用。因而企业应当合理规划折旧年限，从而使折旧抵税的作用最大化。

2. 选择适当的折旧方法

实务中，企业大多会选择直线法计提折旧，但是在特殊情况下也存在适用加速折旧法的情况。由于各种折旧方法有相应的适用条件，因而企业在选择折旧方法时，既要符合企业的实际情况，又要符合法律的相关规定，以规避因折旧方法不当而导致的经济损失。

（三）了解公益性捐赠相关规定

润朗律师提示，企业在进行公益性捐赠时应当注意以下风险点：

1. 企业发生的公益性捐赠支出，在年度利润总额 12% 以内的部分，准予在计算应纳税所得额时扣除，并且直接向对方的捐赠不得税前扣除。年度利润总额，是指企业依照国家统一会计制度的规定计算的年度会计利润。

2. 捐赠主体只有通过符合条件的单位对外捐赠，才享有税前扣除政策。

3. 捐赠人所捐支出必须用于慈善活动、公益事业。

4. 企业的公益性捐赠，既可以是货币也可以是非货币资产。

5. 公益性社会团体和县级以上人民政府及其组成部门和直属机构在接受捐赠时，捐赠的货币性资产，应当按照实际收到的金额计算；接受捐赠的非货币性资产，应当以其公允价值计算。

6. 企业发生的公益性捐赠支出未在当年税前扣除的部分，准予向以后年度结转扣除，但结转年限自捐赠发生年度的次年起计算最长不得超过 3 年。

7. 企业在对公益性捐赠支出计算扣除时，应先扣除以前年度结转的捐赠支出，再扣除当年发生的捐赠支出。

第三节　消费税税制下法律风险及防控

本节主要介绍与消费税相关的企业经营活动中的法律风险，在此基础上为企业提供防控建议。

一、消费税

消费税，是指国家对我国境内从事生产、委托加工和进口应税消费品的单位和个人，就其销售额或销售数量，在特定环节征收的一种税。消费税是以特定消费品为课税对象所征收的一种税，属于流转税的范畴。在对货物普遍征收增值税的基础上，选择部分消费品再征收一道消费税，目的是调节产品结构，引导消费方向，保证国家财政收入。

消费税与增值税虽然都属于流转税，但是二者在征收范围、纳税环节、计税依据、税收归属、与价格的关系等方面存在诸多差异，见表4－5。

表4－5　企业增值税与消费税对比

对比方面	增值税	消费税
征收范围	(1) 销售或进口的货物 (2) 提供加工、修理修配劳务 (3) 销售服务、无形资产或不动产	(1) 生产应税消费品 (2) 委托加工应税消费品 (3) 进口应税消费品 (4) 零售应税消费品 (5) 批发应税消费品
纳税环节	多环节征收：同一货物在生产销售、批发、零售、进口等多环节征收	纳税环节相对单一：除少量消费品存在双环节课征外，其他应税消费品的纳税环节具有单一性
计税依据	计税依据具有单一性，计税方法仅有从价定率计税	计税依据具有多样性，计税方法包括从价定率计税、从量定额计税、复合计税等
税收归属	进口环节海关代征的增值税全部属于中央；其他环节税务机关征收的增值税收入归中央与地方共享	消费税收入全部归入中央
与价格的关系	属于价外税	属于价内税

二、风险揭示

（一）经销部门独立核算过程中的法律风险

我国税法规定的消费税计税方法（见表4－6）主要有三种，包括从价定率计税、从量定额计税、从价定率与从量定额复合计税（以下简称复合计税）等。计税依据有消费数量和销售额。

表4－6　企业消费税计税方法

计税方法	相关应纳税额计算
从价定率	应纳税额＝销售额×比例税率
从量定额	应纳税额＝销售数量×定额税率
复合计税	应纳税额＝销售额×比例税率＋销售数量×定额税率

因为消费税主要调整的是企业的生产环节，而非流通环节（金银首饰除外），降低生产环节的价格自然能够起到降低税务负担的效果。实务操作过程中，企业往往采取关联企业转移定价的方式来调整计税方法，进而达到节税的目的。如果生产（委托加工、进口）应税消费品的企业与销售企业存在关联关系，则可以先将应税消费品低价转让其具有独立核算资格的销售企业，生产企业的应纳税额将会减少，而销售企业因处于流通环节，无须缴纳消费税，这样就可以达到降低总体消费税的目的。

（二）产品置换中的法律风险

我国税法规定，纳税人以应税消费品换取生产资料、消费资料、投资入股，抵偿债务的，应按同类应税消费品的最高销售价格进行计税，当企业应税消费品价格低于同类消费品最高售价时，企业便面临着承担高消费税负担的法律风险。

（三）委托加工过程中的法律风险

不同的生产加工方式不仅会影响到企业的生产工艺，还会对企业税务产生重要的影响。这是因为应税消费税产品不同的加工方式会影响相应的计税依据，而计税依据的不同又会最终影响应纳消费税额。合理的加工方式可以起到降低纳税负担的效果，而不合理的加工方式会增加企业的消费税纳税成本。

应税消费品的加工方式主要有两种：一是自营加工，二是委托加工。自营加工，是指企业自己承担所需原材料，并有企业自身承担加工产品的经营活动。委托加工，是指由委托方提供原料和主要材料（或由生产提供单位自行采购原料），受托方只代垫部分辅助材料，按照委托方的要求加工货物并收取加工费的经营活动。

企业采用自营加工方式生产应税消费品的，其消费税计税依据为应税商品的实际销售价格；企业采用委托加工方式生产应税消费品的，其计税依据为受托方同期同类商品的平均售价。二者的计税依据存在显著差异。

此外，委托加工产品完成后，若还需收回进一步生产，则消费税由受托方代扣代缴的部分可以抵减应纳消费税；若不需收回进一步生产，而是直接对外销售，则不再缴纳消费税。

实际操作过程中，受托方代扣代缴消费税的计税价格常常比应税消费品的售价要低。由于低出的差额部分无须缴纳消费税，因此就消费税而言，通过委托加工方式生产的应税消费品往往比自营方式更具优势。

三、防控建议

（一）选择适宜的消费税计税方法

企业采取不同的计税方法，承担的消费税负担往往存在很大的差异，这就要求企业应当针对自身的业务类型，在充分研究计税依据的基础上，调整自身的经营行为，以选择适合自身业务特点的计税方法，达到降低承担较重税务负担的法律风险。企业在运用关联企业转移定价的过程中应注意把握以下几点：

1. 处于销售环节的企业必须具备独立核算的资质

《中华人民共和国税收征收管理法》（2015 年修订）第 36 条规定："企业或者外国企业在中国境内设立的从事生产、经营的机构、场所与其关联企业之间的业务往来，应当按照独立企业之间的业务往来收取或者支付价款、费用；不按照独立企业之间的业务往来收取或者支付价款、费用，而减少其应纳税的收入或者所得额的，税务机关有权进行合理调整。"所以销售企业具备独立核算资质是企业运用关联企业转移定价策略的前提。

2. 生产企业提供给销售企业的应税商品不能低于成本价

我国税法规定，生产企业提供给销售企业的应税商品允许适当低于市场价格，但是不能低于其成本价。故纳税人在运用转移定价进行税收筹划时，要把握降价的幅度，如果税务部门认为价格明显偏低，则企业将面临行政处罚，甚至承担刑事责任的法律风险。

（二）善用产品置换抵税

润朗律师建议企业在以应税消费品进行"换、抵、投"活动时可先进行产品置换，如将应税消费品置换成现金以避免按照应税消费品最高售价计算情况的发生，从而规避承担高税务负担的法律风险。

（三）明晰利用委托加工节税的适用前提

通过委托加工方式进行节省消费税有一定的适用前提，委托加工方式并非在任何情况下都比自营加工方式节省消费税。当委托加工费用高于企业可接受加工限额时，则不会起到节税的作用。因而，企业在选择加工方式时，应当立足于自身的实际经营情况，选择匹配的加工方式，以规避企业税负增加的法律风险。

四、以案释法

关联企业转移定价可节税

案情简介

贵州某A酒厂，其生产的B种粮食白酒在当地小有名气。根据历年的销售数据统计，当地商业零售户每月会向其直接采购100箱B类白酒。企业以每箱1000元（不含税）的价格批发给当地零售户。2018年该酒厂采取关联企业转移定价的方式进行纳税筹划，在当地成立了独立核算的销售公司，销售给销售公司的价格为800元（不含税）。再由销售公司将白酒销售给零售户。为了减少税负，利用关联企业的转移定价原理成立一家属于自己的销售公司。已知该B类粮食白酒每箱10瓶，每瓶1千克。比例税率为20%，定额税率为1元/千克。

润朗说法

就该企业而言，采取直接销售和转移定价所应缴纳的消费税税额是不同的，具体分析如下：

直接销售应纳消费税税额：

$$1000 \times 100 \times 20\% + 100 \times 1 \times 1 = 20100 \text{（元）}$$

采取关联企业转移定价后的应纳消费税税额：

$$800 \times 100 \times 20\% + 100 \times 1 \times 1 = 16100 \text{（元）}$$

则节税消费税：

$$20100 - 16100 = 4000 \text{元}$$

第五章

企业人力资源与劳动关系管理相关法律风险及防控

任何一家企业，只要保持企业经营管理活动的运营，就会涉及员工聘用及管理，那么随之而来的就是企业中劳动关系确立、维持、解除这一系列过程中存在的法律风险。针对此问题，润朗律师就常见的法律风险为企业给出一些建议并提供规避方法，供企业管理者参考。

第一节　招聘环节的法律风险及防控

招聘环节是企业人力资源与劳动关系管理的第一个环节，也是最重要的环节。但是企业在大力引进人才的同时很容易忽视该环节的法律风险。对于企业管理者来说，只有正确把握招聘环节的法律风险，才能进行有效管理和控制。本节从招聘环节切入，分析在此环节中的相关法律风险，并提出相应的防控建议，以期帮助企业把好劳动用工第一关。

一、风险揭示

（一）招聘条件设置不当的法律风险

1. 招聘广告涉嫌就业歧视的风险

招聘广告只是一种宣传手段而已，但如果撰写不好，就有可能给企业带来法律风险。很多企业的招聘广告中往往会包含各种歧视性条款，如“只招男性”“身高1.70米以上”“不招乙肝病毒携带者”等。劳动法禁止就业歧视，国家对保障公民的平等就业权也逐渐予以重视，加大了监察力度。在招聘广告中直接对应聘者作出性别、年龄、身高、长相、民族、血型、户籍等歧视性规定，轻则会影响企业社会形象，重则会引来反歧视诉讼，使企业官司缠身。

2. 虚报薪酬待遇的风险

实践中还经常见到企业在招聘广告中虚报薪酬待遇，这一做法虽然颇具吸引力，但却为日后管理埋下了隐患。如果用人单位在劳动合同中没有写明薪酬数量，在劳动仲裁中将依据广告中所提工资数来判决企业需支付的数额。因此企业在刊登广告时应保证内容的真实准确性。

3. 录用标准过于笼统的法律风险

如果招聘广告中对于录用标准撰写得过于笼统，也会给企业带来潜在的法律风险。按照《劳动合同法》的规定，在试用期内企业享有一项权利：如果发现劳动者不符合录用条件，可以随时解除劳动合同。这项权利的行使是有条件的，即用人单位必须负担举证责任，证明劳动者具体不符合什么录用条件。此时，笼统的招聘广告将形同虚设，而具体明确的招用标准则会成为最有利的证据。

（二）劳动者弄虚作假的法律风险

在实践中，经常有求职者伪造学历、身份证、资格证、工作经历、学术成果、科技发明等弄虚作假的情形发生。如果招聘审查不严，将会给企业带来以下风险或损失：

其一，招用童工。劳动者虚报年龄，就有可能导致企业招用了实际上未满 16 周岁的童工。劳动立法严禁用人单位招用童工，并且规定了非常大的处罚力度，如每使用一名童工每月处 5000 元罚款、童工伤残或者死亡则吊销用人单位营业执照等。

其二，招用尚未与原单位解除劳动关系的劳动者。本章第二节将详细论述此类风险，故在此不再赘述。

其三，招用不能胜任工作的劳动者。由于弄虚作假的劳动者不具备所要求的真实学历、资格或工作经历等，往往入职后难以胜任本职工作。那么公司只能以欺诈为由主张合同无效。但招聘成本的付出却是难以收回了。

（三）忽视入职体检带来的法律风险

实践中，如果用人单位忽视入职前健康体检，而员工在入职前已患职业病的，就将面临以下法律风险：

1. 无法及时解除劳动合同，且需给予一定时间的医疗期，并支付医疗期待遇的风险

根据《企业职工患病或非因工负伤医疗期规定》第 2 条及第 3 条的规定，企业职工因患病或非因工负伤，需要停止工作医疗时，根据该职工实际参加工作年限和在该用人单位的工作年限，其拥有 3 个月至 24 个月的医疗期。在医疗期内，用人单位不得解除劳动合同。除此之外，根据劳动部《关于贯彻执行〈中华人民共和国劳动法〉若干问题的意见》第 59 条的规定，职工在规定的医疗期内，用人单位还需支付病假工资或疾病救济费，病假工资或疾病救济费都不能低于最低工资标准的 80%。

2. 解除劳动合同承受额外代价的风险

员工在医疗期满后不能从事原工作，也不能从事另行安排的工作的，

若用人单位要解除劳动合同，还需提前30日以书面形式通知员工本人，或者须额外支付1个月工资才可以。如果用人单位违法解除劳动合同，则须支付一定赔偿金。

3. 丧失在试用期内考核员工的机会

一旦员工患病或非因公负伤，其就拥有至少3个月的医疗期，而一般情况下，员工的试用期不超过3个月。这意味着，医疗期届满，试用期也结束。如此一来，用人单位在试用期内考察员工的机会即丧失。

二、防控建议

（一）设置明确的招聘条件

在招聘广告中列明招聘条件或者录用条件时，要尽量做到客观化、具体化，切忌带有歧视性或者模糊性的条件，从而保证录用条件的可操作性。同时，将招聘广告及刊载原件存档备查，这样，一旦在试用期解雇员工而产生纠纷时，就可使单位处于主动地位，防止出现举证不能而败诉的风险。

（二）充分了解劳动者的基本情况，做好相应背景调查

用人单位在招聘时，必须规范操作，仔细审查劳动者的年龄、身体状况、工作经历、知识技能等情况，以免招致法律风险。为了弄清求职者的就业现状，企业应查验其终止、解除劳动合同证明，以及其他能证明该职工与任何用人单位不存在劳动关系的凭证，方可与其签订劳动合同。在员工无法提供的情况下，企业可要求员工提供原单位的联系方式或证明人，以便进行工作背景调查。为了避免被诉侵犯原单位商业秘密，人力资源部门在招聘、录用员工时，应询问拟录用员工是否与原单位签订保密协议、竞业禁止协议等法律文件，以及该员工在本企业工作是否违反了相关协议。此外，企业还应在录用环节设计相应的承诺书，要求

被录用者签署，确认提交的信息是真实的。

（三）重视入职体检的作用

为了充分发挥入职体检在防范相应劳动用工的相关法律风险，企业应当高度重视入职条件的作用，具体应做到以下几点：

1. 选择专业的体检机构。避免员工在入职时体检单位没有检查出职业病，导致企业最终承担法律责任。

2. 体检不要流于形式。企业要细化体检项目，并针对企业自身岗位及生产环境的特点，选择针对性体检项目。

3. 重视体检资料存档。企业的体检材料务必由人力资源部门或归口部门存档备案，避免发生争议时，无法找到而面临败诉的风险。

4. 先体检再入职。企业在收到体检报告并确认没有疑问的情况下，才能发出入职通知，且体检与面试可同时进行。

三、以案释法

招用尚未解除劳动合同的劳动者带来的风险

案情简介

刘某是某软件公司的软件开发工程师，与公司签订了期限为2年的劳动合同。由于刘某的出色表现，软件公司便出资6万元送刘某到国外进行为期6个月的专业技术培训，并与刘某签订了3年的服务期协议，即培训结束后刘某应再为公司服务3年，否则应承担违约责任。培训结束回国后的第一年，刘某就要求提高职位和薪水，与公司协商无果后，遂向公司提出解除劳动合同的要求，公司明确表示不同意其提前解约。刘某便不辞而别，跳槽到了一家动漫设计公司，并与该公司签订了劳动合同。软件公司发现刘某跳到一家动漫设计公司后，遂向劳动争议仲裁委员会提起仲裁申请，要求刘某和动漫设计公司对软件公司的损失承担连带赔偿责任。

润朗说法

本案是一起典型的案例，动漫设计公司在招聘刘某时，没有对刘某是否与原单位解除劳动合同关系作初步审查，就招用尚未解除劳动合同的刘某，结果导致自己承担连带赔偿责任。

根据《劳动法》第99条规定，用人单位招用尚未解除劳动合同的劳动者，对原用人单位造成经济损失的，该用人单位应当依法承担连带赔偿责任。最高人民法院《关于审理劳动争议案件适用法律若干问题的解释》第27条第3款规定："原用人单位以新的用人单位和劳动者共同侵权为由向人民法院起诉的，新的用人单位和劳动者列为共同被告。"

这个案例再次提醒人力资源部门在招聘人员时，应验明拟聘用的人员与其他企业是否存在劳动关系，拟聘用的人员没有与原单位解除劳动合同的，不应与其签订劳动合同。否则，将给公司带来"灾难"。

第二节　入职录用环节中的法律风险及防控

当用人单位对应聘者产生初步的录用意向，在入职录用这一阶段的法律风险也就随之而来。

本节主要围绕入职录用环节，揭示实务中企业面对的主要风险点，据此提出相应的防范对策，意在使相关风险得到有效管控，保障企业利益，促进企业健康稳定发展。

一、风险揭示

（一）不签订劳动合同的法律风险

《中华人民共和国劳动合同法》（以下简称《劳动合同法》）第 10 条明确规定：“建立劳动关系，应当订立书面劳动合同。已建立劳动关系，未同时订立书面劳动合同的，应当自用工之日起一个月内订立书面劳动合同。用人单位与劳动者在用工前订立劳动合同的，劳动关系自用工之日起建立。”也就是说，用人单位用工时，必须与劳动者签订书面的劳动合同，劳动合同最迟应当自用工之日起 1 个月内签订。但实践中，常常有用人单位为了逃避责任，没有按法律规定与劳动者签订书面劳动合同。有的用人单位甚至用现金发放工资，不留痕迹，一旦发生责任纠纷，就否认该劳动者是其员工；但事实上，只要用工了，就很难不留痕迹的。相反，一旦被劳动监察部门查实，或者被劳动仲裁和人民法院查实，用人单位就要为弄虚作假行为付出代价。

此外，根据《劳动合同法》及其实施条例的规定，用人单位不与劳动者签订书面劳动合同的，自用工之日起满 1 个月的次日至补签书面劳动合同的前一日，用人单位应向劳动者每月支付双倍工资，并与劳动者补充订立劳动合同。此外，如果自用工之日起满 1 年仍未订立劳动合同的，除应支付给劳动者上述双倍工资外，还将视为自满 1 年之日起与劳动者订立无固定期限劳动合同，用人单位还需立即与劳动者补签书面劳动合同。

实务中，常常遇到用人单位不与劳动者签订劳动合同而被判决支付数十名员工双倍工资，总额达数十上百万元的，老板觉得十分冤枉但又无可奈何。可见，用人单位与劳动者签订书面劳动合同是其法定义务，若不与劳动者签订书面的劳动合同，将面临巨大的经济损失。

（二）同已存在劳动关系的劳动者签订劳动合同的法律风险

同未解除劳动关系的劳动者签订劳动合同极易被认定为双重劳动关系用工。即同一劳动者在同一时期与两个不同的用人单位建立或形成均符合劳动关系构成要件的用工关系。

根据我国劳动人事相关法律法规的规定，先成立的劳动关系优先于后成立的劳动关系，原用人单位有权要求劳动者履行劳动合同，不得对外兼职或建立新的劳动关系，若企业招用与其他用人单位尚未解除或者终止劳动合同的劳动者，给原用人单位造成损失的，应当承担连带赔偿责任。

此外，还承受着工伤赔付的法律风险。一般而言，劳动者已由原用人单位购买了社会保险，随着全国统一社会保障号的启动，使得社会保险无须也无法重复办理，导致后建立劳动关系的用人单位难以为劳动者购买保险（尤其是工伤保险），这样一旦劳动者在未缴纳工伤保险费的用人单位发生工伤，就不能从工伤保险基金处获得工伤保险赔偿，或者说发生工伤的用人单位就得承担本可以由工伤保险基金承担的相关赔偿责任。

二、防控建议

（一）及时与劳动者签订书面的劳动合同

企业必须与所有劳动者（包括人事行政、总经理、参加工作的股东等）签订书面的劳动合同，之前员工没签订的，立即补签（入职一年以内的，签订日期倒退其入职时）；新入职员工，必须在 1 个月内与其签订劳动合同；合同到期的，务必提前 1 个月准备劳动合同续签事宜。

（二）做好入职人员背景调查

对于在职人员带来的法律风险，实际上用人单位只要严格审查和规范招聘管理，自然就可以避免，具体操作如下：

用人单位在招聘劳动者时，可要求劳动者提供相关离职证明或劳动者已与原用人单位解除或终止劳动合同的其他证明文件；若劳动者无法提供的，用人单位可以要求劳动者提供原用人单位的联系方式或证明人，以便进行工作背景调查。除此之外，用人单位还可运用《入职登记表》等形式要求劳动者如实申报、告知，以防范风险。

另外，用人单位需要注意的是，若劳动者与原用人单位签订有如竞业禁止协议之类的限制再就业的相关法律文件，用人单位在招用劳动者，尤其是中高层管理人员时，应厘清该应聘者在本单位工作是否违反相关协议。

三、以案释法

不签订劳动合同的法律风险

案情简介

陈某于2018年5月入职佛山市A公司（以下简称A公司），担任组装师傅一职。入职后，A公司未与陈某签订书面劳动合同，也未为陈某缴纳社会保险。陈某的工资是A公司的法定代表人通过银行转账方式或微信支付。在劳动关系存续期间，2019年5月，陈某故意上班怠工，与用人单位发生不快，后以“A公司无故口头将其解雇”为由，向佛山市南海区某人事争议仲裁委员会申请劳动仲裁：（1）请求A公司支付陈某违法解除劳动关系的赔偿金；（2）请求A公司支付陈某就职期间未签订书面劳动合同的二倍工资差额。

裁判结果

律师在深入了解双方的劳资关系，在分析本案证据后，认为：首先，陈某与A公司之间已经形成事实劳动关系，根据法律的规定，存在事实劳动关系，A公司未与陈某签订书面劳动合同，应当自陈某工作的第二个月开始每月向陈某支付二倍工资。其次，陈某上班怠工用人单位虽有意向与其解除劳动关系，但没作出明确的解除通知，陈某主张A公司违法解除劳动合同证据不充分，根据实务劳动仲裁的观点偏向按协议解除作经济补偿。最终劳动者和用人单位达成了一致调解协议，调解结案。

润朗说法

根据《劳动合同法》第82条规定："用人单位自用工之日起超过一个月不满一年未与劳动者订立书面劳动合同的，应当向劳动者每月支付二倍的工资。"那么是不是劳动者不愿意签订劳动合同，用人单位也要支付二倍工资？答案是否定的。根据相关规定，自用工之日起超过1个月不足1年，用人单位有足够证据证明其与劳动者未能签订书面劳动合同的原因完全在劳动者，且用人单位无过错的，用人单位无须支付2倍工资。但用人单位提出终止劳动关系的，须支付经济补偿金。根据以上规定，只要用人单位有证据能证明用人单位提出要签订书面劳动合同，但是因劳动者的原因而没有签订劳动合同的，可免除其2倍工资的法律责任。

建议用人单位与劳动者建立劳动关系1个月内签订书面劳动合同，在发放劳动合同后，应当要求劳动者及时签订劳动合同，如劳动者不同意签订劳动合同，应当在合同上注明不签署的原因并收回存档。在用工之日起1个月内劳动者不签订劳动合同的，实际上双方并没有在建立劳动合同方面形成一致意思表示，建议予以终止劳动关系。在劳动报酬、工作时间、工作内容等都没有谈妥且没有签订劳动合同的情况下，使用劳动者存在风险。

第三节 试用环节中的法律风险及防控

一、试用期

试用期，是指用人单位和劳动者相互考察、用以确定对方是否符合自己的录用条件或求职要求而约定的最长期限不得超过6个月的考察期。试用期不是劳动合同的必备条款，属于企业与劳动者之间的约定内容，目的是相互了解和考察。很多人认为只有在签订劳动合同及员工管理等方面才存在法律风险，试用期的风险往往被忽视，然而越来越多的由试用期引发的劳动争议案件，让我们必须重视隐藏在试用期的法律风险，防患于未然。

二、风险揭示

（一）录用条件不明确的法律风险

录用条件是企业在试用期间考察劳动者能否通过试用的标准。《劳动合同法》第39条第1项规定："劳动者有下列情形之一的，用人单位可以解除劳动合同：（一）在试用期间被证明不符合录用条件的。"那么用人单位如果在试用期对劳动者不满意，如果以不符合录用条件为由解除劳动合同，就必须证明劳动者不符合录用条件。遗憾的是，很多企业在招聘劳动者进行试用时，根本就没有录用条件，导致一系列法律风险的发生。

（二）单独签订试用期合同导致的法律风险

有的企业认为，试用期不签订劳动合同对于企业是非常不利的，于是同员工签订了单独的试用期合同，但此类操作是违反法律规定的。根据《劳动合同法》第 19 条第 4 款的规定："劳动合同仅约定试用期的，试用期不成立，该期限为劳动合同期限。"也就是说，企业放弃了试用期，所谓单独的试用期合同实为一次固定期限劳动合同，而连续两次订立固定期限劳动合同的，则需订立无固定期限劳动合同，这对于企业来说实在是得不偿失。

（三）违背法律禁止性规定设置试用期

并非所有的劳动合同均可约定试用期，根据《劳动合同法》的规定，短期劳动合同、以完成一定工作任务为期限的劳动合同及非全日制劳动合同不得设置试用期。《劳动合同法》第 19 条第 3 款规定："以完成一定工作任务为期限的劳动合同或者劳动合同期限不满三个月的，不得约定试用期。"第 70 条规定："非全日制用工双方当事人不得约定试用期。"

（四）违法延长试用期期限

在试用期，劳动关系处于非正式状态，对于企业来说，可以防范用工风险，但却往往被企业滥用，如企业单方面延长试用期。根据《劳动合同法》第 19 条第 1 款、第 2 款的规定："劳动合同期限三个月以上不满一年的，试用期不得超过一个月；劳动合同期限一年以上不满三年的，试用期不得超过二个月；三年以上固定期限和无固定期限的劳动合同，试用期不得超过六个月。同一用人单位与同一劳动者只能约定一次试用期。"（见表 5－1）

表 5－1　试用期与劳动合同期限关系

劳动合同期限（X）	试用期期限
3 个月≤X＜1 年	≤1 个月
1 年≤X＜3 年	≤2 个月
X≥3 年	≤6 个月

因此，企业是不能超标准约定试用期的，超过法定部分的无效，企业还有可能面临行政处罚和赔偿金，违法约定试用期已履行的，按照试用期满月工资为标准，按违法月数向劳动者支付补偿金。

（五）试用期工资低于法定标准

有的企业认为试用期不是正式用工，可少给工资甚至不给工资，社保就更不用上了。润朗律师在此提示，企业的这种认识也是错误的。

根据我国《劳动合同法》第 20 条规定，试用期工资不得低于本单位同类岗位最低档工资或合同约定的 80%，并不得低于用人单位所在地的最低工资标准。由此看来，企业在试用期发放的工资并不是随意决定的，必须要符合两个标准，第一个标准是最低不得低于本单位同岗位最低档工资或者劳动合同约定工资的 80%，第二个标准是按照前面计算出的试用期工资还不得低于用人单位所在地的最低工资标准。

（六）不为试用期员工缴纳社保

《劳动合同法》第 19 条中规定："试用期包含在劳动合同期限内。"《劳动法》第 72 条规定："用人单位和劳动者必须依法参加社会保险，缴纳社会保险费。"因此，一旦企业与员工建立劳动关系，签订了劳动合同，就要依法为员工缴纳社会保险。现实中很多企业或是心存侥幸或是没有重视，都没有为试用期的员工缴纳社保，但从发生的很多案例来看，员工在试用期发生工伤而引发的纠纷非常多，企业莫要因小失大，一旦意外发生，和几个月试用期的社保费相比，对员工的赔偿费将是更大的数额。

（七）不让试用期员工享受医疗期待遇

医疗期，是指劳动者在劳动合同期内患病或非因工负伤，依法享有停止工作治疗休息的时间。前面已经多次提到，试用期是劳动合同期限的一个不同阶段，并不影响双方间存在劳动关系的认定。因此，试用期的员工也应享受企业为其缴纳社保等待遇，医疗保险也属于其中。试用期员工患病或非因公负伤，企业是不能随意解除劳动合同的。根据《劳动合同法》第48条规定，用人单位违反劳动合同法规定解除或终止劳动合同，劳动者要求履行的，用人单位应当履行；劳动者不要求履行或劳动合同已不能履行的，用人单位应当依照《劳动合同法》第47条规定的经济补偿标准的两倍向劳动者支付赔偿金；用人单位支付补偿金后，劳动合同解除或者终止。

三、防控建议

（一）设置明确合理的录用条件并由劳动者确认

1. 必须有具体录用条件的约定

用人单位必须与劳动者就录用条件进行明确约定。用人单位在与员工签订劳动合同时，明确设定或约定该员工所任职岗位的录用条件，并以书面形式确认，如以《试用期录用条件说明书》作为录用通知内容的一部分发送，在入职时由员工签字。

2. 合理设置录用条件

录用条件可参照以下几点进行设置：

（1）明确劳动者的学位、职业技能、执业资格、外语水平等证书均有效，以及过往经历、经验、工作实绩等均真实。

（2）要求劳动者不得患有传染疾病、精神类疾病等疾病（不得限制乙肝病毒携带者入职，否则涉及就业歧视）。特殊岗位对身高、体能可设为录用条件。

（3）要求劳动者与前一用人单位已解除、终止劳动关系，取得书面证明；不存在未到期的竞业限制约束；如为外籍员工，应当具备劳动行政部门颁发的就业资格证书；能够按用人单位的要求及时签订书面劳动合同；能够及时办理社会保险、人事档案转移手续。

(4) 不得有违反公司规章制度的行为，按时上下班，不迟到早退，不经常请假，设置一定的出勤率（应当合理）。及时高效、保证质量完成工作任务；服从领导安排。绩效考核结果可以设为录用条件。

(5) 未曾被追究过刑事责任、受到限制人身自由的行政处罚，未曾被以严重违反规章制度为由解除劳动合同；未被行业主管部门、协会处罚过，有禁入的限制；未有严重不诚信行为（个人隐私的隐瞒不属于不诚信的行为，不能作为解除的依据）。

3. 保存好试用期内进行考核及不符合录用条件的证据

转正前需要转正考核。考核标准需明确，定量和定性相结合，避免全是主观评判。

不符合录用条件具体行为的确认书。不符合录用条件的行为应由劳动者签字确认。对公司来说，《确认书》是必不可少的，否则需通过其他方式证明。

（二）不单独签订试用期合同

企业与劳动者约定试用期时，应当符合相应的法律法规，尽量避免约定单独的试用期合同，以避免相应的法律风险。

（三）按照法律规定延长试用期

延长试用期并不是企业单方就可以行使的权利，而是必须和员工协商一致的结果。因此，在延长试用期时，有几点法律风险需要引起注意：

1. 试用期的延长不要超过法律规定的期限，这是延长试用期的前提。如果超过法律规定的期限，即使企业有与员工协商一致的书面协议，发生争议时，仍然会被裁定违法，承担相应法律责任。

2. 应当在试用期届满前提出

其一，劳动合同双方当事人任何一方认为需要延长试用期的，必须在劳动合同生效后、在试用期届满前提出。前者是提出延长试用期的存在要件，只有在劳动合同生效后，双方已经约定了试用期限，并在此基础上提出延长试用期的意向，后者是提出延长试用期的合法要件，必须在试用期届满前提出，如果试用期届满再提出延长试用期，为二次约定试用期，违反《劳动合同法》的强制性规定。

其二，用人单位与劳动者订立劳动合同，双方约定无试用期的，在用工之日前，双方当事人任何一方均可向对方提出增加试用期的意向；用工之后，则不得再提出增加试用期。如前所述，约定试用期并非法律的强制性规定，用人单位开始用工后，表示放弃了对劳动者进行试用的权利，不得再向劳动者提出增加试用期。

3. 保留好书面协议

由于延长试用期属于对劳动合同的变更，如果缺少员工的书面签字，将变成企业的单方行为，若员工日后提起仲裁，或对此产生争议，企业仍然难逃违法的法律风险。

4. 经双方当事人协商同意

根据《劳动合同法》第35条的规定，用人单位与劳动者协商一致，可以变更劳动合同约定的内容。可见，变更劳动合同是法律赋予合同双方当事人的权利，是授权性规范，并非法律强制性规定。

在实务中，用人单位和劳动者任何一方，认为需要延长试用期的，均可以向对方提出意向（一般是用人单位向劳动者提出），发出要约，对方在接到要约后，作出相关意思表示，或拒绝，或同意，或进一步协商，无论哪种意思表示，双方当事人都应当在完全自愿的前提下，表达自己的真实意思。需进一步协商延长试用期的，双方当事人应当就延长的相关期限、待遇等，依照平等自愿、诚实信用的原则，进行充分的沟通，任何一方不得将自己的意思强加在对方身上。任何一方不同意延长的，另一方不得单方面延长。

（四）制定详细合理的工资等级制度

为了避免企业在试用期支付给员工的工资过高，针对《劳动合同法》第20条的规定，建议企业进一步细分公司岗位，通过制定具体详细的职位等级和工资等级来避免相应的法律风险，另外还可就奖金或效绩工资等通过绩效考核按月确定，在劳动合同上只约定基本工资，这样就为企业在以后相应的纠纷中争取了主动。

（五）严格执行关于医疗期的法律规定

针对试用期患病或非因工负伤的员工，企业的做法是按规定给予员工相应的医疗期，待期满后，如果员工不能从事原工作，也不能从事另行安排的工作时，才能以"不胜任工作"为由解除劳动合同，但要支付经济补偿金；如果劳动者在试用期内发生工伤事故，应当给予工伤保险待遇。如用人单位未缴纳工伤保险费，由用人单位按照法律规定的工伤保险项目和标准支付费用。

四、以案释法

未与劳动者约定录用条件引发的法律风险

案情简介

安某于2018年1月8日入职某公司，双方签订3年期限的劳动合同，试用期6个月。2018年6月1日，公司以安某试用期内被证明不符合录用条件为由与安某解除劳动关系，并提交显示有安某及主管领导签字的《试用期工作考核表》为证。该表显示，安某的考评总分为45分；表中注释处载明若总分低于60分为不合格，视为未达到试用期考核标准。安某认可该证据，但主张公司在自己入职前及签订劳动合同时，均未与自己约定录用条件，因此公司属于违法解除劳动合同，要求公司支付赔偿金9000元。公司虽不认可安某的主张，但未就双方约定录用条件举证。

本案的争议焦点为：没有约定录用条件，试用期考核员工为不合格，是否可以被解雇？

裁判结果

仲裁委裁决公司应支付安某违法解除劳动关系的赔偿金9000元。

润朗说法

试用期是指包括在劳动合同期限内，用人单位对劳动者是否合格进行考察，劳动者对用人单位是否符合自己要求也进行考核的期限。试用期间，劳动者如果认为用人单位不适合自己，提前3日通知用人单位就可以解除劳动关系。依据《劳动合同法》第39条的规定，劳动者在试用期间被证明不符合录用条件的，用人单位也可以解除劳动合同，此种情形下解除劳动关系用人单位无须向劳动者支付经济补偿。法律赋予劳动者试用期内解除劳动合同的权利，也赋予用人单位试用期内单方解除劳动关系的权利，以保障用人单位的用工自主权。本案中，公司对安某在试用期内进行了考核，认为安某未通过试用期考核就是被证明不符合录用条件，这个理由能成立吗？答案是否定的。

以“在试用期间被证明不符合录用条件”为由与劳动者合法解除劳动关系，应满足下列条件：（1）双方约定的试用期符合法律规定。可以约定试用期的长短与签订的劳动合同期限有关。依据《劳动合同法》第19条的规定，劳动合同期限3个月以上不满1年的，试用期不得超过1个月；劳动合同期限1年以上不满3年的，试用期不一超过2个月；3年以上固定期限和无固定期限劳动合同，试用期不得超过6个月。（2）解除劳动合同行为发生在试用期。试用期的确定应以劳动合同的约定为准，试用期满后未办理转正手续，也不能认定劳动者还处在试用期。(3) 用人单位应当在录用劳动者时明确告知劳动者录用条件。用人单位一般应依据岗位的具体要求来确定并告知录用条件，录用条件可以是在试用期间用人单位需要对劳动者进行考察的方方面面。(4) 用人单位有证据证明劳动者不符合录用条件。

本案中，公司与安某约定的试用期符合法律规定，解除劳动合同行为也是在试用期内作出的，但公司未与安某约定录用条件，也未将录用条件明确地告知安某，在此前提下，公司以安某不符合录用条件为由与安某解除劳动关系，显然不符合常理也不符合法律规定。

在实务工作中，经常发现有部分用人单位会将录用条件与试用期考核混为一谈。录用条件需要入职前双方约定或让劳动者明确知晓，如果没有约定或让劳动者明确知晓录用条件，用人单位无法证明劳动者不符合录用条件。还有部分用人单位对试用期间用人单位解除权有重大误解，以为在试用期间双方都可以随时解除劳动关系，而不清楚《劳动合同法》对此是有限制性规定的。这种限制性的规定是为了防止用人单位只“试”不“用”，在试用期届满前随意解雇劳动者，侵害劳动者的劳动权利。这种规定同时也是在督促用人单位，把握好试用期权利，在试用期内对劳动者是否符合岗位要求、录用条件进行积极的、全面的考察，为建立长期稳定的劳动关系打下基础。

本案中，用人单位正确的做法应该是，在安某入职时明确告知安某试用期内公司将对其表现进行考核，考核方式为《试用期工作考核表》确认的内容，试用期考核合格为录用条件之一。同时，公司还可以根据岗位要求和考察的需要来确定其他录用条件。

第四节　用工环节中的法律风险及防控

一、风险揭示

（一）企业未为员工缴纳社会保险的法律风险

不论是由于企业原因，还是出于劳动者个人意愿，企业不为员工缴纳社会保险，都应承担一系列法律风险，总结如下：

1. 员工凭此辞职且要求用人单位赔偿经济补偿金的法律风险

根据《劳动合同法》第 38 条的规定，用人单位未依法为劳动者缴纳社会保险费的，劳动者可以解除劳动合同；第 46 条规定，劳动者以此为由解除劳动合同的，用人单位应当向劳动者支付经济补偿；《社会保险法》第 63 条规定，用人单位未按时足额缴纳社会保险费的，由社会保险费征收机构责令其限期缴纳或者补足。

因此，用人单位如果未为员工缴纳社保，员工可以以此为由提出辞职，用人单位还要赔偿其经济补偿金并且仍应为该员工补缴社会保险。

2. 支付工伤赔偿金的风险

《工伤保险条例》第 62 条规定："依照本条例规定应当参加工伤保险而未参加工伤保险的用人单位职工发生工伤的，由该用人单位按照本条例规定的工伤保险待遇项目和标准支付费用。"

因此，用人单位如若未为员工缴纳社会保险，员工发生工伤的，用人单位需要承担其工伤保险待遇，支付其医疗费、住院期间的伙食补助费、生活护理费、工伤期间的工资、交通食宿费；有伤残等级的，还需支付伤残津贴，费用动辄上万元。

3. 支付生育津贴的风险

根据《女职工劳动保护特别规定》第 8 条规定，"女职工产假期间的生育津贴，对已经参加生育保险的，按照用人单位上年度职工月平均工资的标准由生育保险基金支付；对未参加生育保险的，按照女职工产假前工资的标准由用人单位支付。”因此，用人单位未为员工缴纳社会保险的，女职工生育、流产期间所发生的医疗费及产假期间的津贴均由用人单位支付。简单地举个例子：如果一个女职工月平均工资3000元，请产假，假期98天，就按照3个月计算，用人单位仅支付生育津贴就将近1万元。

4. 承受行政处罚的风险

如果未缴纳社会保险的行为被有关劳动行政部门查到，用人单位必须承担行政处罚，不仅影响企业形象、声誉，更让员工觉得企业提供的安全保障不到位，心生离意。根据《社会保险法》第84条规定：“用人单位不办理社会保险登记的，由社会保险行政部门责令限期改正；逾期不改正的，对用人单位处应缴社会保险费数额一倍以上三倍以下的罚款，对其直接负责的主管人员和其他直接责任人员处五百元以上三千元以下的罚款。”

（二）使用劳务派遣人员的法律风险

劳务派遣作为《劳动合同法》明确的一种用工形式，与单纯的外包承揽合同关系在法律适用、管理责任主体、工资及费用支付以及责任承担等方面都存在根本区别，企业与劳务派遣单位签订派遣协议用工，在降低用工成本和规避直接用工法律风险的同时，也要面对人力资源派遣用工的特有法律风险。

1. 劳动关系主体不明确的法律风险

劳务派遣用工在形式上体现为劳动力使用和劳动力雇佣相分离，“招人的不用人，用人的不招人”，派遣单位招聘的人员往往不符合实际用人单位的需求。实务中往往由用人单位招到合适人员后，由派遣公司与该员工签订劳动合同，建立劳动法律关系。这种操作模式容易造成劳动关系主体不明确，一旦发生争议，派遣公司与实际用工单位都会牵涉其中，带来责任风险。

2. 派遣公司与实际用人单位规章制度冲突的法律风险

由于派遣公司是与劳动者建立劳动法律关系的一方主体，需要承担劳动法规定的义务，因此有权制定规章制度，而实际用人单位同样需要制定规章制度以规范派遣员工保证生产经营活动的有序进行，如果二者发生冲突将会引发争议，而司法实践中往往会以有利于维护劳动者合法权益的原则进行裁量。

3. 工资支付法律风险

实际用人单位在采用派遣方式用工时，可能由于种种原因直接向派遣员工发放工资。而工资的发放往往会被认为是事实劳动合同关系，需要承担劳动法所规定的用人单位相应法律义务，无法达到采取派遣用工的目的。

4. 与派遣公司承担连带责任的风险

当派遣公司违反《劳动合同法》规定给被派遣劳动者造成损害的，用人单位要与劳务派遣单位承担连带赔偿责任。

（三）不依法支付劳动报酬的法律风险

1. 未及时足额支付工资

依据《劳动合同法》以及《工资支付暂行规定》的规定，按时支付作为工资支付的基本原则，用人单位应按照劳动合同或者工资集体协议约定的日期足额支付劳动者工资，不得克扣或者拖欠工资。未及时足额支付劳动报酬的，劳动者可依《劳动合同法》第 38 条解除劳动合同，并且用人单位应当向劳动者支付经济补偿。同时，根据《劳动合同法》第 85 条规定，用人单位未按照劳动合同的约定或者国家规定及时足额支付劳动者劳动报酬的，劳动行政部门责令限期支付劳动报酬、加班或者经济补偿，逾期不支付的，劳动行政部门可以责令用人单位按应付金额

50% 以上 100% 以下的标准向劳动者加付赔偿金。

2. 未以法定形式支付工资

《工资支付暂行规定》第 5 条明确规定：“工资应当以法定货币支付。不得以实物及有价证券替代货币支付。”不少企业在支付工资时，以公司产品的发放折抵员工工资。用人单位的此种做法，同样属于拖欠或者未足额支付劳动报酬的行为，将面临与前述相类似的风险。

3. 未依法支付加班工资的法律风险

根据《工资支付暂行规定》第 13 条规定，根据加班时间的不同，加班工资计算的比例有以下三种情形：延长工作时间的加班工资计算比例不低于劳动合同规定的劳动者本人小时工资标准的 150%；周末休息日加班工资的计算比例，不能安排补休的，应不低于劳动合同规定的劳动者本人日或小时工资标准的 200%；法定休假日加班工资计算的比例，不低于劳动者本人日或小时工资标准的 300%。用人单位在支付工资时，应当按照相应比例结算工资。公司在工资支付计算中，没有依照法律采纳统一的标准，长期如此很容易陷入劳动争议纠纷，带来不必要的诉累。

根据《劳动合同法》第 85 条规定，安排加班不支付加班费的，由劳动行政部门责令限期支付劳动报酬，加班费或者经济补偿。情节严重的，甚至还要承担刑事责任。

二、防控建议

（一）依法为劳动者缴纳社会保险

社保权利是劳动者享有的重要权利之一，是企业法定义务，无法通过约定方式规避责任。因此，企业与员工均应遵守国家规定，履行缴纳社会保险的义务，避免因漏缴、未缴引起的行政处罚、民事赔偿。同时，企业应与劳动者签订书面的、正式的劳动合同，设计合理的薪资结构，并将具体的薪酬结构写入劳动合同中，避免劳动者因薪酬结构不明与企业产生纠纷。

（二）审慎、规范使用劳务派遣人员

1. 在法律规定的限定范围内使用劳务派遣人员

劳务派遣用工是补充形式，只能在临时性、辅助性或者替代性的工作岗位上实施。临时性工作岗位是指存续时间不超过 6 个月的岗位；辅助性工作岗位是指为主营业务岗位提供服务的非主营业务岗位；替代性工作岗位是指用工单位的劳动者因脱产学习、休假等原因无法工作的一定期间内，可以由其他劳动者替代工作的岗位。

为此，并非企业所有的岗位均可使用劳务派遣人员，企业必须在法律的限定范围内使用劳务派遣人员。

2. 制定规范合理的劳务派遣规章制度

实际用工单位制定针对派遣员工的规章制度时，应当避免与派遣公司类似规章制度产生矛盾，同时应当在与派遣公司签订的派遣协议中约定，在规章制度产生冲突时，适用实际用工单位的规章制度。

3. 确保劳务派遣人员获得相应的劳动报酬与社会保险费

实务中，劳动报酬、社会保险费等费用往往由用工单位全部支付给劳务派遣公司，劳务派遣单位一旦拖欠或者克扣被派遣劳动者劳动报酬或者不缴纳社会保险费，将会为用工单位带来连带赔偿责任。对此，一方面，用工单位应尽量选择资信好的派遣公司；另一方面，用工单位可在派遣协议中对此进行约定：“如因劳务派遣单位的违法行为给被派遣劳动者造成损害导致用工单位承担连带赔偿责任的，劳务派遣单位应当赔偿用工单位的全部经济损失。”

（三）企业应当依法支付劳动者的劳动报酬

1. 用人单位应当按时支付工资

按时支付工资是尊重劳动者的表现，也能给予公司职工最基本的工

作动力。用人单位虽应当按照劳动合同或工资集体协议约定日期足额支付劳动者工资，不得克扣或者拖欠工资，但实务中仍可以利用工资计算周期降低用工成本，例如在工资统计的周期上，可以约定在当期支付上一个工作周期的工资，这不仅可以节省工资支付成本，同时，也可借此合法留住员工。

2. 不得以实务或有价证券代替工资

法律对工资的支付形式是十分明确和肯定的，没有任何例外条件。因此，企业必须以货币形式支付劳动者工资，任何借口以实物或者有价证券支付工资的做法都是违法的。即使企业因某种原因导致资金周转困难，也应当按相关文件妥善解决工资支付问题，在征得本单位工会同意后，可暂时延期支付劳动者工资，但不能以实物代替工资。

3. 严格依照法律把握克扣标准

用人单位应当意识到拖欠或扣减员工工资的行为都是违反法律规定的，在特殊的情况下，法律允许用人单位在一定范围和一定时间限度内延期支付或扣减员工的工资。但是，这种拖欠或扣减的行为一定要有法律法规作为依据，拖欠或扣减的时间和标准不能随意超过规定的时间和标准。

三、以案释法

包利英诉上海申美饮料食品有限公司劳动合同纠纷案①

案情简介

包利英于2006年4月4日进入申美公司工作，担任助销员。根据包利英的求职登记卡显示，2006年4月4日至2007年3月31日，包利英系

① 上海市第一中级人民法院（2014）沪一中民三（民）终字第1258号民事判决书。

由案外人上海人力资源有限公司（以下简称人资公司）派遣进入申美公司工作；2007年4月1日至2007年12月31日，包利英的劳务派遣公司改为上海支点人力资源有限公司（以下简称支点公司）；2008年1月1日至2010年1月29日，包利英的劳务派遣公司又改为安德普瀚人力资源有限公司（以下简称安普公司，原名上海华业人力资源服务有限公司，后于2009年2月17日经工商行政管理部门核准更名）。2010年2月，包利英与申美公司签订劳动合同，约定：劳动合同期限为2010年2月1日至2013年3月31日；包利英在市场执行部门的RTM业务代表岗位任职。2006年4月4日至2010年3月，包利英实际在申美公司的浦东办事处（位于本市浦东新区金桥开发区桂桥路539号）从事销售工作；自2010年4月起，包利英被安排至申美公司的川沙办事处（位于本市浦东新区龙东大道××××号龙东大厦××××室），仍从事销售工作。自2013年3月25日起，包利英因患病开始休病假，未再上班。

2013年9月，申美公司向包利英发出医疗期届满终止劳动关系的解除通知，并为包利英开具了上海市单位退工证明。2013年9月13日至2013年12月25日，包利英仍继续休病假，并将对应期间的病假单邮寄给了申美公司。

2013年9月25日，包利英提起仲裁申请，要求裁令申美公司恢复劳动关系、支付疾病救济费和病假工资差额等。

上海市浦东新区劳动人事争议仲裁委员会于2013年11月19日作出裁决，裁令申美公司支付包利英2013年4月1日至2013年8月31日病假工资差额1367.53元，对包利英的其余请求未予支持。包利英不服该裁决，遂诉至法院。

裁判结果

上海市浦东新区人民法院一审认为：根据《劳动合同法实施条例》第10条之规定，劳动者非因本人原因从原用人单位被安排到新用人单位工作的，劳动者在原用人单位的工作年限合并计算为新用人单位的工作年限。最高人民法院《关于审理劳动争议案件适用法律若干问题的解释（四）》第5条则规定：劳动者仍在原工作场所、工作岗位工作，劳动合同主体由原用人单位变更为新用人单位的，应当认定属于“劳动者非因本人原因从原用人单位被安排到新用人单位工作”。原告包利英于2006年4月4日起，一直在被告申美公司处从事销售相关工作，其用人单位虽先后从人资公司、支点公司变更为安普公司，后又自2010年2月1日起变更为申美公司，但2006年4月4日至2010年3月，包利英的工作场所并无变化，故依照上述法律及司法解释之规定，包利英在申美公司处的工作年限应自2006年4月4日起计算。

上海市第一中级人民法院二审判决维持原判，审理意见与上海市浦东新区人民法院一审意见基本一致。

润朗说法

本案中，医疗期的确定以劳动关系存续期间的确认为前提，故本案的争议焦点是：包利英在申美公司处的工作年限应自何时起算。

包利英的求职登记卡显示，2006年4月4日至2007年3月31日，原告系由案外人人资公司派遣进入申美公司工作；2007年4月1日至2007年12月31日，包利英的劳务派遣公司改为支点公司；2008年1月1日至2010年1月29日，包利英的劳务派遣公司又改为安普公司；2010年2月，包利英与申美公司签订劳动合同。

本案关于包利英在申美公司处的工作年限应自何时起算的争论其实质是包利英“被派遣期间”与申美公司是否存在劳动关系。

实践中，由于用工单位恶意异化劳务派遣用工，导致劳务派遣被认定为劳动关系的主要情形有：

1. 用工单位先与劳动者建立劳动关系，后要求劳动者与派遣单位签订劳动合同，再由派遣单位派遣至本单位，实际用工无中断的。

2. 劳动者选择、聘用由用工单位完成，但用工单位要求劳动者与派遣单位签订劳动合同，再由派遣单位派遣至本单位的。

3. 先通过劳务派遣形式用工，后与劳动者签订劳动合同，劳动者工作内容和工作地点实际无变化的。

当然，对于上述三种情形，均需要具体审查劳动者与用人单位之间是否存在从属关系，接受用人单位的管理、指挥和监督等，考量是否符合劳动关系的实质，鉴于此块并无明确的法律规定，实践中，裁判者具有一定的裁量权。

本案中，从2006年开始，包利英的工作地点和工作内容基本未发生变化，只是简单切换了派遣单位，该变化不能掩盖申美公司持续用工的实质。因此，法院最终认定包利英与申美公司存在劳动关系。

第五节　劳动关系解除环节中的法律风险及防控

劳动合同解除，是指在劳动合同有效成立以后，当解除的条件具备时，因当事人一方或双方的意思表示，使劳动合同向将来消灭的行为。[①]劳动合同的解除分为协商解除、法定解除和约定解除三种。

协商解除，是指用人单位与员工只要意思表示真实，且不违背国家利益和社会公共利益，就可以解除劳动合同。约定解除，是指当劳动合同中约定解除的条件符合时，合同解除。法定解除则分为用人单位辞退员工以及员工主动离职两种方式。针对用人单位辞退员工这种方式，根据员工是否存在过失，又分为过失性辞退和无过失辞退两种情况，不同情况下，用人单位所应当履行的程序既有相同又略有差别，如果不能遵守，将会招致相应的风险。

---

① 参见侯丽艳、梁平主编：《经济法概论》，中国政法大学出版社2012年版。

一、风险揭示

（一）员工与企业协商一致解除劳动关系的法律风险

员工与企业双方当事人协商一致解除劳动合同，即劳动合同的协议解除，又称约定解除。虽然双方当事人都可以提出解除劳动合同的协议，但是提出解除劳动合同动议的主体不同，经济补偿金的支付也不相同。依据《劳动合同法》第 46 条第 2 项的规定，用人单位提出解除劳动合同动议并与劳动者协商一致解除劳动合同的，用人单位必须依法向劳动者支付经济补偿金；而由劳动者提出解除劳动合同动议并与用人单位协商一致解除劳动合同的，用人单位不需要向劳动者支付经济补偿金。

若企业主张协商一致解除劳动关系，一方面，企业需要支付经济补偿金；另一方面，企业还需要就劳动关系的解除系双方“协商一致”的结果，承担举证责任，企业承受着举证不能的风险。

（二）违法解除劳动合同的法律风险

我国法律整体倾向于保护弱者，劳动者是劳动关系中的弱势方，而孕妇、工伤者、老年人等无疑是弱者中的弱者。因此，对于这些弱势群体，法律对其给予特别保护，即企业在对方无明显过失的情况下不得辞退对方。

例如，依照《劳动合同法》第 42 条规定，以下六种情形不适用无过失辞退以及经济性裁员的规定。企业如果违反了该规定，则应当根据《劳动合同法》第 87 条之规定，按照经济补偿标准的 2 倍向劳动者支付赔偿金。

1. 从事接触职业病危害作业的劳动者未进行离岗前职业健康检查，或者疑似职业病病人在诊断或者医学观察期间的。

2. 在本单位患职业病或者因工负伤并被确认丧失或者部分丧失劳动

能力的。

3. 患病或者非因工负伤，在规定的医疗期内的。

4. 女职工在孕期、产期、哺乳期的。

5. 在本单位连续工作满 15 年，且距法定退休年龄不足 5 年的。

6. 法律、行政法规规定的其他情形。

（三）未遵守劳动关系解除程序的法律风险

用人单位解除劳动合同，应当注意履行相应程序，否则将引发不同的法律风险。

根据《劳动合同法》第 43 条的规定，用人单位如要单方解除劳动合同，应当事先将理由通知工会，如果用人单位存在违反法律、行政法规或者劳动合同约定的情形，工会有权要求纠正。但如果用人单位未将解除理由告知工会，或者在工会发出纠正通知后未纠正而直接辞退员工的，用人单位将构成违法解除，需要向劳动者支付相应的赔偿金。

用人单位因员工的过失解除劳动合同，如果不能提供证据证明员工存在过错行为，则解除行为违法，需承担违法解除劳动合同的法律责任。

用人单位非过失性解除劳动合同的，如果不能证明员工存在不能胜任工作或者劳动合同订立时依据的客观情况发生重大变化的情形，或者未能履行事先通知的程序，则用人单位同样涉及违法解除劳动合同的法律风险。

用人单位与员工解除劳动合同后，如果未依法向员工支付经济补偿金，且经劳动行政部门责令限期支付后仍逾期未支付的，应按应付金额 50% 以上 100% 以下的标准向员工加付赔偿金。

用人单位与员工解除劳动合同后，须出具解除或者终止劳动合同的证明，并在 15 日内办理档案和社会保险关系转移手续。否则，如给员工造成损失的，需向员工赔偿相应损失。

（四）经济性裁员过程中的法律风险

经济性裁员，是指用人单位由于经营不善等经济原因，一次性辞退部分劳动者的情形。经济性裁员仍属用人单位单方解除劳动合同。为了避免用人单位经济性裁员的滥用，我国《劳动合同法》对经济性裁员的条件、程序都作出了详细具体的规定。实务中，企业在进行经济性裁员的过程中，主要存在以下风险点：

1. 裁员理由选择不当的法律风险

企业裁员有经营性裁员、结构性裁员以及优化性裁员等多种类型，对应的裁员理由也有许多，如经营战略的调整、业务范围的变化、经营方式的变化、组织架构调整、人力资源优化等，但是，并非所有的裁员都是我国法律规定的“经济性裁员”，也并非所有的裁员理由都是“经济性裁员”的法定理由。

2. 企业裁员不满足法定人数要求

根据《劳动合同法》第41条的规定，企业要想启动裁员程序，裁减人数必须达到20人以上，或者裁减人数不足20人但占企业职工总数10%以上，这是法定要求。实践中，用人单位的风险在于裁减人数不满足人数要求就启动裁员程序。如果用人单位裁减人数不符合法定要求，就不能适用经济性裁员，只能按照相应规定履行单个解除劳动合同的程序，否则裁员行为就属违法，须承担违法解除劳动合同的法律责任。

3. 企业裁员未履行报告程序

根据《劳动合同法》第41条规定，企业要想裁员，要提前30日向工会或者全体职工说明情况，听取工会和职工意见，并制订裁员方案，将裁员方案向劳动行政部门报告。虽法律并没有要求劳动行政部门批准后企业才能裁员，但用人单位应当保留向劳动行政部门报告及部门签收的相关证据，以证明用人单位履行了报告程序，以防因裁员程序瑕疵使企业面临风险。

4. 企业裁员对象选择不当的风险

依据《劳动合同法》第41条的规定，用人单位裁减人员时，应当优先留用与本单位订立较长期限的固定期限劳动合同的人员、与本单位订立无固定期限劳动合同的以及家庭无其他就业人员，有需要扶养的老人或者未成年人的人员。如果用人单位在裁减人员时未依此规定，一旦用人单位与劳动者就裁减事宜未达成一致，则须承担违法解除劳动合同的法律责任。

二、防控建议

（一）做好书面证据留痕

协商一致解除劳动关系体现的是双方在自由协商、意思表达一致的基础上解除劳动关系，员工与用人单位在协商一致解除劳动关系时，要注意员工的真实意思表达，同时也需做好书面留痕，比如让劳动者签署确认书等。

（二）遵守相应的解除程序

1. 及时通知工会

用人单位应当严格遵守法定程序，在决定辞退员工时，将解除理由通知工会。但值得注意的是，用人单位拥有用工自主权，是否解除的决定权在用人单位手中，将解除理由通知工会，是为了避免违法解除，只要不存在违法解除，通知到位后，用人单位可自行作出决策。

2. 加强员工日常管理

用人单位应当规范用工关系，加强员工的日常管理，包括员工考勤、绩效考核等；在管理过程中，也要收集并保存好员工存在过错或者不能胜任工作的记录、材料等，从而确保用人单位单方解除劳动合同时的合法性。

3. 正确计算经济补偿金

用人单位在无过失性解除劳动合同的过程中，应当正确计算经济补偿金的金额，按时赔付给员工，并及时出具解除或者终止劳动合同的证明，办理好档案和社会保险关系的转移手续。

（三）经济性裁员防控措施

1. 正确选择裁员理由

企业在进行经济性裁员之前，应当研究、分析、选择进行经济性裁员的法定理由。依据《劳动合同法》第41条的规定，企业能够进行经济性裁员的法定理由有：一是依照企业破产法规定进行重整的；二是生产经营发生严重困难的；三是企业转产、重大技术革新或者经营方式调整，经变更劳动合同后，仍需裁减人员的；四是其他因劳动合同订立时所依据的客观经济情况发生重大变化，致使劳动合同无法履行的。

在确定或选择裁员理由时，需要注意如下事项：一是紧密结合自身的实际情况，从生产经营的现状、所处行业的变化、战略调整方向、现有组织架构及人员结构的缺陷和影响等方面着手，列明需要进行裁员的原因，再对这些原因进行归类，找出其对应的法定理由。二是裁员理由应当体现客观性、正当性、最后手段性的原则，即裁员是由于客观原因导致的，该原因的发生与消灭均不为裁员企业所控制；裁员是有利于维护大多数留用员工的利益；如果不裁员，企业将陷入艰难或更加艰难的境地，将导致更多的留用员工失业；企业主观上无规避法律的故意；企业已经采取了合理的、必要的防止裁员的措施（如转岗分流、降薪、停止招聘、无薪休假等），但是情势没有好转，裁员是不得已情形下的最后选择。三是注重与劳动行政部门的沟通，听取其意见，争取其理解，并依据其意见完善相关的裁员文件（如裁员方案、致工会的说明、提交劳动行政部门的报告等）。

2. 依法履行裁员程序

依据《劳动合同法》《企业经济性裁减人员规定》以及相关的司法实践，经济性裁员的大致程序如下：

（1）研究、分析裁员理由，收集用以证明理由成立的相关资料。

（2）提前30日向工会或者全体职工说明情况，并提供有关生产经营状况以及具有法定裁员理由的资料。

（3）制订裁员方案。

（4）将裁员方案征求工会或者全体职工的意见，并对方案进行修改和完善。

（5）向当地劳动行政部门报告。

（6）向员工公布裁员方案。

（7）实施裁员方案。主要包括：向被裁减人员送达解除劳动合同通知、出具解除劳动合同证明、支付经济补偿金、书面告知放弃竞业限制权利、转移被裁减员工的人事档案、社会保险关系及住房公积金账户。

三、以案释法

林宝福与本溪明山国家粮食储备库劳动争议案[①]

案情简介

2005年1月5日，林宝福与本溪明山国家粮食储备库签订了自2005年1月1日起至2007年12月31日止为期3年的劳动合同。2006年年末，明山粮库经营遇到困难，拖欠职工工资8个月之久，拖欠内外债务近1000万元，除部分留守人员外，职工全部放假。2006年11月9日，明山粮库向其主管部门粮食局提出关于召开职工代表大会的请示，本溪市粮

① 辽宁省高级人民法院（2015）辽审一民抗字第100号民事判决书。

食局同意明山粮库召开职工代表大会。2006 年 12 月 8 日，明山粮库制定了《火连寨国家粮食储备库提前解除返聘人员劳动合同工作方案》，当日，向其主管部门进行了请示。2006 年 12 月 13 日，明山粮库召开了职工代表大会，会议通过了《火连寨国家粮食储备库提前解除返聘人员劳动合同工作方案》。同日，明山粮库将其单位制定的《火连寨国家粮食储备库提前解除返聘人员劳动合同工作方案》以及解除劳动合同人员的名单向本溪市劳动和社会保障局报告。2006 年 12 月 30 日，本溪市粮食局作出批复，同意明山粮库制订的方案。林宝福在被解除合同之列。林宝福于 2011 年 5 月 3 日向本溪市劳动争议仲裁委员会申请仲裁，本溪市劳动争议仲裁委员会作出不予受理通知书。后林宝福诉至法院。

裁判结果

一、二审法院均认为，明山粮库作出的经济性裁员程序符合法律规定。

随后，辽宁省高级人民法院受理抗诉，认为，根据《劳动法》第 27 条第 1 款的规定，用人单位经济性裁员，应当提前 30 日向工会或者全体职工说明情况，听取工会或者职工的意见，经向劳动行政部门报告后，可以裁减人员。同时原劳动部《企业经济性裁减人员规定》第 4 条明确规定了经济性裁员的法定程序。本案中，明山粮库主张当时火连寨粮库召开了职工代表大会讨论了方案，但只提交一份由工会盖章的决议，无会议记录及职工代表签字，且林宝福等均否认开了职代会，不能认定火连寨粮库将裁员方案交由职工代表大会征求意见。另也无征求工会对裁员方案意见的证据；明山粮库虽提交了火连寨粮库向本溪市劳动和社会保障局报送的《关于火连寨国家粮食储备库提前解除返聘人员劳动合同工作方案的报告》，但未提交本溪市劳动和社会保障局相关回复，不能证明当时火连寨粮库向劳动行政部门进行了报告及听取了意见；明山粮库未提供正式公布方案的证据。综上所述，火连寨粮库 2006 年 12 月经济性裁员不符合《劳动法》的相关规定，在程序上存在瑕疵，应当认定火连寨粮库2006年12月经济性裁员违法。

润朗说法

上述案例认为，应把经济性裁员的程序要求理解成经济性裁员的必要前置程序，即用人单位必须履行完"说明—听取—报告"的法定裁员程序之后，才能裁减人员，否则就属于违法裁员。

那么，经济性裁员的程序要求对于用人单位而言到底是强制性的义务还是可选择的?

笔者整理了与经济性裁员程序要求相关的法律规定，其中，《劳动法》第27条在经济性裁员的程序前面用了"应当"，原劳动部《企业经济性裁减人员规定》用的是"应"，原劳动部《关于贯彻执行〈中华人民共和国劳动法〉若干问题的意见》第25条规定的也是"应"，这些劳动法律、规章均规定了经济性裁员的程序要求是一种必须履行的法定程序。

而《劳动合同法》第41条没有明确规定经济性裁员的程序为"应当"履行，故需结合立法者的立法目的和最高人民法院的指导意见综合考量。《劳动合同法》起草小组在《劳动合同法》释义中，对第41条的解读是，经济性裁员不同于其他解除劳动合同的方式，经济性裁员涉及人员多，客观情况复杂，只有在规定用人单位必须履行"说明—听取—报告"法定义务的前提下，立法限制用人单位随意裁员的目标才能实现。"听取工会或职工的意见"既是用人单位行使解除权的程序性义务，也是其集体合同的缔约义务；"裁减人员方案经向劳动行政部门报告，可以裁减人员"既是用人单位行使解除权的程序性义务，也是劳动行政部门依法审查集体合同的规则的体现。为了尽量缓减经济性裁员对劳动者和整个社会的安定团结造成的冲击，《劳动合同法》延续了《劳动法》关于经济性裁员的程序性规定，要求用人单位进行经济性裁员必须履行一套法定程序。且这些法定程序是有顺序的，须全部履行。

最高人民法院《关于当前形势下做好劳动争议纠纷案件审判工作的指导意见》也明确提出，要严格审查用人单位的裁员行为是否符合劳动合同法规定的程序和条件，积极鼓励和引导用人单位与劳动者进行协商，尽量不裁员或少裁员。

综上，笔者认为，《劳动合同法》第41条虽然没有规定经济性裁员的“说明—听取—报告”义务是一种强制性义务，但根据其他劳动法律和规章，结合最高人民法院的指导意见，应当把《劳动合同法》第41条的规定理解为经济性裁员必须履行法定程序，否则将会面临违法裁员/违法解除劳动关系的风险。

既然经济性裁员的“说明—听取—报告”程序是用人单位必须履行的法定程序，企业该如何履行这种程序，防范相关风险呢？

经济性裁员的法定程序在原劳动部《企业经济性裁减人员规定》第4条和原劳动部《关于贯彻执行〈中华人民共和国劳动法〉若干问题的意见》第25条中均有明确规定：

原劳动部《企业经济性裁减人员规定》第4条规定：“用人单位确需裁减人员，应按下列程序进行：（一）提前三十日向工会或者全体职工说明情况，并提供有关生产经营状况的资料；（二）提出裁减人员方案，内容包括：被裁减人员名单，裁减时间及实施步骤，符合法律、法规规定和集体合同约定的被裁减人员经济补偿办法；（三）将裁减人员方案征求工会或者全体职工的意见，并对方案进行修改和完善；（四）向当地劳动行政部门报告裁减人员方案以及工会或者全体职工的意见，并听取劳动行政部门的意见；（五）由用人单位正式公布裁减人员方案，与被裁减人员办理解除劳动合同手续，按照有关规定向被裁减人员本人支付经济补偿金，出具裁减人员证明书。”

值得注意的是，用人单位除了依据上述程序规定一步一步实施裁员方案外，还应当保留相关证据，以免程序未到位或举证不能而导致承担违法裁员的法律责任。

第六章

企业融资法律风险及防控

企业融资，是指一个企业的资金筹集的行为与过程，也就是公司根据自身的生产经营状况、资金拥有的状况以及公司未来经营发展的需要，通过科学的预测和决策，采用一定的方式，从一定的渠道向公司的投资者和债权人去筹集资金，组织资金的供应，以保证公司正常生产和经营管理活动需要的理财行为。资金是企业体内的血液，是企业进行生产经营活动的必要条件，没有足够的资金，企业的生存和发展就没有了保障。本章主要揭示企业在融资过程中的法律风险，并提出相应的解决方案。

第一节　贷款融资中的法律风险及防控

企业的创立、生存和发展，须以投入、保持和再投入一定的资金为前提。资金是企业经济活动的第一推动力和持续推动力。因此几乎所有的企业家都在思考如何通过有效的融资渠道以获取资金来支持企业的长足发展。

在我国资本市场还不够发达的背景下，银行贷款在企业资金来源中的比重呈持续上升的趋势。银行是专门经营货币信用的特殊企业，它以一定的成本聚集了大量储户的巨额资金，然后把这些资金运用出去赚取利润。银行资金除一部分用于投资外，大部分都用于发放贷款。

银行就像一个资金蓄水池，随时准备向符合条件的企业提供它们所需要的各种期限和数额的贷款。目前，银行贷款已经成为企业主要的融资来源。

说到贷款融资中的法律风险，人们可能更多想到的是贷款人——银行一方应当注意和防范的风险，如借款人骗贷、无法或难以向保证人求偿。殊不知，在贷款融资中还存在大量的法律风险可能使借款人——企业——承担巨大的经济损失或耗费大量的时间和机会等成本。下面，我们将对贷款融资中企业可能面临的法律风险予以逐一分析。

一、风险揭示

（一）贷款不能的法律风险

金融机构发放贷款，是以能够安全收回全部资金为前提的。因此，在决定是否贷款、审核贷款条件时，银行都会慎之又慎。

1. 银行会对企业的资质等严格审查，通过提前设置的资产负债比例等参考标准，对申请人的偿还能力进行全方面的评估。

中国人民银行颁布的《贷款通则》第 17 条对贷款人的资格和条件进行了严格的限制，借款人申请贷款，应当符合以下要求：

（1）借款企业应当经工商行政管理机关的核准登记并持有企业营业执照。此外，还应当具备产品有市场、生产经营有效益、不挤占挪用信贷资金、恪守信用等基本条件。

（2）贷款企业应具有偿还贷款的能力。包括借款企业应具备按期还本付息的能力，原应付贷款利息和到期贷款已清偿；没有清偿的，已经做了贷款人认可的偿还计划。此外，还应当通过工商部门办理年检。

（3）借款企业持有的所有者权益资产符合法律规定。除国务院另有规定外，有限责任公司和股份有限公司的对外股本权益性投资累计额不得超过其净资产总额的 50%。申请中长期贷款的，新建项目的企业法人所有者权益与项目所需总投资的比例不低于 25%。

（4）已开立基本账户或一般存款账户。

（5）借款人的资产负债率符合贷款人的要求。

2. 企业贷款融资的耗时较长，审核程序较为烦琐。

银行向企业提供贷款从而获取利润的前提是能够如期收回贷款本金及利息，然而，企业一旦经营不善或是恶意欺诈都会给银行带来巨大的损失。因此，银行在决定贷款之前，势必会对企业进行调查、评估和审核。具体的贷款程序如下：

（1）提出借款申请。企业在向银行借款时，首先应向主办银行提出申请。申请的同时应提交的资料有：《借款申请书》、借款人及保证人的基本资料、财政部门或会计（审计）事务所核准的上年度财务报告以及申请借款前一期的财务报告、抵押物或质押物清单及有处分权人同意抵押或质押的证明、保证人的保证材料、项目建议书及可行性研究报告等。

（2）贷款人对借款人的信用等级评估。贷款人会根据借款人的领导者素质、经济实力、资金结构、履约情况、经营效益和发展前景等因素，评定借款人的信用等级。

（3）贷款人对借款人进行贷款调查。贷款人受理借款人的借款申请后，会对借款人的信用等级以及借款的合法性、安全性、营利性等情况进行调查，核实抵押物、质押物、保证人的情况，测定贷款的风险度。

（4）贷款审批。银行采取审贷分离、分级审批的贷款管理制度。审查人员会对借款人提供的资料进行核实，复测贷款风险度，提出意见，按规定权限报批。

上述程序中的任何一个步骤出现问题，都可能导致企业在贷款不能的同时错失产品上市或通过其他融资渠道获得资金的好时机，企业往往损失惨重，导致相应的风险产生。

3. 企业欲申请贷款除了与银行打交道，还要经过工商管理部门、税务部门、中介机构等的批准与监管，而且手续烦琐，任何一个环节都不能出现问题。

综上，企业若想达到贷款融资的目的，须符合国家法律、政策的规定，通过金融机构严格的贷款审核程序，获得横向、纵向相关行政部门的批准。企业必然要支付很高的时间成本和费用成本。如果最终向金融机构贷款不能，一方面会加重企业的资金负担，另一方面企业也可能会因为技术产品没能及时投放市场而丧失市场先机。

（二）贷款抵押的法律风险

金融机构发放贷款，通常都会要求申请人提供一定形式的贷款抵押。比如，以房屋、土地或者其他有形资产作为贷款抵押担保。实务中，企业抵押贷款的过程中存在的法律风险主要如下：

1. 抵押物范围限制的法律风险

抵押物，是指由债务人或第三人享有的，用于设置抵押权的标的物。抵押物是用来担保特定债权的财产，法律、行政法规未禁止抵押的财产，都可以作为抵押物。

抵押物可以是动产、不动产，也可以是不动产的用益物权。可以设定抵押的财产范围如下：

《民法典》第395条规定："可以设定抵押的财产：（一）建筑物和其他土地附着物；（二）建设用地使用权；（三）海域使用权；（四）生产设备、原材料、半成品、产品；（五）正在建造的建筑物、船舶、航空器；（六）交通运输工具；（七）法律、行政法规未禁止抵押的其他财产。抵押人可以将前款所列财产一并抵押。"

抵押物必须是法律允许抵押的财产，法律禁止抵押的财产不得设定抵押担保，另外，《民法典》第399条明确了不得设定抵押的财产：

（1）土地所有权。根据我国《宪法》和《土地管理法》的相关规定，城市市区的土地属于全民所有，即国家所有，农村和城市郊区的土地，除法律规定属于全民所有的以外，属于集体所有。国家所有、集体所有的土地，可以依法确定给全民所有制、集体所有制单位或其他组织、个人使用，使用人只有使用权没有所有权。除依照法律的规定对土地使用权抵押外，土地所有权不能抵押。

（2）宅基地、自留地、自留山等集体所有土地的使用权，但法律规定可以抵押的除外。耕地属于重要的自然资源，保护耕地是我国的基本国策。宅基地、自留地、自留山属于集体所有，农民只有使用权，无处分权，不使用时，由集体收回。因此，耕地、宅基地、自留地、自留山等土地使用权不得抵押。

需要注意的是，当事人以农作物和与其尚未分离的土地使用权同时抵押的，土地使用权部分的抵押无效。

法律规定的可以抵押的“除外”情况主要是：①抵押人依法承包并经发包方同意抵押的荒山、荒沟、荒丘、荒滩等荒地的土地使用权除外；②以依法取得的国有土地上的房屋抵押的，该房屋占用范围内的国有土地使用权同时抵押的除外；③以出让方式取得的国有土地使用权抵押的，应当将抵押时该国有土地上的房屋同时抵押的除外；④乡（镇）、村企业的土地使用权不得单独抵押，以乡（镇）、村企业的厂房等建筑物抵押的，其占用范围内的土地使用权同时抵押的除外。

（3）学校、幼儿园、医疗机构等为公益目的成立的非营利法人的教育设施、医疗卫生设施和其他公益设施。学校、幼儿园、医疗机构等为公益目的成立的非营利法人，以其教育设施、医疗卫生设施和其他公益设施以外的财产为自身债务设定抵押的，人民法院可以认定抵押有效。

（4）所有权、使用权不明或者有争议的财产。

（5）依法被查封、扣押、监管的财产。依法被查封、扣押的财产是指人民法院或者行政机关采取强制措施过程中查封、扣押的财产。依法被监管的财产是指行政机关依照法律规定而监督、管理的财产。依法被查封、扣押、监管的财产，其合法性处于不确定状态，国家法律不能予以确认和保护。因此，依法被查封、扣押、监管的财产是不得设定抵押权的。但是，已经设定抵押权的财产被采取查封、扣押、监管等财产保全或者执行措施的，不影响抵押权的效力。

（6）法律、行政法规规定不得抵押的其他财产。比如，以自己不享有所有权或者经营管理权的财产设定抵押权的，应当认定抵押无效；以法定程序确认为违法的建筑物抵押的，抵押无效；宪法规定的属于国家所有的矿藏、水流、山岭、草原、水面、滩涂等财产，不得抵押。

2. 抵押手续不完备的法律风险

抵押手续不完备将直接影响融资目的的实现，甚至导致抵押合同不生效。抵押手续不完备在企业贷款抵押中主要表现为以下几种情形：

（1）未依法办理审批手续。对于法律、法规要求经过批准才能抵押的财产，未经批准，则抵押无效。

例如，根据国务院制定的《全民所有制工业企业转换经营机制条例》第15条规定：企业根据生产经营的需要，对企业的关键设备、成套设备或重要建筑物可以抵押、有偿转让，但须经政府主管部门批准。因此，全民所有制企业如将关键设备、成套设备和重要建筑物等用作抵押担保，必须先经过政府主管部门的批准，完善其审批手续后，方可设定抵押担保。

再如，以划拨方式取得的国有土地使用权抵押，应经具有审批权限的人民政府或土地行政管理部门批准，否则抵押无效。

又如，以划拨土地上的建筑物与划拨土地一并设定抵押的，若国有划拨土地使用权抵押未经批准，则土地使用权抵押及其地上建筑物抵押都无效。

润朗律师提请注意的是，实践中，总是不乏企业未依法办理审批手续造成抵押不能后果的现象。因此，申请贷款的企业在办理抵押手续之前，应熟悉相关法律、法规，严格依照法律、法规所规定的程序办理贷款抵押，以免引发不必要的诉讼纠纷或造成贷款不能的后果。

（2）未依法办理登记手续。因为抵押权是不转移抵押物占有的一种物权，为了更好地规范抵押法律关系，物权法对于抵押权的生效作了明确的规定。特定抵押物的抵押权是要经过抵押登记方能生效的。

比如，以建筑物和其他土地附着物，建设用地使用权，以招标、拍卖、公开协商等方式取得的荒地等土地承包经营权或者正在建造的建筑物抵押的，应当办理抵押登记。抵押权自登记时设立。也就是说，对于上述特定的抵押物的抵押合同，虽然自合同登记之日起，抵押合同生效，但是抵押权却不会因抵押合同的生效而生效。抵押关系中，抵押人不转移抵押物的占有，抵押权人并不实际控制、占有抵押物，抵押权人很可能因为未依法办理相关的抵押登记手续而无法行使抵押权。

因此，对于法律此类的明文规定，企业在申请银行抵押贷款时应当严格遵照执行，切不可明知应为而不为，否则将可能招致由此带来的法律风险。

对于其他抵押物，法律虽然没有规定只有在办理抵押登记时抵押权成立，但是，也明确规定了未办理抵押登记手续不得对抗善意第三人。如根据《民法典》第 403 条规定，以动产抵押的，抵押权自抵押合同生效时设立；未经登记，不得对抗善意第三人。

因此，按照法律的规定，不同的财产应按照不同的方式设立抵押，具体分为两大类：第一类是以建筑物和其他土地附着物，建设用地使用权，以招标、拍卖、公开协商等方式取得的荒地等土地承包经营权或者正在建造的建筑物抵押的，登记后取得抵押权。第二类是上述财产之外的财产，签了抵押合同即可取得抵押权，但未经登记的抵押权不得对抗善意第三人。

《民法典》第 410 条规定，“同一财产向两个以上债权人抵押的……

（一）抵押权已经登记的，按照登记的时间先后确定清偿顺序；（二）抵押权已经登记的先于未登记的受偿……”。

通过对上述法律条文的分析，我们可以得出的结论是，立法是鼓励抵押合同的关系双方进行登记的，抵押经过登记也大大降低了相应的法律风险出现的概率。

3. 抵押物不足值的法律风险

抵押物不足值的法律风险主要包括两种情况：

其一，超值抵押。超值抵押是指抵押人的抵押物的价值低于其担保的债权的价值。在设定抵押时，抵押物所担保的债权不得超过抵押物的价值。

超值抵押并非无效，债权人只能要求债务人以抵押物之外的财产清偿债务。有些企业往往为了自己的利益，利用各种手段尽量抬高抵押物价值，而一些中介评估机构不规范的竞争也助长了这一现象。殊不知，“东窗事发”之后，银行与企业对簿公堂，遭受损失的不仅仅是银行一方。

银行之间可以建立协调联动机制，将相关企业骗贷或超值抵押的行为信息发布到业务联网上，达到信息共享，防止和规避因信息欠缺造成管理上的漏洞及贷款损失的可能。这样一来，某些企业再想贷款融资可谓是难上加难了。

其二，重复抵押。重复抵押是指财产抵押后，该财产的价值大于所担保债权的余额部分，可以再次抵押，但不得超出其余额部分。

二、防控建议

（一）针对贷款不能风险的防控建议

针对贷款不能的法律风险，润朗律师建议，企业在决定向银行申请贷款之前，应先审查自身是否具备贷款主体资格，避免因为不具备法定的“硬性标准”而耗费人力、物力、时间成本。企业还应当提前咨询中介机构，对自己的申报材料进行预审，及时填补和调整，以降低贷款融资的成本，避免因贷款条件不具备而发生各种法律风险。

（二）针对贷款抵押风险防控建议

依法办理抵押登记。企业在申请银行抵押贷款时也应严格遵守法律规定，办理登记手续。由于抵押登记瑕疵而导致银行抵押权不能实现会对企业造成很多负面的影响，如企业的资信等级下降，在企业再融资过程中，银行也会根据内部的资信系统中企业的不良记录而拒绝向企业提供贷款。

为了规避因抵押物不足值而无法获得贷款的相应法律风险，企业在进行重复抵押时必须符合以下条件：

（1）重复抵押的设定必须以抵押物价值扣除已有抵押权所担保的债权总额后，尚有余额为条件。若不存在余额则抵押人不得就抵押物重复抵押。

（2）重复抵押所担保的债权金额设定不得超过抵押物的余额部分，超出的部分不具有优先受偿的效力。

也就是说，法律允许抵押人就同一财产设定数个抵押权，但再次抵押的前提是抵押财产的余值大于再次担保的债权，否则，就违背了物权的排他性原则。然而，现实中，有些企业往往为了自己的利益，不顾及法律的规定，因而可能导致贷款抵押法律风险。

第二节　企业间借贷的法律风险及防控

企业在经营中产生暂时闲余的资金流，如果只能闲置，显然违背了资本逐利的规律。而那些资金周转暂时出现困难的企业，由于无法快速从银行取得贷款，甚至根本不符合银行贷款条件，又急需资金，在这样的背景下，企业间借贷自然应运而生了。但是企业间借贷有可能会严重扰乱金融秩序，我国在很长一段时间内禁止该类行为。后来虽然逐渐放开了管制，但是各部门立法却并不统一，也导致了企业间借贷的法律风险非常高。

一、风险揭示

（一）因违背法律规定被认定为无效

企业之间的借贷行为因违背相关法律规定，有可能被认定为无效。虽然自 2015 年 9 月 1 日起，最高人民法院《关于审理民间借贷案件适用法律若干问题的规定》（以下简称《民间借贷规定》）开始实施，根据该解释第 11 条的规定，法人之间、其他组织之间以及他们相互之间为生产经营需要订立的民间借贷合同，当事人主张合同有效的予以支持。[①] 但是合同有效是要限定这个合同是为生产和经营需要而订立的借款合同。如果作为一个生产经营性企业不搞生产经营，变成一个专业放贷人，把钱拿去放贷，甚至从银行套取现金再去放贷是不行的。

而且，企业之间为生产和经营需要而订立的借款合同不得存在《民法典》第 146 条[②]、第 153 条[③]、第 154 条[④]、《民间借贷规定》第 13 条规定的情形。否则合同无效。

---

① 该条司法解释被《民间借贷规定》第 10 条修改为："法人之间、非法人组织之间以及它们相互之间为生产、经营需要订立的民间借贷合同，当事人主张有效的应予以支持。"

② 《民法典》第 146 条："行为人与相对人以虚假的意思表示实施的民事法律行为无效。以虚假的意思表示隐藏的民事法律行为的效力，依照有关法律规定处理。"

③ 《民法典》第 153 条："违反法律、行政法规的强制性规定的民事法律行为无效。但是，该强制性规定不导致该民事法律行为无效的除外。违背公序良俗的民事法律行为无效。"

④ 《民法典》第 154 条：" 行为人与相对人恶意串通，损害他人合法权益的民事法律行为无效。"

（二）可能触犯高额转贷的禁止性规定而被认定无效并承担刑事责任

企业获得金融机构贷款以后转贷的，有可能触犯法律关于高额转贷的禁止性规定，被认定为无效并承担相应的刑事责任。企业从金融机构获得借款，本身就是为了满足自身的资金需求。如果企业在获得借款以后，高额转贷牟利，扰乱金融秩序，危害国家金融安全，违背企业借贷的初衷，不但借贷行为本身无效，而且将有可能触犯刑律，承担相应的刑事责任。

（三）企业与公民之间以借贷为名进行非法集资或向社会公众发放贷款的行为无效

最高人民法院《关于人民法院审理借贷案件的若干意见》第 1 条规定："公民之间的借贷纠纷，公民与法人之间的借贷纠纷以及公民与其他组织之间的借贷纠纷，应作为借贷案件受理。"因此，企业与公民之间的借贷行为原则上是有效的。

《民间借贷规定》第 11 条规定："法人或者非法人组织在本单位内部通过借款形式向职工筹集资金，用于本单位生产、经营，且不存在民法典第一百四十四条、第一百四十六条、第一百五十三条、第一百五十四条以及本规定第十三条规定的情形，当事人主张民间借贷合同有效的，人民法院应予支持。"第 13 条规定："具有下列情形之一的，人民法院应当认定民间借贷合同无效：（一）套取金融机构贷款转贷的；（二）以向其他营利法人借贷、向本单位职工集资，或者以向公众非法吸收存款等方式取得的资金转贷的；（三）未依法取得放贷资格的出借人，以营利为目的向社会不特定对象提供借款的；（四）出借人事先知道或者应当知道借款人借款用于违法犯罪活动仍然提供借款的；（五）违反法律、行政法规强制性规定的；（六）违背公序良俗的。"

因此，如果企业与公民之间以借贷为名，进行非法集资或发放贷款，也将被依法认定为无效。

二、防控建议

为避免企业间借贷无效的法律风险，企业在通过企业间借贷进行资金融通时，应当采取有效措施，防范借贷无效融资不能的法律风险以及构成金融票据诈骗罪和合同诈骗罪等刑事犯罪的法律风险。

（一）融资资金应用于生产经营

企业融资过程中不能有不实陈述、提供虚假资料、编造不存在借款用途等做法，最重要的规避法律风险途径是将融资用途限定在企业生产经营方面。融资资金用于合法的生产经营活动，即便经营亏损或资金周转困难，不能及时兑付本息引发纠纷，一般不会引发刑事法律风险。

（二）借贷要合法

合法的借贷关系才能受到法律的保护。企业应当诚实、合法经营生产，远离诈骗、贩毒、吸毒等非法活动。对于出借人来说，如果明知借款人借款用于诈骗、贩毒、吸毒等非法活动，仍予以出借的，国家法律不予保护，出借人不仅得不到债权，还会受到民事、行政乃至刑事法律的制裁。企业也不得乘人之危，或用欺诈、胁迫等手段使对方违心借贷，否则属于无效民事法律行为，不仅面临本金被收回，无法达到融资的目的，还可能要赔偿对方损失，情节严重的，还可能构成金融票据诈骗罪或者合同诈骗罪。

（三）借款人进行企业间借贷时需考虑自己的偿还能力

企业要根据自身固定资产、经济收入等情况，判断融资额度，以免过度举债导致不具备偿还能力而陷入清偿不能的困境，这不仅会给企业带来资金链的压力，甚至使企业资不抵债，濒临破产，也会使企业出现“有借无还”的不良信用记录。

（四）订立协议

现实生活中，借贷协议对于借款人来说同样重要。例如，借款期限的规定可以使借款人享有偿还期限利益，还款期限届满之日起 3 年，是法律规定的诉讼时效，在此期间，出借人必须向借款人主张债权，3 年之后，出借人的债权将沦为自然债务，除非借款人自愿清偿，法院将不再保护；如果没有写明还款日期，适用最长诉讼时效 20 年，显然，还款日期还是明确为好。出借人必须与借款人订立书面借贷协议，载明借贷双方的姓名、借款种类、币种、数额、时间、期限、用途、利率、还款方式、保证人和违约责任等条款，签字盖章，双方各执一份，妥善保存，以避免将来引发争议。

（五）利率应合法

借贷双方可以根据借款的用途及其收益，共同约定一个合理的利率。根据《民间借贷规定》，人民法院支持出借人请求借款人按照借贷双方约定的未超过合同成立时一年期贷款市场报价利率四倍的利息。“一年期贷款市场报价利率”，是指中国人民银行授权全国银行间同业拆借中心自 2019 年 8 月 20 日起每月发布的一年期贷款市场报价利率。

（六）及时清偿债务

企业作为借款人应当及时清偿债务，以免影响自己信誉，更要避免被认定为存有“非法占有”的目的而构成刑事责任风险。如若实在不能清偿债务，应走破产偿债程序，千万不要通过跑路的方式来规避法律责任。

第三节　企业内部集资的法律风险及防控

在当前经济发展动力不足的形势下，一些企业由于资金不足、融资渠道单一或是难以获得贷款等原因，就会向企业职工集资借款。每个企业筹集资金的方法不尽相同，也会导致不同的法律后果，尤其是债权式企业内部集资长期处于合法与非法的临界状态，企业与职工之间的内部集资则将直接面临“非法吸收公众存款”等非法集资法律风险。本节立足对债权式集资进行法律风险揭示，旨在对企业内部集资借款操作要领给出处理意见和建议。

一、企业内部集资

企业内部集资是指企业、事业单位及其他组织通过向其内部职工公开集资并按期还本付息的行为。企业内部集资的形式目前主要包括面向企业内部职工进行股权式集资和债权式集资两类。本书主要针对债权式集资进行法律分析。

二、风险揭示

债权式企业内部集资是否符合法律规定，关键看集资款项的用途、对象，其法律风险主要如下：

《民间借贷规定》第 11 条规定：“法人或者非法人组织在本单位内部通过借款形式向职工筹集资金，用于本单位生产、经营，且不存在民法典第一百四十四条、第一百四十六条、第一百五十三条、第一百五十四条以及本规定第十三条规定的情形，当事人主张民间借贷合同有效的，人民法院应予支持。”基于前述司法解释规定，企业向员工集资筹集款项用于本单位生产经营且无法定无效情形的情况下，该合同应认定合法有效。

最高人民法院《关于审理非法集资刑事案件具体应用法律若干问题的解释》（法释〔2010〕18 号）第 1 条对“非法吸收公众存款或者变相吸收公众存款”的界定同时具备下列四个条件：（1）未经有关部门依法批准或者借用合法经营的形式吸收资金；（2）通过媒体、推介会、传单、手机短信等途径向社会公开宣传；（3）承诺在一定期限内以货币、实物、股权等方式还本付息或者给付回报；（4）向社会公众即社会不特定对象吸收资金。换言之，如企业没有向社会公开宣传，只是在亲友或者单位内部针对特定对象吸收资金的，一般不属于非法吸收或者变相吸收公众存款。但根据最高人民法院、最高人民检察院、公安部《关于办理非法集资刑事案件适用法律若干问题的意见》（公通字〔2014〕16 号）规定，在向亲友或者单位内部人员吸收资金的过程中，明知亲友或者单位内部人员向不特定对象吸收资金而予以放任的；以吸收资金为目的，将社会人员吸收为单位内部人员，并向其吸收资金的不属于“针对特定对象吸收资金”的行为，应当认定为向社会公众吸收资金。

三、防控建议

为防范上述法律风险，企业在进行内部集资时，应做到以下几点：

（一）需严格遵守民间借贷相关法律法规

在特定的历史时期，企业内部集资甚至被当作破坏社会主义金融体系的犯罪行为予以重点打击。现企业内部集资本质上属于民间借贷，应受到有关民间借贷相关法律、行政法规及政策的约束。故集资方式被限定为内部借款方式，借款利率等当然应符合相关法律规定，突破界限则不排除仍有可能被认定为非法集资的法律风险。

（二）资金用途应限定于本企业生产经营

国家允许企业内部集资，是为了让实体经济得到发展，让资本在企业内部流动，但是这里实际上蕴含着一种风险，就是企业可能将从内部吸收的资金高利转贷牟利。如此则企业就充当“金融机构”，致使金融秩序和民间借贷市场混乱，所以法律绝对禁止将内部集资款用于本企业生产经营以外的目的，特别是高利贷转贷牟利，企业在实践操作中一定要特别注意此种法律风险。

（三）集资对象应限定在企业内部人员

企业不是金融机构，所以也就不能面对不特定对象融资。我国现行法律法规虽允许企业向内部职工集资，但有些企业为了规避法律，将社会人员吸收为公司工作人员，从而向他们集资，司法实践认为这不属于单位内部集资。通常在实践中有两种手段：其一，企业在招聘时就表明了向应聘人员筹集资金的意思表示，集资参与者同意参与集资的同时即成为公司的员工；其二，先将社会人员聘为单位员工，之后再向其吸收资金，此种情形具有一定的隐蔽性。需要注意的是，此两种方式实施的非法吸收公众存款，不会被认定为企业内部合法集资。

随着我国经济体制的进一步发展，以及企业自身发展需求的扩大，企业内部集资将会成为一种重要的融资方式，只有予以明确的法律规制，才能让企业内部集资向更健康的方向发展。

第四节　股权融资的法律风险及防控

股权融资逐渐成为中小企业利用股权实现融资的有效方式。随着市场体系和监管制度的完善，产权市场为投融资者搭建的交易平台日益成熟，越来越多的中小企业转向产权市场，通过股权融资缓解企业的资金饥渴，解决融资难题。但与之相伴的是相应的风险，本节主要针对股权融资的风险提出相应的防控建议。

一、股权融资

股权融资是指企业的股东愿意让出部分企业所有权，通过企业增资的方式引进新的股东的融资方式。股权融资是企业融资中最为常见也最为典型的一种融资方式。

股权融资按融资的渠道来划分，主要有两大类：

第一，公开市场发售。所谓公开市场发售就是通过股票市场向公众投资者发行企业的股票来募集资金，我们常说的企业的上市、上市企业的增发和配股都是利用公开市场进行股权融资的具体形式。

第二，私募发售。所谓私募发售，是指企业自行寻找特定的投资人，吸引其通过增资入股企业的融资方式。因为绝大多数股票市场对于申请发行股票的企业有一定的条件要求，如《首次公开发行股票并上市管理办法》要求公司上市前股本总额不少于人民币 3000 万元①，因此对大多数中小企业来说，较难达到上市发行股票的门槛，私募成为民营中小企业进行股权融资的主要方式。

---

① 《首次公开发行股票并上市管理办法》第 26 条："发行人应当符合下列条件：（一）最近 3 个会计年度净利润均为正数且累计超过人民币 3000 万元，净利润以扣除非经常性损益前后较低者为计算依据；（二）最近 3 个会计年度经营活动产生的现金流量净额累计超过人民币 5000 万元；或者最近 3 个会计年度营业收入累计超过人民币 3 亿元；（三）发行前股本总额不少于人民币 3000 万元；（四）最近一期末无形资产（扣除土地使用权、水面养殖权和采矿权等后）占净资产的比例不高于 20%；（五）最近一期末不存在未弥补亏损。"

二、风险揭示

（一）股权结构设置不当导致的风险

处在扩张期的企业，在引入投资者时往往会忽略股权转让的比例结构，导致股权比例被逐步稀释，原来的投资人在公司中的话语权逐步丧失，致使控制权落空。如果控制权过于分散，往往使公司缺乏最终话语权人，内耗严重，影响发展。同时，企业也更容易遭遇并购威胁，影响企业的持续经营。

（二）股权融资过程中商业秘密泄露的法律风险

公司在股权融资时，不得不将企业的经营状况、财务状况等有关情况告知投资者，这就使商业秘密存在泄露的风险。

（三）控制权稀释的风险

投资方获得企业的一部分股份，必然导致企业原有股东的控制权被稀释，甚至有可能丧失实际控制权。

（四）机会丢失与对赌失败的风险

由于企业选择了股权融资，从而可能会失去其他融资方式带来的机会。特别是在签订对赌协议的情况下，如若对赌失败，控股股东可能因支付股份导致失去话语权。

（五）治理结构上的风险

创始股东在公司战略、经营管理方式等方面与投资方股东产生重大分歧，导致企业经营决策困难。该种风险主要体现在以董事会为治理核心的法人治理机构中，且投资方股东要求公司保证投资方在公司董事会中占有一定席位。

（六）股权代持的法律风险

股权融资过程中，有的时候股东不方便直接持股，有的时候为了避免人数过多办理手续麻烦，因此，广泛采用股权代持的方式进行持股，但股权代持也存在法律风险，主要有以下两种：

1. 股份代持协议效力被否定的风险

《公司法解释三》在原则上认可了股权代持协议的法律效力，但认为股权代持协议当然有效则是一种误解，因其第 24 条第 1 款中明确规定："……如无合同法第五十二条规定的情形，人民法院应当认定该合同有效。"① 也就是说，如存在《民法典》规定的民事法律行为无效的情形，也即合同无效的情形，股权代持协议将被依法认定为无效。

此外需引起注意的是，本条仅仅明确了股权代持协议的合法地位，但并未明确实际投资人的合法股东地位；明确了依照股权代持协议保护实际投资人的投资权益，但对于实际投资人能否享有股东权益问题，仍然规定要严格按照公司法的规定执行。

实践中，股权代持协议违反《民法典》规定的合同无效的情形还有：公务人员违反《公务员法》等有关规定，以股权代持的形式经商的；外商为规避外资准入政策，通过与境内企业或个人签订股权代持协议，以隐名股东身份投资于外商投资企业法律和政策禁止或限制外商进入的行业的；隐名股东规避我国法律的禁止性规定，以显名股东名义对目标公司进行投资的。

可能影响股权代持协议法律效力的主要是《民法典》中提到的"违反法律、行政法规强制性规定"。

股权代持协议的主要目的是通过该协议实现隐名股东的投资目的。

---

① 《合同法》已经失效，但《合同法》第 52 条规定的大部分内容被编入《民法典》。

法律或行政法规可能禁止或限制隐名股东实施投资行为或投资于特定行业。此时，尽管股权代持协议本身并不为法律或行政法规所禁止，但却可能因为其目的的非法性而被认定为属于“以合法形式掩盖非法目的”的行为，从而被认定为无效。

2. 股份代持在国内上市前需进行清理

证监会对公司上市有一个基本的要求，即公司的股权结构清晰。股份代持一般被认为是股权不够清晰，要求在上市前进行清理。清理的方法一般是把股份转回给委托人或直接转给受托人，或由公司进行回购。在股权代持协议里应该对这种情况进行约定，并且约定清楚转让回购的估值，以免将来发生分歧。

三、防控建议

针对上述法律风险，建议企业采取以下措施进行防范：

（一）合理设置股权结构

在增资扩股或引进投资前，应合理设置股权结构和董事会结构，及早防范法律风险，在进行股权转让时必须进行周全的法律策划，以防止企业控制权旁落，落入内耗。

（二）树立商业秘密保护意识

企业在进行股权融资时，商业秘密保护意识应当贯穿整个融资过程的始终，具体操作可借鉴以下方案：

1. 初步接洽时，只提供计划书的摘要。

2. 制作商业计划书时，尽量不要披露特别机密的信息和数据，只要把拥有的产品和技术能够带来的好处及其能满足的市场需求讲清楚即可。

3. 有些关键性的商业秘密或技巧诀窍，不到最后的关键时刻不要急于讲出来。

4. 询问与该投资公司打过交道的其他企业家和中间人士，了解该投资公司员工的职业操守情况，了解其目前是否已经或即将投资企业的竞争对手，以及其他可能与本公司有利益冲突的情形。

5. 签署保密协议，包括保密范围、保密义务对象范围、对信息接收方的要求、保密期、违约责任等。

（三）谨慎签订对赌协议，切实保障企业控制权

公司控股股东在签订协议前，一定要充分认识到这些协议对公司控制权的影响，要客观估计公司的成长能力，不要为了获得高估值的融资额，作出不切实际的业绩保证或不合理的人员安排保证。

控股股东在与投资方签订业绩保证协议之前，要正确认识到该等协议的对赌性，即业绩达到一定条件时，融资方行使一种权利，业绩未达到一定条件时，投资方行使一种权利。不能仅仅考虑赢得筹码时所获得的利益，而更应考虑输掉筹码时是否在自己能承受的风险范围之内。

在以董事会为核心的法人治理结构中（股份公司尤为重要），投资方要求融资方进行董事会人员的安排保证时，一定要首先保证自己的人员安排以及人员安排是否能代表自己的利益，并能使上述人员服从自己的利益安排。融资方应在公司章程或投资协议中，对董事会如何获得授权、获得何种授权、在怎样的条件下获得授权、行使权利的期限以及对董事会行使权利不当时的救济等条款，都应有详细约定。

（四）谨慎签订股权代持协议

若非万不得已不要签订股权代持协议。如若非签不可，一方面要审慎选任代持人，另一方面还要对双方的权利义务作出细致的约定，条件允许时还应设置相应的保障条款，以避免相应的法律风险。

第五节　融资租赁中的法律风险及防控

一、融资租赁

融资租赁，是指由出租人根据承租人提出的条件和要求，与供货商订立买卖合同，买进承租人所需的设备，并与承租人订立租赁合同，在约定的期间内将租赁物交由承租人使用，以收取租金的形式，分期收回货款、利息和其他费用。融资租赁合同，是指“出租人根据承租人对出卖人和租赁物的选择，向出卖人购买租赁物，提供给承租人使用，承租人支付租金的合同”。

融资租赁的主要特点体现在以下几个方面：

1. 由三方当事人和两个合同构成。融资租赁合同由买卖合同（出租人与供货商签订的）和租赁合同（出租人与承租人签订的）构成，这两个合同互相对应、互相衔接，并互为存在的条件。

2. 物件的选购权在承租人（需要融入资金的企业），而不是出租人。交易主体除了出租人、承租人之外，还有第三方——供货商。

3. 融资租赁合同中的出租方在租赁期间内对租赁物保留所有权，承租人仅享有使用权。在财产所有权没有正式转让的情况下，承租人要支付约定的费用，诸如保险费、税捐、维护费及折旧费，而这些费用不包括在租金内。

4. 承租人进行融资租赁的主要目的在于融资，其具体表现形式是对租赁物的使用。

5. 出租人一般不承担租赁物瑕疵的担保责任。租赁物的瑕疵担保责任通常都是在买卖合同中规定由供货商承担。

6. 融资租赁合同的租赁期限一般都是长期的，一般占租赁物估计寿命的大部分（约占75%以上）。租赁期满后，承租人有廉价购买租赁物的选择权。

上述特点决定了融资租赁具有金融创新工具的属性，同时也揭示了以融资租赁方式进行融资对于企业可能带来的法律风险。

二、风险揭示

（一）租赁物瑕疵担保责任承担的法律风险

租赁物的瑕疵包括质量瑕疵和使用瑕疵。融资租赁合同中一般明文规定出租人不承担瑕疵担保责任，即所谓的瑕疵担保免责条款。瑕疵担保免责条款是基于融资租赁合同的特定法律特征而设计的。

首先，在融资租赁合同中，租赁物的种类、性能、规格、型号以及供货商均由承租人自己选定，然后出租人再根据承租人的要求购买的。因此，如果要求出租人承担瑕疵担保责任则显失公平。

其次，融资租赁合同的经济功能在于向承租人提供融资，出租人既不对租赁物本身感兴趣，也不对标的物进行实际占有和使用，而只是按照承租人的特别要求购买租赁物。承租人只是想达到融入资金的目的。因此，如果在此情况下仍由出租人承担租赁物的瑕疵担保责任，显然不合情理。

当然，瑕疵担保免责并非意味着出租人在任何情况下都能援引而不受限制。有下列情况之一的，当租赁物质量、数量等存在问题，在承租人对供货商索赔不能或不足时，出租人应承担赔偿责任。

1. 出租人根据租赁合同的约定完全是利用自己的技能和判断为承租人选择供货商或租赁物的。

2. 出租人为承租人指定供货商或租赁物的。

3. 出租人擅自变更承租人已选定的供货商或租赁物的。

另外，如果当事人在融资租赁合同中约定由出租人承担标的物瑕疵担保责任，那么，出租人应该承担租赁物瑕疵担保责任。但事实上，在出租人与承租人签订的融资租赁合同中明确约定，日后发生租赁物的质量问题，出租人不承担责任，而由承租人负责索赔，出租人只是负责协助。

（二）租赁物意外毁损责任承担的法律风险

租赁物在使用过程中因为意外事件或者不可抗力（如火灾、洪水、雷击）而毁坏甚至灭失，这种在租赁期间的风险由何方当事人承担，法律未作强制性规定。考虑到当前企业融资难的局面，双方在合同中约定由出租人承担此类风险的可能性极小。如果承租人能争取到主动地位，在合同中约定租赁物意外毁损的责任由出租人承担，法律当然会尊重当事人的约定。

在没有相关合同约定的此类纠纷发生时，法院通常认为，在融资租赁交易中，由于出租人不负责选定租赁物，租赁期限也长于一般的经营性租赁，这样的租赁物完全处于承租人的控制下，与租赁物所有权有关的风险不应由所有权人承担，而应由作为非所有权人的承租人承担。

（三）融资租赁中途解约的法律风险

融资租赁业务和司法实践中，禁止中途解约已得到普遍认可。除非双方达成中途解约的合意或出现合同事先约定的特定情况，或出现法定的解约事由，解除权人才有权解除合同。这是因为融资租赁的中途解约会给守约一方的出租人或承租人带来意想不到的利益损失和风险。

对于出租人而言，租赁物是由承租人自己选定的，一般具有特定性，即使还给租赁公司，也很难找到新的承租人或买家，无法收回残存租金的相当金额及收回投资乃至无法取得预期的投资利益。融资租赁的融资本质和租赁物的非通用性决定了承租人不得中途解除融资租赁合同。

对于承租人而言，在合同签订以前可能已经投入相当的资金，做好生产准备，若允许出租人中途解约，承租人可能遭受巨大的损失。同时，如果承租人已经支付了相当一部分的租金，这时，若出租人中途解约，承租人支付的租金可能比贷款本息高得多。而且，租赁物一般都是特定的，出租人中途解约后，承租人要再购进同种租赁物可能是相当困难的。

综上可知，无论是出租人还是承租人，都不能无正当理由提出中途解约。然而，在特定的情况下，在履约根本不能或进一步履约可能给合同主体带来难以弥补的损失时，中途解约也不失为一种权利救济的好办法。

《民法典》第563条规定，“有下列情形之一的，当事人可以解除合同：（一）因不可抗力致使不能实现合同目的；（二）在履行期限届满前，当事人一方明确表示或者以自己的行为表明不履行主要债务；（三）当事人一方迟延履行主要债务，经催告后在合理期限内仍未履行；（四）当事人一方迟延履行债务或者有其他违约行为致使不能实现合同目的；（五）法律规定的其他情形”。除此之外，在合同一方破产情形下，合同另一方为维护自身的利益当然也有中途解约的权利。

具体到融资租赁法律关系中，到底在何种情况下，融资租赁关系中的出租人和承租人才有权提出中途解约的请求呢？

对于承租人而言，在租赁物未交付、交付迟延或租赁物与合同不符时，承租人有权终止租赁合同；但因供货商不交货、迟延交货或交货不符合合同规定而造成承租人损失，只要不是由出租人的作为或不作为造成的，承租人就没有针对出租人的损害赔偿请求权。

对于出租人而言，当承租人的违约行为构成根本违约且无法补救时，出租人可以要求承租人加速支付未到期租金或者终止租赁合同。同时，出租人可以行使单方解约权，终止租赁合同的法律效力，并在终止合同后，恢复对租赁物的占有，并且追偿赔偿金。

（四）融资租赁中行使索赔权的法律风险

在融资租赁法律关系中包含两个合同：供货合同和租赁合同。其中供货合同的主体是供货商和出租人，租赁合同的主体是出租人和承租人。根据合同的相对性理论，供货人对承租人并不承担合同上的义务。承租人作为供货合同的第三人，无权直接援引供货合同对供货人提出任何请求。

然而，在融资租赁合同中，出租人既不负责挑选供应商和租赁物，又不负责确定租赁物件的规格和性能，供货商违约也不能成为承租人不向出租人交纳租金的理由。而且租赁物多由承租人自己领取并占有使用，若单纯依据合同相对性理论片面剥夺承租人的索赔权则难免有失公正。

有些融资租赁法律关系的主体，会因为不了解相关法律规定而导致索赔权转让的无效，甚至根本没有意识到这一法律风险的存在，事前不约定，事后不知法，挑起无谓的诉讼争端，浪费大量的人力、物力。

三、防控建议

（一）重视租赁物的瑕疵担保责任

在签订融资租赁合同时，一定要注意租赁物瑕疵担保责任的法律风险，不要把本应当属于供货商承担的责任揽到自己身上，也不要把因未事先明确约定由出租人承担而导致本属于自己承担的使用瑕疵责任推给出租人，提起不必要的诉讼，浪费人力、物力和财力。

（二）通过投保等方式转移租赁物意外毁损法律风险

作为承租人的企业在签订融资租赁合同的过程中，一定要慎重考虑租赁物意外毁损责任承担的法律风险，必要时应向保险公司投保，以达到风险转移的目的，不至于因为天灾人祸给自己带来巨大的经济损失。

（三）事先明确解约条件和责任分配

融资租赁合同的双方主体，一定要在融资租赁合同中明确中途解约的救济条款和责任的承担条款，防范中途解约给自己带来的经济损失与法律风险。

（四）正确行使索赔权

第一，在出卖人交付标的物不符合合同约定的情况下，除非有特殊情况，承租人才能向出租人主张权利。

第二，索赔权无论是由出租人行使还是承租人行使，另一方都应履行积极协助的义务。

第三，融资租赁合同有关索赔权转让的条款应当在合同中明确约定，即在出租人与出卖人所签订的买卖合同及出租人与承租人签订的租赁合同中均应约定。

第四，如果出租人、承租人、出卖人事先没有约定或约定不明，事后可以达成关于索赔权转让的协议。该协议可以由三方共同订立一个新的合同，也可以在原有的合同中进行补充。

第五，在出租人对出卖人所交付的租赁物瑕疵无过错的情况下，索赔权的转让与否不影响承租人向出租人支付租金和利息的义务。但是如果出租人存在《民法典》第 741 条所规定的情况，在索赔不成或索赔未果的情况下，出租人应当承担相应责任。

因此，润朗律师提醒相关企业，一定要对此予以足够的重视，不能放松风险防范意识。若要在合同中约定索赔权由承租人行使，则应在供货合同和租赁合同中均作出约定，以免造成索赔权转让的无效，引起不必要的麻烦。

第七章

企业并购相关法律风险及防控

当前企业竞争日益激烈，企业要想在如此激烈的市场环境中脱颖而出、日益壮大，一是可以通过自身发展不断扩大生产规模，实现规模效益；二是可以通过并购的方式直接吸收其他公司，实现企业跨越式发展。并购能够充分实现资源整合、优势互补，在经济发展中发挥重要作用。但是，由于我国关于并购的法律规范不健全以及企业自身在并购活动中缺乏风险防范意识，导致各我国并购的成功率相对较低。本章总结了并购中的一些常见法律风险并提出合理建议，希望在实际操作中充分降低风险，实现双赢（见图7－1）。

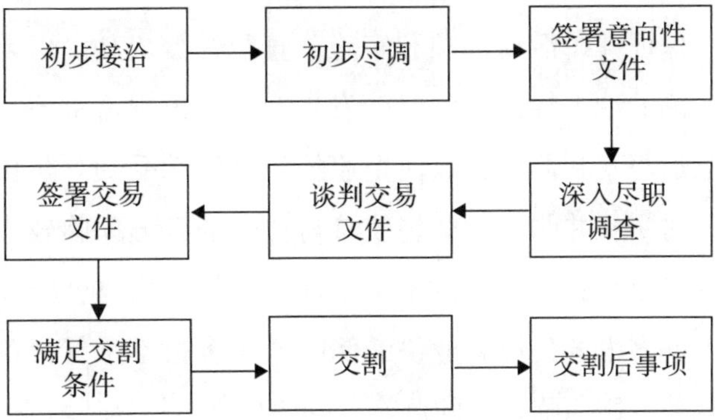

图7－1　并购交易一般流程

第一节　并购决策中的法律风险

在决定对目标企业进行并购时，我们不仅要从经济收益、发展前景等方面对目标企业作出权衡，还要考虑法律风险的大小。在并购决策过程中，非常容易引发并购决策不当或不慎重的法律风险，付出巨大的决策成本代价。

一、宏观经济环境的法律风险

公司企业的并购活动与其他任何的微观经济活动一样，都要受到宏观经济环境的影响。在宏观经济持续增长的情况下，市场需求不断扩大，投资增加，资源可得到充分利用。同时，企业的经营绩效提高，资金充足。在公司企业经营业绩突飞猛进的时候，一些公司可能会产生通过并购扩大规模，加速发展的想法。如果在公司正式实施并购活动时，经济仍然能够保持稳定增长，则公司并购活动就可能比较顺利地完成，实现预期的目标。此时，即使在并购过程中遇到一些问题，但由于整体经济环境较好，公司能够保持较快发展的势头，公司本身可以在发展中克服障碍，保证并购活动的顺利实施，直至并购成功。但是，如果由于某种难以预测的冲击导致宏观经济发生变化，出现需求不振，发展减缓乃至经济衰退等不利局面，致使企业的经营活动受到严重影响，经济效益下降，此时实施并购活动则将使参与并购的各方面临较大的风险，公司并购的结果也将具有很大的不确定性，比如在当前金融危机袭击全球的情况下，许多大的公司企业纷纷倒闭，经济很不景气，在这种大背景下实施并购业务则面临很大的风险，成功与否与外界环境密切相关。

此外，国家在不同时期可以根据宏观环境的变化而改变政策，这必然会影响企业的经济利益。国家与企业之间由于政策的存在和调整，在经济利益上会产生矛盾，从而也将产生政策方面的风险。

二、行业选择的法律风险

不同的行业其经济情况不同，产生的经济效益也会有所不同，这也可能导致企业并购活动面临较大的风险。企业所处的行业或打算通过并购活动进入的行业，是对企业的经营活动和扩张行为具有直接影响的外部环境。如果该行业处于一个上升或稳定发展时期，在国家或地区产业结构中居于中坚或主导地位，甚至能够得到国家产业政策的扶持和鼓励，具有较广阔的发展前景，并且并购公司或者目标公司在该行业具有某种优势，则在该行业实施并购活动取得成功的可能性就比较大；相反，如果企业所处行业或拟进入行业处于景气周期的下降通道，或者是趋于淘汰的没落行业，产品市场供过于求，行业内部的竞争异常激烈，企业普遍经营绩效不佳，则企业并购活动将面临较大的风险，必须慎之又慎。

企业并购的目的是扩大生产经营规模、追求最大化的经济效益，因此，为了实现上述目的，在决策时，必须认真考虑行业的选择。如果从开始决策时就入错了行，那么，并购成功的可能就成了一种期待。

三、市场的法律风险

此处的市场风险，是指资产（股权）或证券市场风险。由于并购交易的标的物是企业资产或者股权，因此，资产或证券市场的波动将对公司并购交易的成本产生十分重大的影响。这类市场风险在上市公司并构中表现得尤为突出。在证券市场比较平稳的情况下，并购方并购目标公司的成本相对较低，而且成本控制能力较强。但在证券市场发生重大波动的情况下，并购方针对目标企业的要约收购价格将难以确定，如果要约价格过高，将导致并购成本增加，风险加大，并购方可能必须对并购行动的成本和收益进行重新评估，甚至被迫放弃并购行动；而如果收购价格太低，可能对目标公司的原股东缺乏吸引力，或竞争不过竞购对手，导致并购失败。

四、体制的法律风险

在我国目前的经济结构中，国有企业仍然占据很大的比重，政府在对国有企业的管理方面依然发挥着重要的影响，因此，某些涉及存量资产调整的国有企业并购活动往往是在政府部门的主导下实现的。这类并购活动由于政府的直接干预而具有很强的行政色彩，而主要当事人却常常缺乏实施并购的直接利益驱动和参与动机，并购活动中常常以非经济目标代替经济目标，这就使得企业的并购行动往往会发生扭曲，异化成了“扶弱帮困”行为，不能实现提高效率的目的。

另外，有时候政府部门为了本部门、本地区的局部利益而对在市场推动下的正常公司并购行为设置重重壁垒和障碍，成为公司并购活动顺利实施的阻力。此外，包括金融体制、财税体制以及社会保障机制等在内的相关制度改革的严重滞后，也加大了公司并购的成本，使得企业并购活动所面临的风险增加。

体制的法律风险，在跨国并购中体现的尤为明显。我国企业如果并购其他国家的企业，在决策之前，必须对该国的政治体制与法律制度进行研究，确定该国体制是否有利于我国企业的进入，以及对并购有什么优惠政策或法律限制。如果这些工作做得不到位，便很难成功并购。

五、社会文化环境的法律风险

社会文化环境风险，通常是指由于文化习俗、民族、宗教、道德风尚、价值观念以及思维方式等社会因素所导致的企业并购风险。社会文化风险在涉及不同地域、不同国家间的并购活动中更容易产生消极影响。在这类并购活动中，往往可能由于并购所涉及的利益各方的社会文化背景差异而增加并购操作过程的难度，甚至可能由于并购行为与其他社会文化观念相冲突而导致并购活动失效。同样，企业文化间的差异也可能成为公司并购的障碍。

在海外并购中，文化的法律风险表现得更严重，因为不同国家有不同的文化传统，国家的文化传统不同，企业的文化也会有很大的差异。

六、信息不对称的法律风险

信息不对称的法律风险在并购中非常突出，即企业在并购过程中，由于对并购方的了解与目标企业的股东和管理层相比，可能存在严重的信息不对称的情况，从而给并购带来了许多不确定因素。

在选定目标企业后，鉴于并购双方信息不对称的情况，由专业机构及专家进行尽职调查，应成为在并购决策过程中的必经程序，尤其是律师尽职调查对于防范并购中的法律风险至关重要。

信息不对称的法律风险主要体现在两个方面：一是调查渠道过窄，二是调查事项片面。一个成功的调查需要有精深的专业知识和高超的调查技巧，还需要依据个案尽可能地发掘各层次的调查渠道，从多方面收集关于目标企业的资料。相反，如果调查渠道过窄，带来的法律风险将是巨大的。另外，企业作为综合系统，具有一定的复杂性，并购方往往很难在较短的时间内全面真实了解目标企业的详尽情况。在进行调查时，如果调查的事项不全面，会对以后的并购产生很大的影响。因此，企业应当将并购前的法律尽职调查作为一项严肃的工作来对待，聘请专业的律师对相关事实中存在的法律风险予以揭示，提供专业意见。

第二节　并购实施中的法律风险

并购决策过程中会有法律风险，并购实施过程中亦会有法律风险的存在，这些风险主要包括资产不实、财务陷阱、优先购买权、税收、环保、汇率、竞业限制等方面。并购双方就并购交易进行谈判，事实上就是双方为规避法律风险或将法律风险责任转移给对方或让对方分担的过程。因此，企业必须重视并购过程中的法律风险防范和控制，通过完善、缜密的并购协议予以约束和保护。

一、资产不实的法律风险

资产不实，是指企业未按会计制度规定进行核算，形成账面虚盈实亏，会计资讯失真。形成的原因是多方面的：（1）会计、审计方面：由于会计计量上的变更和缺陷，企业存货可选择先进先出法、后进先出法、加权平均法等，存货计价方法可选择余地过大，结算方法的任意更换，人为操纵企业利润，这都会导致会计资讯的失真。比如，有些企业在购买股票、债券或对外联营投资时，并未如实地在长期投资或短期投资科目中反映，而是挂列在“应收账款”等科目，搞体外循环。（2）虚假出资。企业为获取税收优惠，以虚假出资设立控股公司进行虚假经营，以此少缴税金。（3）目标企业资产的所有权存在瑕疵。

二、财务陷阱的法律风险

并购中的财务陷阱源于在并购过程中对企业财务报表的过分倚重和事前调查的忽视。虽然财务报表是并购过程中首要的信息来源与重要的价值判断依据，但是，由于对财务报表固有缺陷的认识不足，如不能及时、充分、全面披露所有重大的信息，从而使并购方不能及时对一些重大的事项给予足够的关注。财务报表导致并购者所产生的一些错误认识，必将直接影响并购工作的开展、提高并购成本、引发财务与法律的纠纷、影响并购融资的安排和整合的进程。因此，为避免落入财务陷阱，首先要对企业财务报表的局限性有充分的认识。

财务信息披露制度的固有缺陷是造成财务陷阱的重要原因之一，并购双方信息不对称：其中一方想尽量高估资产与盈利预期，乃至可以隐瞒其真实负债与或有负债的状况，以此来达到抬高并购价格和再融资能力的目的。若另一并购方不小心踏入了财务陷阱，那么其实际承担的并购成本将大大高于协议支付的成本。此外，财务陷阱给并购方造成的损失还有：

1. 影响并购再融资的安排

现代企业并购涉及金额大，通过再融资来解决资金问题是一个通行的做法。但无论多么复杂的融资安排，归根结底，均以并购过程中一系列可控权利为基础来获得财务支持，即对实物资产、未来可获利润及经营管理的最终要求权。而财务陷阱，特别是一些表外融资项目和过于“乐观”的盈利预测，将使并购方对并购目标的真实资产与负债状况以及未来的现金流量产生“错觉”，从而影响了再融资工具的选择，直接关系到并购完成后企业的财务负担及经营控制权的让渡。

2. 影响并购后的整合过程

并购后的整合过程包括对资源的整合以及继续履行对利益相关者的义务。此时，财务陷阱“深远的”影响力就慢慢地发挥出来了。在对资源的整合过程中，特别是对人力资源和商誉进行整合时，他们的真实价值将凸显出来，而原先的评估价值或许在此时才显得那么“不明智”。在继续履行对利益相关者的义务时，原先未得以充分披露的应尽事宜往往纷至沓来，有可能使新的企业管理者措手不及。这些事后实付的并购成本将大大延缓整合的进程，给整合工作带来困难。

3. 潜在的法律风险

财务陷阱与法律陷阱往往是相伴而生的，这一点早已广为人知。在反恶意并购的众多方法中，“白衣骑士”“毒丸计划”“金色降落伞”就是通过巧妙的财务契约与法律契约的安排来达到反并购的目的。但在并购过程中，即使并购方没遭遇反并购措施，也可能会同时陷入财务陷阱与法律陷阱。一些或有事项及期后事项无法在财务报告中体现出来。因此，一些未曾披露的潜在的法律风险将伴随着企业控制权的转移直接转嫁到并购方身上。而现代社会瞬息万变，经营环境越来越不确定，突发事件将威胁到企业的生存。因此，超越财务报告的局限性，对或有事项及期后事项给予充分的关注，以稳健的态度来对待潜在的风险，是及时发现财务陷阱的最佳方法。

三、人力资源的法律风险

并购过程中，肯定会涉及人力资源的问题，企业成功的关键在于人才的培养，并购方在并购目标企业后，能否挽留目标企业的人才，能否给目标企业职工更好的待遇，能否创造更好的工作环境，并购方的公司理念能否被目标企业职工所接受，这些都可能影响人才的流失。

四、优先购买权的法律风险

优先购买权是法律赋予特定对象的先于其他权利人主张财产权利的权利。优先股是股份公司发行的在分配红利和剩余财产时比普通股具有优先权的股份。优先股的主要特征主要有三：一是优先股通常预先定明股息收益率；二是优先股的权利范围小，优先股股东一般没有选举权和被选举权，对股份公司的重大经营无投票权，但在某些情况下也可以享有投票权；三是优先股的索偿权先于普通股，而次于债权人。优先股的优待权主要表现在两个方面：一是股息领取优先权；二是剩余财产分配优先权。

优先购买权的存在，会对并购带来重大影响，因为优先股在并购中具有重要作用。对并购方而言，公司在并购其他公司时，常常通过发行优先股来换取对方的资产，这样既能达到并购目的，又避免了因并购扩张股份而丧失或削弱原来的控股权。对被并购方而言，为了防止被别的公司并购，可在股本中设置优先股，在总股本相同的情况下，使发起人的普通股拥有更大的表决权，防止恶意收购和兼并，把公司牢牢掌握在自己手中。

五、税收的法律风险

税收是企业在并购决策及实施中不可忽视的重要因素，有些企业甚至将获得税收优惠作为并购行为的直接动机。如果被收购企业在并购前存在重大的偷逃税行为，在并购后一经查出，将由并购后的企业承继。这种风险是并购方在并购实施过程中必须考虑的。税收法律风险在外商投资企业进行并购时体现得最为明显。税收的法律风险主要是由被收购企业逃税、漏税而导致的，实践中发生比较多的是设置账外账、公开账欠缴税金等法律风险。

1. 设置账外账的法律风险。公司设置账外账，首先需要会计行政主管部门监管，由当地财政部门责令改正、行政罚款及行政处分。根据《会计法》第 42 条[①]规定，不依法设置会计账簿的，私设会计账簿的由县

---

① 《会计法》第 42 条："违反本法规定，有下列行为之一的，由县级以上人民政府财政部门责令限期改正，可以对单位并处三千元以上五万元以下的罚款；对其直接负责的主管人员和其他直接责任人员，可以处二千元以上二万元以下的罚款；属于国家工作人员的，还应当由其所在单位或者有关单位依法给予行政处分：（一）不依法设置会计帐簿的；（二）私设会计帐簿的；（三）未

级以上人民政府财政部门责令限期改正，可以对单位并处3000元以上5万元以下罚款；对其直接责任的主管人员和其他直接责任人员，可以处2000元以上2万元以下的罚款；属于国家工作人员的，还应当由其所在单位或者有关单位依法给予行政处分。

2. 公开账偷漏税及设置账外账偷漏税的法律风险。设置账外账偷漏税金及公开账偷漏税金应被补缴偷漏税金、滞纳金、行政罚款，还可能面临刑事罚金。

《税收征收管理法》第32条规定："纳税人未按照规定期限缴纳税款的，扣缴义务人未按照规定期限解缴税款的，税务机关除责令限期缴纳外，从滞纳税款之日起，按日加收滞纳税款万分之五的滞纳金。"第63条规定："纳税人伪造、变造、隐匿、擅自销毁帐簿、记帐凭证，或者在帐簿上多列支出或者不列、少列收入，或者经税务机关通知申报而拒不申报或者进行虚假的纳税申报，不缴或者少缴应纳税款的，是偷税。对纳税人偷税的，由税务机关追缴其不缴或者少缴的税款、滞纳金，并处不缴或者少缴的税款百分之五十以上五倍以下的罚款；构成犯罪的，依法追究刑事责任。"第68条规定："纳税人、扣缴义务人在规定期限内不缴或者少缴应纳或者应解缴的税款，经税务机关责令限期缴纳，逾期仍未缴纳的，税务机关除依照本法第四十条的规定采取强制执行措施追缴其不缴或者少缴的税款外，可以处不缴或者少缴的税款百分之五十以上五倍以下的罚款。"

按照规定填制、取得原始凭证或者填制、取得的原始凭证不符合规定的；（四）以未经审核的会计凭证为依据登记会计帐簿或者登记会计帐簿不符合规定的；（五）随意变更会计处理方法的；（六）向不同的会计资料使用者提供的财务会计报告编制依据不一致的；（七）未按照规定使用会计记录文字或者记帐本位币的；（八）未按照规定保管会计资料，致使会计资料毁损、灭失的；（九）未按照规定建立并实施单位内部会计监督制度或者拒绝依法实施的监督或者不如实提供有关会计资料及有关情况的；（十）任用会计人员不符合本法规定的。有前款所列行为之一，构成犯罪的，依法追究刑事责任。会计人员有第一款所列行为之一，情节严重的，五年内不得从事会计工作。有关法律对第一款所列行为的处罚另有规定的，依照有关法律的规定办理。"

《刑法》第201条规定："纳税人采取欺骗、隐瞒手段进行虚假纳税申报或者不申报，逃避缴纳税款数额较大并且占应纳税额百分之十以上的，处三年以下有期徒刑或者拘役，并处罚金；数额巨大并且占应纳税额百分之三十以上的，处三年以上七年以下有期徒刑，并处罚金。扣缴义务人采取前款所列手段，不缴或者少缴已扣、已收税款，数额较大的，依照前款的规定处罚。对多次实施前两款行为，未经处理的，按照累计数额计算。有第一款行为，经税务机关依法下达追缴通知后，补缴应纳税款，缴纳滞纳金，已受行政处罚的，不予追究刑事责任；但是，五年内因逃避缴纳税款受过刑事处罚或者被税务机关给予二次以上行政处罚的除外。"

六、环保的法律风险

当前我国非常重视环境保护，如果让一个企业承担环保法律责任，那么对该企业的打击也是巨大的。在并购前，如果目标公司要承担环保责任，则目标公司被并购后，并购方就有承担环保责任的法律风险。实务中，如果并购标的环保方面出了问题，那么交割之后，并购企业就要承担环保部门的相应处罚。因此，并购前必须对目标公司进行环境责任的审查，主要包括：

（1）审查公司的环境民事责任。依据我国《环境保护法》的相关规定，公司的环境民事责任是指公司由于破坏环境的行为或违背环境法律义务而对他人之财产利益或人身利益产生损害或者有损害之虞所需承担的责任。

（2）审查公司的环境行政责任。环境行政责任是指公司违反了相关环境法律、行政法规所应该承担的行政方面的法律责任。其承担环境行政责任的主要方式是行政处罚。

（3）审查公司的环境刑事责任，这是最为严重的一种法律责任。

(4) 审查公司的环境信息披露责任。完整的披露内容应包含：环境问题及影响；环境对策、方案；在财务报表及附注中披露支出和环境负债。

七、交割的法律风险

双方进行付款条件谈判时要设计付款方式与方法及制定筹措资金决策，收购公司进行收购资金筹措决策时，一定要深入了解企业的财务调度优势与筹措方法的多元化。

在资产并购中，关于付款期限的确定，根据《民法典》的规定，合同中当事人对并购方的付款时间作出约定的，应当按照约定的时间支付价款。对于付款时间的约定，可以在被并购方交付标的物之前、之后或同时支付价款，可以约定一次性支付价款、也可以约定分期付款。

股权并购合同的付款期限也可以根据《民法典》的规定确定。在商定付款条件时，首先应该考虑确定影响付款和转股的因素。其一，汇率，这主要存在外资并购和跨国并购中，不同的付款时间汇率是不同的，换言之，付款先后存在汇率风险。其二，被并购方在交易的过程中可能不履行或不完全履行股权转让义务，为此，并购方在付款条件谈判时，应全面审查被并购方的资信情况，然后再确定是否接受先付款，或者股权转让合同应明确约定违约赔偿的范围、违约赔偿的计算方式，并要求对方作出承诺或提供担保。

可见，是否选择先付款或先转股，一方面要根据并购方的资金实力，另一方面要根据汇率以及对方的资信状况等因素综合判断。并购合同中，也可对延期付款与有条件付款作出约定。

此外，过渡期的安排也非常重要。在并购活动中，一般把自并购协议签订到资产或股权完成交割的期限称为过渡期。这一期间，并购的成败还处于不确定状态，并购当事人在此期间要履行的义务以使并购的各项条件成就。在此期间，并购当事人需要就重要事项的知情权、相关资产的保护、日常运营、管理人员安排及重大事项的处置权等作出明确约定，以承前启后。另外，也要注意过渡期的长短问题，如果过渡期限太长，相关资产的质量问题就会显现，也容易出现纠纷。

八、汇率的法律风险

汇率风险，是指在持有或运用外汇的经济活动中，因汇率变动而蒙受经济损失的可能性。汇率风险产生于不同货币之间的兑换，一旦涉及倾向的兑换，就不可避免地产生汇率风险。在并购业务中，汇率风险更集中地体现在企业蒙受损失的方面。

在外汇交易中，风险头寸表现在外汇超买（多头）或超卖（空头）部分。在企业经营中，风险头寸表现为外币资产负债不相匹配的部分，如外币资产大于或小于负债，或者外币资产与负债在数量上相等，但期限不一致。

汇率风险的类型：（1）交易风险，是指把外币应收、应付账款兑换成本币或其他外币时，因汇率变动而蒙受实际损失的可能性。（2）折算风险，又称会计风险，是指在对财务报表进行会计处理，将功能货币转换成记账货币时，因汇率变动而蒙受账面损失的可能性。（3）经济风险，又称经营风险，是指未预见到的汇率变动通过影响企业生产销售数量、价格和成本等，引起企业未来一定时期的收益或现金流量减少这种潜在损失的可能性。

九、竞业限制的法律风险

在市场竞争日益激烈的今天，企业间的竞争实际上已经成为人才的竞争。因此，竞业限制的法律风险也表现得尤为重要。我国竞业限制的规定散见于法律法规与部门规章中，并以两种方式表现出来：一是规定为商业秘密的模式；二是明确以“竞业限制”“竞业禁止”的字眼体现出来。

第三节　企业并购风险防控建议

一、对目标公司法律尽职调查

企业并购是一项复杂的法律工程，并购的成功与否取决于众多因素，其中，投资者对目标公司了解的程度是众多决定因素中最为重要的因素之一。因此，投资者必须对目标公司进行必要的调查，了解目标公司各方面的情况。这样的调查工作往往不是投资者自己能够独立完成的，必须委托专业机构进行，比如委托律师调查目标公司的主体资格、目标公司经营管理的合法性、目标公司资产、债权债务等可能存在的法律风险等，委托资产评估公司对目标公司的资产进行评估，委托财务咨询公司或者其他专业机构对目标公司的经营能力、经营状况、竞争能力等方面进行调查、评估，委托专业机构对目标公司的技术能力进行调查、评估，委托环境评估机构对目标公司所涉及的环境保护事项进行评价，等等。

法律尽职调查的目的，首先在于发现风险，判断风险的性质、程度以及对并购活动的影响和后果；其次，可以使收购方掌握目标公司的主体资格、资产权属、债权债务等重大事项的法律状态；再次，还可以了解哪些情况可能会给收购方带来责任、负担，以及是否可能予以消除和解决；最后，律师通过尽职调查，可以为出具法律意见书打好坚实的基础。

尽职调查的范围很广，调查对象的规模亦千差万别，从仅有一间房屋的私营企业到办公地点遍及世界各地的跨国企业，每一个尽职调查项目均是独一无二的。但是，对于一项大型的涉及多家潜在买方的并购活动来说，尽职调查通常需要经历以下程序（见表7-1）：

表7-1　尽职调查的一般程序

编号	流　　程
1	由卖方指定一家投资银行负责整个并购过程的协调和谈判工作。
2	由潜在买方制定一个由专家组成的尽职调查小组（通常包括律师、会计师和财务分析师）。 由潜在买方和其聘请的专家顾问与卖方签署“保密协议”。
3	由卖方或由目标公司在卖方的指导下把所有相关资料收集在一起并准备资料索引。
4	由潜在买方准备一份尽职调查清单。
5	指定一间用来放置相关资料的房间（又称为“数据室”或“尽职调查室”）。
6	建立一套程序，让潜在买方能够有机会提出有关目标公司的其他问题并能获得数据室中可以披露之文件的复印件。

对于规模较小的并购交易而言，上述程序可以简化。通常，卖方（或者目标公司自身）会自行协助买方获得和审查相关文件资料，而不用聘请投资银行来进行协调工作。买方可能不会将所有资料放在数据室中，而是根据实际情况按照买方的要求提供资料。在这种情况下，买方可准备一份详细的清单索要有关资料、查到尽职调查完成以后并且各方已就交易的基本条件达成一致，方可进入并购合同的草拟阶段。

通常情况下，法律尽职调查应囊括以下几个方面：

1. 目标企业的主体资格是尽职调查的首要内容。首先，需要调查目标企业设立的程序、资格、条件、方式等是否符合当时法律、法规和规范性文件的规定，如果涉及须经批准才能成立的企业，如股份有限公司、经营项目涉及经批准方可经营的等，还需查验其是否得到有关部门的批准；其次，需查验目标企业设立过程中有关资产评估等是否履行了必要的程序，是否符合当时法律、法规和规范性文件的规定，特别是涉及国有资产时更需特别小心；最后，还要查验目标企业是否依法存续，是否存在持续经营的法律障碍、其经营范围和经营方式是否符合有关法律、法规和规范性文件的规定，等等。

2. 目标企业的主要财产和财产权利也是尽职调查的重要内容之一，这往往也是投资者特别关注的内容之一。对于目标企业财产的调查主要体现在以下几个方面：（1）目标企业拥有土地使用权、房产所有权的情况；（2）拥有商标、专利、软件著作权、特许经营权等无形资产的情况；（3）拥有主要生产经营设备的情况；（4）上述财产是否存在产权纠纷或潜在纠纷；（5）目标企业以何种方式取得上述财产的所有权或使用权，是否已取得完备的权属证书，若未取得，还需调查取得这些权属证书是否存在法律障碍；（6）目标企业对其主要财产的所有权或使用权的行使有无限制，是否存在担保或其他权利受到限制的情况；（7）目标企业有无租赁房屋、土地使用权等情况以及租赁的合法有效性，等等。

3. 目标企业的重大债权债务通常是投资者特别关注的内容，也常常是陷阱所在。主要包括：（1）调查目标企业的应收、应付款情况，尤其是金额较大的应收、应付款情况，并且应当调查其是否合法有效；（2）调查目标企业将要履行、正在履行以及虽已履行完毕但可能存在潜在纠纷的重大合同的合法性、有效性，是否存在潜在风险；（3）调查目标企业对外担保情况，是否有代为清偿的风险以及代为清偿后的追偿风险；（4）调查目标企业是否有因环境保护、知识产权、产品质量、劳动安全、人身权等原因产生的侵权之债，等等。其中，对外担保的风险、应收款的诉讼时效以及实现的可能性应予以特别关注。此外，通常还需要目标企业的股东或者管理层对债权债务特别是或有债权债务作出承诺。

4. 目标企业的诉讼、仲裁或行政处罚也是应当予以重视的内容。应当调查目标公司是否存在尚未了结的或可预见的重大诉讼、仲裁及行政处罚案件；同时应当调查目标企业控股股东以及主要股东是否存在尚未了结的或可预见的重大诉讼、仲裁及行政处罚案件，如果目标企业的控股股东以及主要股东存在此类情况，其又不具备执行能力，就会对目标企业产生影响，与此相关联，应当调查目标公司的控股股东以及主要股东所持目标企业股份有无质押；此外，还得应当调查目标企业董事长、总经理是否存在尚未了结的或可预见的重大诉讼、仲裁以及行政处罚案件，因为如果存在此类情况，可能会对目标企业的生产经营产生负面影响。

5. 目标企业的税务、环境保护、产品质量、技术等标准对于某些特定的目标公司而言也是尽职调查的重要内容之一。

二、方案设计上的风险防控

（一）科学选择并购标的

并购标的不同，并购各方的主体就不同，相应的权利和义务也不同，从而使各方主体所面临的风险也不同。因此，并购前根据不同的需求考察相应的风险，选择并购标的是非常必要的。一般而言，并购标的包括股权和资产。

收购股权就是并购方获得目标企业的股权，成为目标企业的股东。这样，并购方就获得了在目标企业的获益权、表决权等股东权，而目标企业的资产则没有变化。由于这种交易方式的主体是并购方和目标企业的股东，并购中的权利和义务也只在并购方和目标企业的股东之间发生，这样就可以“曲线”解决一些难题。例如，假如目标企业章程规定，并购前企业已经签署的专利许可合同不得因并购而转移给他人，而如果并购方对目标企业的专利感兴趣，采取购买专利的方式就会受到企业章程的限制，因此就可以选择并购股权的形式。由于股权交易涉及债权债务的概括承担，因此可以规避资产并购过程中关于资产移转限制的规定。

收购资产是对目标企业的实物资产或专利、商标、商誉等无形资产进行转让，目标企业的主体资格不发生任何变化，也就是说，这两个企业是各自独立的，并购方对目标企业自身的债权债务也无须承担任何责任。特别需要注意的是，应及时将所收购的资产，尤其是对无形资产作适当的变更或移转登记。

（二）审慎设计支付方式

选择适宜的支付形态。根据并购项目的具体情况，设计最优的支付方式，最大限度地减少并购成本，防范和规避法律风险。

（三）设定保证的风险控制

首先，树立风险意识，严格审查被担保企业的资信状况。企业担保具有一定的风险，这从客观上要求企业提供担保时要通过对被担保企业的信用品质进行评估，审查其信誉程度，从而了解被担保企业履行偿债义务的可能性。这可以通过了解被担保企业提供的付款记录，判断其是否具有按期足额偿还债务的良好信誉。同时，还可以审查被担保企业的偿债能力，即其资产数量、质量以及负债比例。也就是用资产负债率等指标来衡量，对被担保企业的变现能力、支付能力和财务实力有所了解，然后再以被担保企业目前的经营状况做补充，判断出被担保企业的偿债能力。

其次，要注意审查担保人的主体资格。在担保实践中，有些债权人不注意审查保证人的主体资格，使有些不能担保或者没有条件担保的单位和个人进行了担保，导致保证合同无效。根据《担保法》等法律、法规的规定，担保人必须是符合法律规定，具有代为清偿能力的法人、其他组织或个人。不具备上述能力的不能成为担保人。我国法律对担保人的主体资格作了限制性的规定：国家机关、学校、医院等以公益为目的事业单位不得成为担保人；企业法人分支机构、职能部门等也不能成为担保人。但如企业法人分支机构有法人书面授权，可以在授权范围内提供担保。

三、债务风险的防控

企业并购目的一般是要达到对某一企业的控制或者获得收购资产的使用价值。若在并购交易中因为转让方隐瞒或者遗漏债务，将使收购方利益受损。

在股权并购中，由于企业对外主体资格不因内部股东变动而改变，相关债务仍由企业自身承担。但收购方需向转让股东支付对价，并且很大程度取决于股权转让时的企业净资产状况。如果受让股权后，因被隐瞒或者遗漏债务暴露导致被追索，企业财产被查封、扣押或者被拍卖，股权实际价值必然降低。要防范该风险，除在收购前审慎调查目标企业真实负债情况外，还可在并购协议中要求转让方作出明确的债务披露，除列明债务外，包括任何的欠款、债务、担保、罚款、责任等，均由转让方承诺负责清偿和解决，保证受让方不会因此受到任何追索，否则，转让方将承担严重的违约责任。这种约定在一定程度上具有遏制转让方隐瞒或者遗漏债务的作用。

在资产并购中，交易标的为资产，需要保障所收购资产没有附带任何的债务、担保等权利负担，如不存在已经设置抵押情形，房地产不存在建筑工程款优先权等。对于完全依附于资产本身的债务，由于其不因资产的转让而消灭，必须由转让方在转让前解决，否则应当拒绝收购。

第八章

企业知识产权相关法律风险及防控

知识产权是企业的重要无形资产，是企业保持创新活力、增强竞争优势的重要基石。企业的知识产权通常包括基于技术创新或工业外观设计产生的专利、基于商品或服务品牌产生的商标、基于作品产生的著作权。随着国内企业知识产权意识的不断提升，围绕知识产权的诉争也不再鲜见。在某种程度上，知识产权的竞争已成为商战的重要方面。为此，本章将围绕知识产权风险防控这一主题，揭示专利权、著作权、商标权涉及的相关法律风险，并提出相应的防控建议。

第一节　专利权相关法律风险及防控

专利权并非随着发明创造的完成而自动产生。一项发明创造完成后，权利人需要按照《专利法》规定的法定程序向专利局书面申请。经过审查后，方能获得专利权。除法律另有规定的以外，权利人获得专利权后，任何人实施该专利，均需要得到专利权人的授权许可并支付专利使用费，否则就构成侵权。在专利权领域的法律风险主要有申请不当方面的法律风险和未经许可而使用的法律风险。

一、专利权

专利权，简称“专利”，是发明创造人或其权利受让人对特定的发明创造在一定期限内依法享有的独占实施权，是知识产权的一种。根据我国《专利法》第2条的规定，专利权的客体包括发明、实用新型和外观设计三种。

（一）发明

发明，是指对产品、方法或者其改进所提出的新的技术方案。发明必须是一种技术方案，是发明人将自然规律在特定技术领域进行运用和结合的结果，而不是自然规律本身，因而科学发现不属于发明范畴。同时，发明通常是自然科学领域的智力成果，文学、艺术和社会科学领域的成果也不能构成专利法意义上的发明。

根据专利审查制度的规定，发明分为产品发明、方法发明两种类型，既可以是原创型的发明，也可以是改进型的发明。产品发明是关于新产品或新物质的发明，这种产品或物质是自然界从未有过的，是人利用自然规律作用于特定事物的结果。如果某物品完全处于自然状态下，没有经过任何人的加工或改造而存在，就不是我国《专利法》所规定的产品发明，不能取得专利权。方法发明是指为解决某特定技术问题而采用的手段和步骤的发明。能够申请专利的方法通常包括制造方法和操作使用方法两大类，前者如产品制造工艺、加工方法等，后者如测试方法、产品使用方法等。改进发明是对已有的产品发明或方法发明所作出的实质性革新的技术方案。例如，爱迪生发明了白炽灯，白炽灯是一种前所未有的新产品，可以申请产品发明；生产白炽灯的方法可以申请方法专利；

给白炽灯填充惰性气体，其质量和寿命都有明显提高，这是在原来基础之上进行的改进，可以申请改进发明。

（二）实用新型

实用新型，是指对产品的形状、构造或者其结合所提出的适于实用的新的技术方案。实用新型专利只保护产品，该产品应当是经过工业方法制造的、占据一定空间的实体。一切有关方法（包括产品的用途）以及未经人工制造的自然存在的物品不属于实用新型专利的保护客体。上述方法包括产品的制造方法、使用方法、通信方法、处理方法、计算机程序以及将产品用于特定用途等。

（三）外观设计

外观设计又称为工业产品外观设计，是指对产品的形状、图案或者其结合以及色彩与形状、图案相结合所作出的富有美感并适于工业上应用的新设计。

外观设计的载体必须是产品。产品，是指任何用工业方法生产出来的物品。不能重复生产的手工艺品、农产品、畜产品、自然物不能作为外观设计的载体。通常，产品的色彩不能独立构成外观设计，除非产品色彩变化的本身已形成一种图案。可以构成外观设计的组合有：产品的形状；产品的图案；产品的形状和图案；产品的形状和色彩；产品的图案和色彩；产品的形状、图案和色彩。

二、风险揭示

（一）专利研发阶段的风险及防控

1. 重复研发的法律风险

如果在研发立项阶段，企业管理者未对研发项目进行专利信息的详细检索，而一旦在研究过程中发现或者研发结束后发现研究开发的技术已有在先专利申请或者已有在先专利，企业可能面临整个研发过程都付诸东流的法律风险，给企业平添不必要的损失。

2. 职务发明权属不明的法律风险

我国《专利法》规定，执行本单位的任务或者主要是利用本单位的物质技术条件所完成的发明创造为职务发明创造。职务发明创造申请专利的权利属于该单位，申请被批准后，该单位为专利权人。非职务发明创造，申请专利的权利属于发明人或者设计人，申请被批准后，该发明人或者设计人为专利权人。利用本单位的物质技术条件所完成的发明创造，单位与发明人或者设计人订有合同，对申请专利的权利和专利权的归属作出约定的，从其约定。如果企业管理者不能有效识别专利归属，可能导致研究开发技术资料、档案缺失，造成职务技术成果成为非职务技术成果，从而导致企业错失成为该技术成果的专利权人的机会。

3. 合作开发或委托开发的专利权属不明的法律风险

我国《专利法》规定，两个以上单位或者个人合作完成的发明创造、一个单位或者个人接受其他单位或者个人委托所完成的发明创造，除另有协议约定外，申请专利的权利属于完成或者共同完成的单位或者个人；申请被批准后，申请的单位或者个人为专利权人。企业的产品开发经常是多方努力的结果，因此各方在这个成果中可能都拥有一定比例的知识产权。若企业管理者对合作中企业的知识产权权属未能明确规范，在研发合同中也未对知识产权权属和风险进行明确，往往导致形成的知识产权的归属和使用范围等都存在潜在的法律风险。当合作的成果为多个权利人共有，且各个权利人均有实施能力时，对于该专利权的实施问题，各权利人之间便不可避免地存在竞争关系，很有可能出现恶性竞争的情况。

（二）专利申请中的法律风险及防控

1. 申请专利权过程中被他人模仿的风险

申请专利权需要公开相关的技术秘密，这就容易被他人通过专利检索获取关键技术信息，进行模仿或利用。现实中，确实有申请者在专利申请后还没有取得专利权，但市场上就已经出现了同类产品的情况。

2. 专利申请策略不当带来的法律风险

若申请专利的策略不当，将可能给企业造成严重的损失。对于发明创造的保护有两种途径：一种是申请专利；另一种是作为商业秘密进行保护。某项发明创造如果不符合《专利法》规定的专业要求，而企业去申请专利，则存在如下法律风险：

（1）由于不符合《专利法》规定的专业要求，专利申请将被驳回。根据《专利法》的规定，申请专利需将有关材料公开并公布，这意味着竞争对手可通过公开合法的渠道获得公司的技术开发情况，从而有可能导致技术不仅无法获得专利权保护，还会由于技术资料已经公开而无法将其作为商业秘密的形式予以保护。

（2）有些发明创造虽然符合《专利法》的要求，申请后能获得专利权，但是由于专利保护具有期限性，一旦期限截止，专利权人也将丧失专用权。所以，如果某项发明创造的权利人预计竞争对手无法在短期内研发获得，企业就不如采用商业秘密的方式进行保护。

3. 专利说明书及权利要求书撰写不当带来的法律风险

专利说明书，是指经过专利性审查、授予专利权的说明书。专利说明书确定了专利保护范围。专利说明书描述不同，法律确认的保护范围就不同。权利要求书是专利申请文件中最重要的文件，是确定国家对某项发明创造划定保护范围的文件。

由于专利说明书及权利要求书的重要性如此显著，它们撰写这些法律文书就应特别谨慎、字斟句酌，否则撰写不当带来的法律风险就可能使企业的发明创造无法获得适当的法律保护，一般后果是法律对该项发明创造的保护范围变窄。

（三）专利权转让和许可中的法律风险

当前实践中，企业专利权使用过程中的纠纷问题越来越多，专利权使用过程中的法律风险主要表现在专利转让和专利许可两个方面。

1. 有关专利转让的法律风险

专利转让，是指专利权人作为转让方，将其发明创造的专利的所有权或持有权移转给受让方，受让方支付约定价款并订立的合同的行为。通过专利权转让合同取得专利权的当事人，即成为新的合法专利权人。值得特别注意的是，只有实现了专利权的转让，才表示专利权人将其专利权全部转让给他人。实务中，专利转让有关风险如下：

我国《专利法》规定，转让专利申请权或者专利权的，当事人应当订立书面合同，并向国务院专利行政部门登记，由国务院专利行政部门予以公告。专利申请权或者专利权的转让自登记之日起生效。此外，中国单位或者个人向外国人、外国企业或者外国其他组织转让专利申请权或者专利权的，应当依照有关法律、行政法规的规定办理手续。如果企业未按上述规定擅自转让专利权，则其转让行为会被认定为无效，从而给企业造成损失。同时，企业管理者应注意在签订专利申请转让合同时应明确细致地规定内容，避免粗糙和不确定，从而防止以后可能会发生的专利转让合同纠纷。

2. 有关专利许可的法律风险

第一，专利许可时间的法律风险识别。专利许可不可或缺的是签订书面的专利许可合同。而在签订专利许可合同中，首先需要查明的是专利许可的期限问题，一旦企业签订的许可期限高于专利有效期限，企业可能会付出更多的许可费。

第二，专利许可方式的法律风险识别。在许可方式上，一般而言，专利权许可分为普通许可、排他许可和独占许可三种。普通许可，又称一般许可或非独占许可，是指许可方允许被许可方在规定的期限和地区内使用其专利技术，同时还可以继续允许第三方使用其专利，并且许可方仍保留着自己使用该专利技术的权利。独占许可，是指被许可方在规定的期限和地区内对许可方的专利享有独占的使用权，即被许可方是该专利的唯一许可使用者，许可方和任何第三方均不得在该地域和期限内使用该专利。排他许可，是指许可方除允许被许可方在规定的期限和地区试用其专利技术外，不再与第三方签订该项专利技术的许可合同，但许可方仍有权使用该专利技术。这三种许可的许可模式各有特点，根据许可方式的不同，企业享有的权利义务不同，专利许可方式的选择不同，未来需承担的法律风险也不同，企业管理者应慎重考量。

三、防控建议

（一）研发阶段的法律风险防控

1. 研发前进行检索以避免重复研发

企业研发新技术或新产品，应当及时申请专利，有一项及时申报一项。研发新技术新产品也要利用好专利文献，事先经过专利文献检索、查新，避免落入他人在先专利权的保护范围而导致重复研发，造成投入损失与开发资源浪费，甚至侵犯他人专利权的风险。

2. 使用保密措施对研发过程数据资料进行保护

企业不仅要对研发最终成果进行保护，对在研发过程中产生的实验数据、设计图纸、技术资料乃至阶段性成果同样也要采取措施予以保护，以避免竞争对手利用泄露的实验数据与资料完成类似的技术成果研发，先行申请专利，给企业造成被动。企业对研发过程中的秘密可采用商业秘密保护的技术手段进行。

3. 事先在合作开发合同或委托开发合同中明确专利权属

针对职务发明权属不明的法律风险，建议企业在与技术人员签订劳动合同时，明确约定技术成果的权利归属以及向技术人员支付的除工资以外的奖励标准，对研发小组的研发记录进行定期存档和整理，做到研发过程的有迹可循。

针对合作开发或委托开发的专利权属不明的法律风险，建议企业在相应的合作合同或委托合同中对知识产权的权属及各方的权利、义务作出明确无误的约定。

另外，企业在对外委托技术开发时，建议在技术开发合同中明确约定目标技术的最终验收标准，验收标准最好包括目标技术拟实现的功能效果以及可以被客观测量的数据指标，避免纠纷发生时因合同内容约定不明而无法充分维护自身的权利。

（二）专利申请中的法律风险防控

1. 限定技术公开范围

对于研发企业来说，在申请专利过程中必须考虑限定技术公开范围，对是否涉及核心技术诀窍，是否容易被模仿等进行综合判断，确定申请专利的方式，以防申请的专利技术被他人模仿。

2. 重视专利说明书、权利要求书等专利申请文件的制作

专利说明书及权利要求书的重要性如此显著，应当引起企业的重视，实务中，企业应注意把握以下几点：

（1）撰写专利说明书及权利要求书应十分谨慎、字斟句酌。对于专利说明书而言，应当对发明或者实用新型作出清楚、完整的说明，以所属技术领域的技术人员能够实现为准。对于权利要求书而言，应当以专利说明书为依据，清楚、简要地限定专利保护的范围。

（2）应尽可能委托本技术领域专业的技术人员或专利代理人撰写专利说明书及权利要求书等申请文件，避免写出“外行”或有瑕疵的申请

文件。

（3）如果企业将研发成果委托专利代理机构申请专利，技术人员要与专利代理人经常沟通及时解答其疑惑，确保代理人对技术内容有详细了解。

（三）专利转让的法律风险防控

首先，需要强调的是，专利转让是不可通过私人交易的方式完成的，按法律规定，专利权的转让也必须通过专利局登记和公告才正式生效。

其次，在签订合同时，也有一些基本注意事项，包括：（1）合同条款不可违反国家法律，否则该合同将成为无效合同；（2）合同的条款应完整，合同的附件应提供齐全；（3）合同的内容应该具体、详细、准确；（4）合同的文字要准确，不可模棱两可，在专利转让合同中必须明确专利的名称、性质、内容以及权属状况，并应该特别注意专利权的保护年限。

除此之外，还需要特别注意的是，在专利转让合同中，转让人必须明确专利在转让前的实施情况以及可能产生的后果。而对于专利转让后原转让人是否仍然有权继续实施专利项下的技术也应该有明确的约定，不能有含糊的定义。

同时，还需要注意约定后续改进技术成果的权利所属。由于专利权可能被宣告无效的特殊性，转让后可能出现专利无效的情况，对此应在合同中明确约定专利无效后的法律后果及可能产生的违约责任。

（四）专利许可的法律风险防控

1. 选定合适的专利许可时间

签订合同前进行专利权查询，查询动态的法律状态，避免出现许可期限高于专利有效期限的情况。同时，企业应根据自己的未来发展进行战略布局，综合考量，选定一个合适的专利许可时间。

2. 确定恰当的专利许可方式

一般而言，普通许可的费用并不高。专利权人可以在同一地域内，将某项专利的使用权同时转移给多个受让人使用。这样做有利于新技术的推广使用，但有可能造成生产的产品过剩、滞销，对许可人带来很大的损害。独占许可不利于新技术的推广使用，且转让费较高，因而实践中很少使用此许可。排他许可介于两者之间，这种许可只能许可被许可人在一定地区内独家使用的权利，而不能许可其他人实施该专利，专利权人自己仍保留利用该专利的权利。企业管理者可以根据自己的实际经营情况，综合考虑进行选择，从而避免许可方式不当造成的法律风险。

3. 明确专利许可内容

为了避免可能出现的在许可内容上的法律纠纷，企业应尽可能地明确专利许可合同的内容，同时参考律师团队的风险评估意见。

第二节　著作权相关法律风险及防控

几乎每个企业都离不开作品使用，离不开著作权，企业和作品著作权密切关联，产品设计、产品包装、宣传广告都涉及作品使用。互联网时代，电子宣传平台的兴起，很多企业有自己的网站，网页内容基本是作品的集合。企业使用的作品权属是否明确，作品来源是否明确，作品使用是否有授权、被许可使用或受让的作品权利是否明确，企业是否进行了审核等各个方面均是企业经营中著作权法律风险所在。企业应进行严格审核管理，否则一不小心就会惹上纠纷。

本节主要从企业内部著作权管理和外部著作权管理两个方面，就纠纷发生较多的几个点论述著作权法律风险及其防范，帮助企业把好作品使用这道关。

一、企业和作品著作权的密切关联程度

著作权，也称为版权或作者权，是基于文学、艺术和科学作品而产生的法律赋予公民、法人和其他组织等民事主体的一种特殊的民事权利。著作权的客体是作品，作品是指文学、艺术和科学领域内具有独创性并能以某种有形形式复制的智力成果。包括以文字、美术、摄影、产品设计图、工程设计图、建筑、模型、音乐、戏剧、曲艺、舞蹈、杂技、口述、电影或者类似摄制电影的方法、计算机软件等形式创作的文学、艺术和自然科学、社会科学、工程技术作品等。

企业经营中经常使用到作品，无论是以作品为产品进行经营（如设计公司、影视公司等）还是普通企业的产品设计、产品包装、宣传广告等，几乎都离不开文字、图案，无不涉及作品。时下电子时代几乎每个企业都离不开电子网络。如果想了解一个企业，使用网络搜索引擎就可以找到这个企业的网站、网络黄页、微博等对外平台。网站、微博等平台已经成为企业对外沟通、宣传的窗口和通道，已经成为企业经营的必需，给企业带来了知名度、品牌宣传和客户源，但网站、微博内容中对作品的使用也给企业带来了很多法律风险。总之，由于企业经营离不开作品的使用，企业和作品著作权密切相关，因此企业著作权纠纷频发。

二、风险揭示

因为著作权权利的抽象性，著作权的管理涉及很多环节，法律风险的防范也应以一定易出现问题的环节为基础，企业应知晓、遵守并运用法律的相关规定，尊重他人权利、保护自己权益，避免著作权法律纠纷的产生。

（一）企业内部著作权管理中的法律风险

本书所说的企业内部著作权管理指的是企业和员工之间著作权关系管理，主要从企业职务作品著作权归属和企业作品素材来源两个方面进行分析。

1. 企业职务作品著作权归属不明确的法律风险

职务作品，是指公民为完成法人或者其他组织工作任务所创作的作品。职务作品是公民创作的，作者是自然人。判别是否为职务作品的关键是创作的目的是否在于完成本单位的工作任务。工作任务，依《著作权法实施条例》第11条规定，是指公民在该法人或者该组织中应当履行的职责。对于什么情况下的作品是职务作品可从以下三个方面考虑：其一，作者与本单位具有劳动法律关系，作者属于本单位的职工，而且享受本单位的一切工资福利待遇。其二，作品创作在本职工作范围之内。这里有两种情况，对于专业创作者而言，其工作任务就是创作作品，创作作品是他的本职任务；对于非创作人员而言，他的本职工作不是搞创作的，但本单位根据他在某方面的特长而交给其一部分创作任务，这种情况也属于完成本单位的工作任务。其三，所创作的作品与本单位的工作性质相符合，能为本单位的业务所使用。这一条很重要，特别是对于专业作者而言，他们的任务往往不是很明确，只是有个较大的范围，这时就需要看其作品是否与本单位的业务相适应，适应即为职务作品，不适应则是非职务作品。

实务中，企业疏于职务作品著作权归属管理，导致企业和员工作品著作权权属纠纷频繁。比如，很多企业内部有企业设计人员、策划人员和编辑人员等从事创作的人员，如果这些员工创作出的作品著作权的归属不明确，企业就会承受相应的法律风险。

2. 有关企业内部作品素材的法律风险

很多企业设计人员、策划人员和编辑人员等从事创作的员工承担了创作工作，但是并非独立创作完成，使用的图片、文字很可能是直接来源于网络。员工对此法律风险并不了解，一般认为网络公开广为流传的资料可以随意使用，于是采取拿来主义，直接使用，或者修改后使用。根据法律规定，作品的保护并不因发表媒体不同而保护不同，也不会因为广为流传而保护力度减弱，更不会因为被修改而使用就不受保护。企业对外的资料一旦出现侵权，将由企业直接承担法律责任。

（二）企业外部著作权风险

1. 委托作品归属法律风险

委托作品，是指委托人向受托人支付约定的创作报酬，由受托人按照委托人的意志和具体要求创作的特定作品。与职务作品不同，职务作品是作者履行法律或劳动合同规定的义务所创作的作品，往往与作者本职工作相关。受委托创作的作品，著作权的归属由委托人和受托人通过合同约定。合同未明确约定或没有订立合同的，著作权属于受托人。受托人在约定的使用范围内享有使用作品的权利。双方没有约定使用范围的，委托人可以在委托创作的特定目的范围内免费使用该作品。

委托创作作为一种民事法律行为，直接涉及受托人和委托人的双方利益，极易导致双方产生著作权方面的纠纷，其中著作权权属纠纷最为常见。我国《著作权法》第 17 条中对委托作品的著作权归属只作了简单的规定，但是实际委托作品的过程关系非常复杂，需要特别关注。

2. 合作作品归属法律风险

我国《著作权法》第 13 条①规定："两人以上合作创作的作品，著

---

① 该条已修改为"《中华人民共和国著作权法（2020 修正）》第 14 条：'两人以上合作创作的作品，著作权由合作作者共同享有。没有参加创作的人，不能成为合作作者。

合作作品的著作权由合作作者通过协商一致行使；不能协商一致，又无正当理由的，任何一方不得阻止他方行使除转让、许可他人专有使用、出质以外的其他权利，但是所得收益应当合理分配给所有合作作者。

作权由合作作者共同享有。”合作作者需要满足两个条件：合作作者必须有共同的创作愿望；合作作者必须都参加了共同的创作劳动。需要企业管理者特别注意的是，如果只是提供了客观材料、专业咨询或者理论指导，而没有真正参与到创作劳动中，则无法主张该作品的所有权。另外，根据《著作权法》第 13 条[①]的规定，对于可以分割使用的合作作品，作者对各自创作的部分可以单独享有著作权，但行使著作权时不得侵犯合作作品整体的著作权。对于不能分割使用的合作作品，根据《著作权法实施条例》第 9 条的规定其著作权由各合作作者共同享有，通过协商一致行使，不能协商一致，又无正当理由的，任何一方不得阻止他方行使除转让以外的其他权利，但所得收益应当合理分配给所有合作作者。所以，对企业来说，当合作一方对作品行使除转让以外的其他权利有不同意见时，另一方并无权干涉，因而很有可能会出现其他人也使用这一合作作品的风险。

三、防控建议

（一）加强著作权内部管理

1. 加强对职务作品归属的管理

对于职务作品，企业如果想拥有作品著作权，可以通过两种方式获得著作权：一是根据法律规定，二是根据约定。根据法律规定企业享有著作权的情形，即指《著作权法》第 16 条[②]第 2 款规定的第一种针对科

合作作品可以分割使用的，作者对各自创作的部分可以单独享有著作权，但行使著作权时不得侵犯合作作品整体的著作权。’”

① 同上。

② 该条已修改为“《中华人民共和国著作权法（2020 修正）》第 16 条：‘自然人为完成法人或者非法人组织工作任务所创作的作品是职务作品，除本条第二款的规定以外，著作权由作者享有，但法人或者非法人组织有权在其业务范围内优先使用。作品完成两年内，未经单位同意，作者不得许可第三人以与单位使用的相同方式使用该作品。

学技术作品的情况即“主要是利用法人或者其他组织的物质技术条件创作，并由法人或者其他组织承担责任的工程设计图、产品设计图、地图、计算机软件等职务作品。”根据约定企业获得著作权，可以是以合同形式进行双方约定，也可以是以公示的企业制度的方式规定企业享有著作权。以合同形式进行约定，即企业和创作人员双方签署合同，明确约定作品著作权归属。企业以公示制度的方式规定企业享有著作权的情形，主要是企业在管理制度中规定哪些情形下员工创作的作品属于职务作品，同时规定企业享有这些职务作品的著作权，并将该管理制度进行公示。例如，企业可以制定相应的管理制度，规定以下情形下创作的作品为职务作品：（1）为完成本职工作所创作的作品；（2）为完成单位安排的工作所完成的创作作品；同时明确规定，该情形下创作的作品，著作权归企业所有。这时公示的企业制度和员工岗位责任管理制度或者任务指派单等即可以说明员工创作的作品的权利归属。

职务作品创作完成后，企业应该收集有关创作过程中的全部资料，将创作草图、摄影作品的底片、定稿、半成品、成品等整理成专门档案进行保存，以完善创作资料，无论是企业内部和员工之间还是对外均可以作为权属证明资料。

另外，企业著作权管理制度还应该规定，作品著作权归属于企业的，创作人员不得将职务作品擅自以个人名义发表或许可他人使用，造成企业损失的，依据有关法律法规规定，企业将追究相关人员的法律责任，保证企业作品著作权的行使。

有下列情形之一的职务作品，作者享有署名权，著作权的其他权利由法人或者非法人组织享有，法人或者非法人组织可以给予作者奖励：

（一）主要是利用法人或者非法人组织的物质技术条件创作，并由法人或者非法人组织承担责任的工程设计图、产品设计图、地图、示意图、计算机软件等职务作品；

（二）报社、期刊社、通讯社、广播电台、电视台的工作人员创作的职务作品；

（三）法律、行政法规规定或者合同约定著作权由法人或者非法人组织享有的职务作品。’”

2. 加强对作品素材来源的管理

作品素材来源管理的目的是帮助企业做好作品创作源头的管理，避免侵权问题产生。企业对外的资料一旦出现侵权，将由企业直接承担法律责任。因此企业作为管理者，应该设定相应的流程进行考量或者风险提示，从创作源头严格把关，避免侵权问题产生。例如，企业可以对所有涉及著作权的资料中的每项文字、摄影作品、美术作品制定表格，让创作人员一一填写说明，说明是原创还是使用他人作品，如果是原创则要求提供创作说明、创意，是否有借鉴，借鉴素材及素材来源。如果是使用他人作品则需说明是否清楚作品作者，作品是否已过保护期限、是否经过授权、是否付费等事项。然后汇总给法务人员，进行法律风险的评估。如果存在侵权的风险，由决策人员决定是继续使用，或是追溯权利来源，经过授权后使用。

企业内部著作权管理涉及各个环节、很多方面，这里重点指出以上两点。

（二）加强著作权外部管理

加强著作权的外部管理主要可以从以下几个方面着手：

1. 签订书面委托合同

对于委托他人创作的作品，企业如果想获取作品著作权，方便以后使用，必须签署书面委托合同，明确约定著作权的归属，同时将创作的背景、要求、目的、双方的权利义务、验收标准、验收时间等根据客观情况在合同中进行明确的约定，并保存合同履行中的资料，进行存档，作为权属确认、纠纷解决的证据资料。需要支付报酬的，支付报酬时应索取收据或发票并妥善保管。

同时，委托创作合同还应明确约定创作人应保证作品不侵犯他人权利，并对责任承担、承担方式、范围进行约定。

2. 加强对合作作品著作权的风险控制

首先，企业管理者需要考虑到企业创作作品的最初目的，由于合作作品的使用具有不受控制的可能性，所以，如果著作权对企业的发展至关重要而需要考虑享有著作权的时候，则企业应尽可能地避免采用合作创作作品的方式。其次，在合作创作作品时，签订书面的有具体分工与合作作品使用方式的合作协议也能有效防控风险。

3. 签订著作权许可或转让合同

企业要使用他人作品时应当同著作权人签署著作权许可合同，企业要取得他人作品的著作权中的部分或全部财产权，应当同著作权人签署著作权转让合同。

签订著作权许可合同时，应该对许可使用的权利种类、许可使用的权利是专有使用权或者非专有使用权、许可使用的地域范围、期间、付酬标准和办法、违约责任等双方认为需要约定的内容进行明确约定。著作权转让合同应该对作品的名称、转让的权利种类、地域范围、转让价金、交付转让价金的日期和方式、违约责任等双方认为需要约定的内容进行明确约定。

签订著作权许可或者转让合同时，首先应该审核作品权属资料。著作权许可人或转让人应该保证自己是所提供的作品的合法拥有者，这是保证著作权许可或转让合同有效的基础要件之一。为审查许可人或者转让人是不是作品的著作权人，应该要求权利人提供权属证明、合法的作品来源及权利使用的说明，并附有著作权人的权利许可使用（含费用支付）的申明材料。权属证明可以是原图、草稿、创作说明、合法出版物等有效资料。企业应将上述资料存档保管。

另外，该类合同应含有相关的"罚则"或者"知识产权侵权"条款。在相关的"罚则"或者"知识产权侵权"条款中，许可方或者转让方应保证被许可人或受让人不受任何第三方知识产权的侵权指控，并明确约定被许可人或受让人受到第三方侵权诉讼时，被许可人或受让人的处理方案。例如，当被许可人或受让人收到第三方知识产权的侵权指控通知时，应立即书面通知许可方或者转让方，许可方或者转让方应自费采取下列一项或多项行动：解决该类通知、索赔或者诉讼，在必要时与第三方协商以获取许可；直接委派人员在相应法院抗辩索赔或应诉。同时应当对出现侵犯第三方权利时，给受让方或者被许可方造成的损失予以补偿，并对损失计算方式进行约定。

四、以案释法

刘某诉环旭文化传媒（北京）公司
著作权许可使用合同纠纷案①

案情简介

2012 年 7 月 30 日，原告刘某与被告环旭公司签订了《歌曲著作权使用合同》，约定环旭公司在影片《大兵金宝历险记》中有偿使用原告的音乐作品《美丽国》，且约定刘某将最终版本歌曲交给环旭公司后，环旭公司应立即一次性支付其使用费 35,000 元，否则环旭公司应向刘某支付补偿费及违约金。

原告于 2012 年 7 月 25 日将最终版歌曲提供给了被告环旭公司，环旭公司也实际使用了，但是环旭公司至今未按照合同约定向原告支付歌曲使用费，也未向原告支付补偿款。为此，原告诉至法院，请求法院判令环旭公司向原告支付歌曲使用费 35,000 元并支付补偿款以及违约金。

① 北京市朝阳区人民法院（2013）朝民初字第 6572 号民事判决书。

裁判结果

判令被告环旭公司立即向原告支付使用费35,000元，支付原告违约金，驳回原告其他诉讼请求。

润朗说法

刘某与环旭公司签订的《歌曲著作权使用合同》是双方真实的意思表示，且未违反法律、行政法规的强制性规定，属于合法有效的合同。双方当事人应当按照约定全面履行自己的义务，否则应当承担相应的法律责任。

刘某按照合同约定将歌曲《美丽国》的最终版交付给环旭公司，环旭公司收到歌曲《美丽国》后，将该歌曲使用在其拍摄的影片《大兵金宝历险记》中。刘某依约履行了合同义务，环旭公司也依约实现了合同目的。

但环旭公司至今未按照合同约定向刘某支付歌曲使用费，违反了合同约定，应当向刘某支付该歌曲使用费。合同约定的补偿费及违约金，均属于环旭公司未如期付款时刘某可以主张的救济措施，该补偿费本质上也属于违约金的范畴，刘某应选择其一，而不应同时主张。双方约定的补偿费标准过分高于银行同期贷款利率，也过分高于环旭公司迟延付款可能给刘某造成的经济损失，环旭公司对该补偿费提出了异议，并表示愿意按照合同约定的违约金标准支付违约金。

因此，法院对刘某主张的补偿费不予支持，对于其主张的违约金予以支持。

第三节　商标权相关法律风险及防控

商标作为企业商誉的载体，已经成为越来越多企业的核心资产，然而在申请、使用商标的过程中也存在诸多风险，企业应加以重视，进行全面排查。本节主要就企业常见的商标风险进行揭示，希望企业能够予以足够的重视。

一、风险揭示

（一）商标注册法律风险

1. 未注册商标及误认标识的法律风险

我国商标保护采用注册原则，未经注册的商标不具有专属权利，被他人使用时无法进行权利保护，而且当他人抢先注册后，还可能面临着不能继续使用商标或标识的风险。这种法律风险造成的损害不仅使企业投入的各种品牌建设付诸东流，而且企业重新树立品牌也需要大量的费用投入。因此，未注册商标的法律风险属于企业的高风险。

法律禁止将通用名称注册为商标。不少行业有本行业通行的一些说法，而这些说法从商标注册角度看并不属于通用名称。企业在使用某些名称时，特别是已经具有一定通用性的名称作为标识，应当仔细甄别其是否属于通用名称，能否注册商标。误认标识为不能注册商标的通用名称，将贻误企业申请商标注册，而且这种误认的法律风险对企业经营者而言属于隐性法律风险，在实际产生法律危机之前很难识别。

2. 未充分行使商标申请权利的法律风险

根据商标审查的结果不同，各国法律规定了严密的审查程序。我国《商标法》规定了两审终审制。第一审由商标局审查。商标局认为申请人提出的商标注册申请的实质内容不符合《商标法》规定的，作出驳回商标申请的通知。申请人对于商标局驳回申请的理由和引证的法律条款，没有不同意见的，商标局的审查结果为终结。如果申请人不服商标局的驳回理由和法律依据，则可以向国家工商行政管理总局商标评审委员会申请复审。

3. 注册商标时间安排及法律风险

商标从申请到核准注册，一般需要较长时间，短的需要一年左右时间，长的需要几年时间。不少企业在创立品牌时，往往采取先投放市场的方式，根据实际市场效果再决定是否注册商标。但随着企业品牌知名度的上升，被他人抢注的法律风险也日益增强。另外，商标注册周期较长，企业从申请到获得注册商标过程中，可能由于商标的实际使用而被他人仿冒、恶意注册类似商标等。由于此时企业仍不具有商标专用权，无法禁止他人行为，商标被恶意行为淡化的法律风险显而易见。

4. 缺乏防御性商标注册的法律风险

（1）近似或类似商标被他人抢注的法律风险。在同一类别的商品中，存在多个近似或类似的商标，将直接导致商标权淡化。虽然法律规定不得注册与他人注册商标相混淆的商标，但法律规定的混淆比通常理解的类似或近似更为狭窄，这使商标淡化的法律风险客观存在。

（2）相同商标在不同类别被抢注的法律风险。根据《商标法》的规定，只有驰名商标能够跨类别限制他人的商标注册。而驰名商标的认定是复杂的，多数商标在获得驰名商标认定前，已经具有较高的知名度。他人在其他类别注册相同名称商标，会导致企业商标权淡化，不仅影响企业形象，而且还限制了企业跨行业发展。另外，由于商标在不同类别归属多个法律主体，该商标就很难再获得驰名商标认定。因此，在缺乏防御性商标注册的法律风险中，在不同类别被抢注的风险比类似或近似商标被抢注的法律风险更为严重，甚至可能直接导致企业整个品牌战略的失败。

（二）商标合同法律风险

从法律意义上讲，能够转让的和许可他人使用的对象都限于权利。因此，在商标转让或许可使用中，标的物应当是商标权。

1. 有关商标权转让手续的法律风险

商标权转让形式有两种：一为合同转让，二为继承转让。无论何种转让形式都必须依法办理转让手续。如果未办理，则属于自行转让商标的行为，按照《商标法》的相关规定，将受到行政处罚。办理商标权转让申请须向商标局提交以下文件：

（1）转让人和受让人签订的商标权转让协议；

（2）商标转让申请书一份，申请书上应加盖申请人及受让人的印章；

（3）商标转让申请手续通常由受让人办理，受让人应当提供有效证件的复印件，如果委托他人办理，应当有受让人加盖公章的商标转让委托书；

（4）受让人营业执照的复印件；

（5）按规定缴纳商标转让申请费用。

2. 有关商标权转让合同的法律风险

商标权转让合同同样存在法律风险，在评估时也应将这些风险并入合同法律风险进行评估。企业在整个经营期间涉及商标转让事项顶多两三次，商标转让合同的特殊性会带来一些特殊的法律风险，以下对企业经营者容易忽视但较为严重的法律风险予以说明。

（1）防御性商标转让法律风险

企业为保护自己的商标常常需要注册类似的防御性商标，这些商标并不实际投入使用。而商标转让涉及的商标多数属于实际使用且有一定知名度的商标，多数受让人缺乏对防御性商标的关注。然而，这些商标却极易导致混淆或者淡化转让的商标，一旦出让人启用原注册的防御性商标，将会给受让人造成严重损失。

《商标法》第42条第2款规定："转让注册商标的，商标注册人对其在同一种商品上注册的近似的商标，或者在类似商品上注册的相同或者近似的商标，应当一并转让。"因此，这部分商标的转让必须在受让商标时一并考虑，避免出让人事后以此为要挟，索取高额转让价款。

企业在受让商标时，容易忽视防御性商标问题，该法律风险大小与转让的商标情况相关，如果商标知名度较低，法律风险同样较低；如果商标知名度较高，商标被淡化的法律风险也将降低。另外，防御性商标的数量、归属、有效期限等都是影响法律风险评估的因素。

（2）申请中商标的查询及法律风险

法律规定只考虑了出让人获得的注册商标中类似商标的一并转让，如果转让人尚有其他正在申请的商标与转让的商标构成使用于类似商品上的相同或近似商标的，法律没有规定该如何办理。而普通经营者更难考虑到此类商标的问题，由此导致商标淡化的法律风险将严重影响企业利益。

实践中，多数的企业经营者没有涉及商标转让交易，即使涉及商标转让也属于一次性、偶然的交易活动，难以在该交易活动中积累经验。因此，在商标转让中，企业一般都没有采取任何法律风险防范措施，交易是否实际遭遇法律风险完全依赖个别交易是否显示存在法律风险，运气成为主要因素。

3. 有关商标权许可使用的法律风险

注册商标的使用许可是指商标注册人通过签订商标使用许可合同，许可他人使用其注册商标。根据商标使用许可合同，被许可人得到的只是一定条件下使用该注册商标的权利，注册商标的所有权仍然属于注册人。商标许可使用主要有以下几个方面的法律风险：

（1）商标权许可形式及法律风险

商标许可基本形式包括独占使用、独家使用和普通使用三种。独占使用许可形式，是指许可人将注册商标的使用权授予一家被许可人，在商标使用许可合同的存续期间，许可人放弃自己依法享有的商标使用权。独家使用许可形式，是指在商标使用许可合同存续期间，除商标许可人自己使用外，只授予一家许可人使用其注册商标。普通使用许可形式，是指许可人可以将被许可商标许可多家使用，同时商标权人自己也可以使用该商标。

实践中，很多采用加盟连锁经营方式的企业，通常都包括商标许可，其许可形式采用的即普通使用许可，即将商标提供给若干的加盟商使用，在快速扩大经营的同时迅速提升自身商标的价值。而且由于商标本身的创新价值不高，更多体现为具体使用商标企业的商誉和信用，因此，若企业希望独占使用，则可能采用洽谈商标转让的方式直接获得商标所有权。正因为这种特点，商标许可与专利许可形式不同，普通使用许可是商标许可中最为常见的形式。

不过，即使是普通使用许可，被许可方同样需要在一定区域、一定时间、一定领域内排除竞争，若商标权人在同一区域同时许可多家使用商标，必然影响被许可人的利益。如果在普通使用许可合同中缺少对商标权人的必要限制，则应当认为被许可方面临法律风险。必要的限制包括商标权人不得在特定区域、时间、领域许可第三方使用商标，以及商标权人在特定区域、时间、领域自营的限制等。

（2）商标权使用许可合同法律风险

合同当事人的法律风险。被许可商标必须是注册商标，许可人必须是注册商标的所有人。根据《商标使用许可合同备案办法》第 7 条第 2 款、第 3 款规定："人用药品商标使用许可合同备案，应当同时附送被许可人取得的卫生行政部门的有效证明文件；卷烟、雪茄烟和有包装烟丝的商标使用许可合同备案，应当同时附送被许可人取得的国家烟草主管部门批准生产的有效证明文件。"若合同当事人不符合相关规定，属于不具有法定资格的主体，将导致超范围许可及合同无效的法律风险。

被许可人使用许可商标的商品或服务应当与该商标被商标局核准使

用的商品或服务相一致，不得超出商标局核准使用的商品或服务的范围。一旦超过范围许可使用，被许可人超范围使用商标，可能侵犯他人的商标权，被他人追究侵权责任，许可方也将同样面临合同无效、违约等法律风险。

（3）商标使用不当的法律风险

按照《商标法》第 43 条第 2 款规定："经许可使用他人注册商标的，必须在使用该注册商标的商品上标明被许可人的名称和商品产地。"一些被许可人为避免商品被认为是贴牌产品，而隐瞒实际的生产人名称和产地，这种对商标的不当使用，将导致行政法律风险和民事法律风险。根据《商标法实施条例》第 71 条规定，违反商标法第 43 条第 2 款，由工商行政管理部门责令限期改正，逾期不改正的，责令停止销售，拒不停止销售的处 10 万元以下的罚款。另外，被许可人违反商标许可合同约定的正常使用商标的义务，将面临承担违约责任的法律风险。

（4）许可合同备案及法律风险

《商标法》第 43 条规定："许可他人使用其注册商标的，许可人应当将其商标许可报商标局备案。"《商标法实施条例》第 69 条规定："许可他人使用其注册商标的，许可人应当在许可合同有效期内向商标局备案并报送备案材料。"

通常认为，商标许可合同备案并不是商标使用许可合同生效的条件，仅仅是程序要求。根据《商标法》第 43 条第 3 款规定，商标使用许可未经备案不得对抗善意第三人。在这种时候，若商标权人将商标转让，新的受让人可能排除被许可人使用商标的权利。因此没有进行备案虽然不影响许可合同的效力，但同样会给被许可人造成法律风险。

（三）商标管理法律风险

1. 商标档案管理及法律风险

档案管理是商标管理的基础，档案内容至少包括每个商标的注册类型、申请时间、公告时间、核准注册时间、权利变动等。

商标档案管理需要专门人员或部门，目前多数企业商标管理缺乏科学性，人员配备缺乏相关知识，无法有效管理。飞利浦公司全球设有10个知识产权办公室，约有150名知识产权专业人员，管理该公司的无形资产，其中包括21,000个商标。

如果有纠纷发生，商标档案管理资料就是最有效的证据。而且企业能很好地了解商标状况，哪些商标需要续期，哪些需要及时提出异议等。这些工作中任何一项出现状况，都可能给企业带来难以弥补的损失。

在法律风险评估时，应该将企业缺乏有效保证商标管理活动顺利完成的机制也纳入法律风险进行考量，而不能认为企业的个别处理方案能够长效地确保无误。企业商标数量越多、商标关系越复杂则越需要这样的管理制度，若企业只有一件商标，即使缺乏商标制度，法律风险也可以忽略。

2. 商标惯性管理及法律风险

知识产权惯性，是在知识产权战略基础上企业对知识产权事务所表现出来的处理习惯，商标惯性是其中的重要一环。商标惯性就是要认识到商标工作的重要性，确定在商标保护的各个环节中企业的态度。比如，确定什么样的客体要通过商标注册的形式进行保护，何时进行保护，怎样进行保护；商标储备的操作进程和要达到的效果；商标在国外进行保护的方案；商标异议、商标争议的运作模式；反假冒的相关内容；遭遇到侵权后企业的处理方法；对他人造成侵权的解决方案等。

商标惯性管理首先应当在企业建立良好的商标策略，之后将该商标策略培养为企业的商标惯性，加以维持。良好的商标惯性会使企业注意到各个产品线在新产品推出之前已经解决了商标注册问题；一些企业推出的独创性的文字、图形组合，包括卡通形象、项目名称、产品名称、广告语等都要提前考虑能否通过商标的形式注册下来。

这种商标惯性对法律风险评估的影响，类似于企业法律风险偏好的作用。虽然商标惯性与具体法律风险没有直接的对应关系，但反映了商标法律风险的维度、企业对待商标法律风险的认知状态等事项。商标惯性是商标法律风险评估需要考虑的重要整体性因素。

3. 商标流程管理及法律风险

流程管理不仅包括商标本身的流程，还包括商标工作同其他工作的配合。现代知识产权运作强调知识产权渗透到企业的每一个细节，商标也不例外。商标管理部门应该建立各种商标事务流程，如商标注册流程、商标使用流程、问题反馈流程、反假冒流程等。以商标注册流程为例，应首先由市场部门提出需求，然后由企划部门完成创意、设计，最后由法务部门进行评估、查询，并将意见反馈，最终确定方案并注册。在流程的各个环节中，要落实到人，如果出现问题，可以由管理部门进行调节。

流程管理的遗漏会直接导致产生相应的法律风险，将该因素与具体识别的企业商标法律风险进行综合研判，能够帮助企业认识商标法律风险产生机理以及长效的解决途径。

二、防控建议

针对以上风险点，润朗律师认为商标权利人可以通过以下几种途径有效降低商标风险：

（一）正确使用商标，防止商标淡化

企业要时刻提防“商标淡化”这个温柔的“杀手”，在使用商标时需要格外注意。例如，采用显著的字体、型号、颜色或是在商标一旁加注“注册商标”“®”“TM”等方式以区别商品包装上的其他文字和图形。同时，企业还要时刻密切关注市场动态，一旦发现他人将自己的商标作为通用名称使用，就要及时采取法律行动予以制止。

此外，在设计商标时，企业在注意《商标法》中禁用条款的同时，注册申请前应考虑选择有显著性的商标。一般而言，商标与产品的特征联系越少显著性越强，越能得到法律的保护。

（二）先注册后使用商标

如果先行使用商标，等到商标已经培养成熟以后才去申请注册，那就会面临被他人抢注的风险。而且不注册商标，就不能排斥别人在相同的商品上使用相同的商标，这也给别的企业进行不正当竞争提供了机会。由于商标注册申请的提出与商标注册的获准有一个时间差，所以，应在产品投入市场前先申请商标，甚至预先多注册一些备用商标以适应企业发展的需要。有的企业将商标申请与产品开发同时进行，这也不失为一个英明的策略。

（三）联合注册，建立防御体系

在商标注册时，可以根据具体情况，进行联合商标和防御商标的注册保护。联合商标与防御商标的注册，可以有效防止他人“鱼目混珠”，避免商标弱化的情形。

防御商标，是指同一商标所有人把自己的商标同时注册在其他非同种或非类似的商品上的商标，以阻止别人为借用自己的商誉，而在其他商品上使用、注册与自己相同的商标。一般而言，只有驰名商标才有权作为防御商标取得注册。例如，“可口可乐”就是在一切商品上都注册了防御商标。联合商标，是指同一个企业在同一或类似商品上申请注册两个或两个以上的近似商标，其中一个指定为正商标，与其他近似的商标一起构成具有防卫性质的联合商标。联合商标中任一商标的使用视为其他商标也在使用。例如，申请“健胃宝”后，又注册“宝健胃”“胃健宝”等商标。

（四）国际注册，扩大保护范围

企业可以预先在自己未来的出口国家或地区申请注册商标，以使自己的品牌不因别人的抢注而不能进入。企业在国外注册可以选择逐国申请的方式，也可以选择根据《商标注册马德里协定》通过国家商标局向世界知识产权组织（WIPO）的国际局提交国际注册申请。而在申请国际注册前，企业设计商标时需要考虑自己产品的出口国家或地区的法律要求和民族风俗，以避免在中国可以注册的商标在国外却不能得到注册，使得在国外要重新打造一个品牌。

（五）名牌商品企业建立副牌商标制度

对于知名度较高的商标还需要注意维护商标的信誉，企业可以通过建立副牌商标制度的途径防止砸牌子的情况发生。即除了主商标外，注册其他一些商标，在对产品质量没有把握时使用副牌商标，从而保护本企业名牌商标不受影响。

（六）科学使用，塑造形象

企业在宣传产品尤其是新研制的产品时，应该注意在宣传商标的同时，还应注意宣传产品的通用名称，避免商标的退化。此外，商标使用时应当采用显著的字体、字形、字号及颜色，以区别商品包装上的其他文字和图形，并应按规定标注注册标志，或者表明这是注册商标。

（七）争取驰名商标保护

根据我国《商标法》第 13 条规定，对于已注册的驰名商标，权利人可以禁止他人在不相同或不相类似商品上申请注册或使用与其相同或近似的商标。因此，已注册的驰名商标可以得到“跨类保护”，从而有效防止商标被弱化的情形。企业在维护自己的商标权时，可以在商标争议或商标诉讼中，申请商标主管机关或人民法院，认定自己的商标为驰名商标，从而实现最大限度的保护强度。

（八）定期进行《商标公告》检测

在商标检测过程中，一旦发现有和自己企业相同或类似的商标，就要在法定时限内提出商标异议。

（九）及时续展商标

目前，注册商标有效期为10年，商标注册申请人需要及时提出商标续展申请，以避免商标“自然死亡”。

（十）适用《著作权法》或者《专利法》扩大对商标的保护

一个普通商标并不能阻止别人在其他类别的商品上使用，从而为别人的法律规避提供了可能。但如果使用已登记有著作权或者已申请外观设计专利权的标识作商标，当有人再以商标形式注册或使用时，企业即可以根据《著作权法》或《专利法》来阻止别人的使用。同样，竞争对手的商标抢注、商标淡化、商标暗化、商标退化和商标丑化等手段也再无施展机会，因为在这种情况下，任何其他人对其商标任何形式的利用，都将陷入著作权侵权和专利侵权的法律境地。

（十一）运用《反不正当竞争法》遏制商标侵权

当他人通过把商标进行肢解注册，或是将商标注册为域名等方式造成群众混淆、误认时，商标权利人可以运用《反不正当竞争法》来遏制这种侵权行为，从而维护自身合法权益。

第九章

企业终止法律风险及防控

第一节　企业终止原因相关法律风险及防控

企业终止是指依法登记成立并存续的企业，按照不同的企业类型或组织形式依法完成注销登记、法人资格消灭或企业实体消灭。

企业成立后，可能因各种原因而终止，如出现财务危机导致公司严重亏损、章程规定的终止情形出现、企业因客观情形选择合并或分立等。而在企业出现终止原因时，一旦选择终止，则可能发生潜藏的法律风险，本节将对公司终止原因的法律风险及防控做相关阐述。

一、企业终止的原因

关于公司终止的规定主要体现在《公司法》和《企业破产法》中，有解散和破产两种原因。《公司法》（2018 年修正）第 180 条规定："公司因下列原因解散：（一）公司章程规定的营业期限届满或者公司章程规定的其他解散事由出现；

（二）股东会或者股东大会决议解散；（三）因公司合并或者分立需要解散；（四）依法被吊销营业执照、责令关闭或者被撤销；（五）人民法院依照本法第一百八十二条的规定予以解散。”第 182 条规定：“公司经营管理发生严重困难，继续存续会使股东利益受到重大损失，通过其他途径不能解决的，持有公司全部股东表决权百分之十以上的股东，可以请求人民法院解散公司。”《企业破产法》第 2 条第 1 款规定：“企业法人不能清偿到期债务，并且资产不足以清偿全部债务或者明显缺乏清偿能力的，依照本法规定清理债务。”

二、风险揭示

（一）企业出现财务危机的法律风险

财务危机也称财务困境，极端状况时会导致企业破产，是企业无力支出费用或到期债务的经济现象，涵盖从资金运营技术性匮乏到破产的各种情况。影响企业产生财务危机，甚至造成破产的因素很多，可能是由于行业泡沫、国家宏观政策的改变、市场竞争过于激烈等客观外部因素，但更多情况是由于公司采取的管理制度不善，防范风险措施做得不够使得经营状况恶化，企业不能有效运行、相关决策失误、内部运行混乱、市场意识单薄而造成的。

1. 盲目筹资的法律风险

筹资风险包括利率风险、再融资风险、财务杠杆风险、汇率风险、购买力风险等。在筹资结构的决策中，合理安排债务资本比率和权益资本比率是非常重要的。一般情况下，权益资本成本大于债务资本成本，如果筹资策略不当，很容易出现资金回转不周的情形，从而产生借贷。而企业在运营过程中，往往不熟悉法律规定，在借贷过程中可能存在触犯非法集资的情形。

2. 扩大投资的法律风险

因投资而引发的财务危机法律风险，主要是因为投资活动给企业财务成果带来的不确定性。企业的投资活动主要包括企业的主业投资和其他项目投资，企业的投资风险主要根据项目的报酬率来确定，若项目利润率大于负债利率，则风险小。反之，投资风险大。企业在投资中，如果过于盲目，不懂得对多个方案进行比较，从优而择，必定会影响运营资金链。

3. 经营策略不当的法律风险

企业在生产经营过程中，产、供、销各个环节的不确定性因素都会导致企业资金运行迟缓，产生企业价值的变动。经营策略不当，不符合企业的实际运营情况，会引发采购、生产、存货变现、应收账款变现上的困难。其中任何一个环节都可能引发财务危机。此时，如果企业管理人员没有及时作出应对措施，则会陷入恶性循环，甚至造成企业出现《公司法》第180条及《企业破产法》第2条的破产解散的法律风险。

（二）企业被吊销与企业恶意注销的法律风险

1. 企业被吊销营业执照后的法律地位

《民法总则》第57条①规定："法人是具有民事权利能力和民事行为能力，依法独立享有民事权利和承担民事义务的组织。"而企业作为法人的一种，其民事权利能力和民事行为能力，自成立时产生，至终止时消灭。营业执照代表的是企业的经营资格，并不是主体资格，吊销营业执照仅仅是取消了企业的经营资格，企业的主体资格依然存在，只有当企业依法注销之后，企业的法律资格才取消，此时才终止。实践中，时常会出现误以为营业执照被吊销实则意味着该公司被注销的情况，《公司法》施行后明确了公司被注销营业执照和撤销后，其经营活动应当停止，

① 本条现已被编入《中华人民共和国民法典》第57条："法人是具有民事权利能力和民事行为能力，依法独立享有民事权利和承担民事义务的组织。"

并依法进行清算，清算结束则办理注销登记。在公司清算阶段，公司有权以自己的名义提起或参加诉讼，此时公司民事主体资格并没有丧失，实体上以自己所有的财产对外承担相关责任，程序上享有民事诉讼主体资格。因此，公司在被吊销营业执照之后直到被注销登记之前，能够继续存续并以自己的名义从事民事活动。

2. 企业被吊销营业执照的法律后果

吊销企业营业执照是一种行政处罚措施，《公司法》第 180 条、第 183 条明确规定了清算的开始和清算组的组成，公司被吊销营业执照后，法律后果是及时成立清算组并开始清算。

3. 企业被吊销营业执照后的合同履行风险

企业被吊销营业执照后已签订的合同如何处理，对企业股东和企业债权人的利益保护至关重要。《公司法》第 184 条①规定了清算组的职权，从该规定可知，企业在清算之前就已签订的合同处理权由清算组决策，根据客观交易实情及合同双方意愿，是否解除已签订的合同取决于是否有利于企业的利益，并不必然就一定解除合同。

4. 企业恶意注销的法律风险

在明确企业被吊销营业执照的相关法律后果后，应当对“吊销”和“注销”作出区分。前文已述，“吊销”是一种行政处罚措施，而“注销”一般只是对行政许可完成后由行政机关处理的程序性手续，是一种公示性的行政行为，“吊销”一定由违法行为而产生，而“注销”则不一定。

注销是《公司法》规定的使公司实体灭失的一种方式，注销后，该实体将不再存在。依据相关程序法的规定，作为被执行人的公司灭失后，

---

① 《公司法》第 184 条：“清算组在清算期间行使下列职权：（一）清理公司财产，分别编制资产负债表和财产清单；（二）通知、公告债权人；（三）处理与清算有关的公司未了结的业务；（四）清缴所欠税款以及清算过程中产生的税款；（五）清理债权、债务；（六）处理公司清偿债务后的剩余财产；（七）代表公司参与民事诉讼活动。”

将依法终结诉讼。在实践中，经常出现公司的清算义务人等为了尽快办理公司的注销登记，负债公司多以注销当幌子，逃避公司的债务或纠纷，提供虚假证明文件等一系列行为向公司登记机关申请办理公司注销登记的情形，这即是恶意注销公司。这种恶意注销并不会给公司带来减少或逃避债权的可能，反而会加重额外的赔偿责任。最高人民法院《关于适用〈中华人民共和国公司法〉若干问题的规定（二）》（以下简称《公司法解释二》）第 19 条规定："有限责任公司的股东、股份有限公司的董事和控股股东，以及公司的实际控制人在公司解散后，恶意处置公司财产给债权人造成损失，或者未经依法清算，以虚假的清算报告骗取公司登记机关办理法人注销登记，债权人主张其对公司债务承担相应赔偿责任的，人民法院应依法予以支持。"

（三）企业合并分立的法律风险

1. 企业合并相关风险

（1）公司合并类型选择的风险。按照《公司法》第 172 条对公司合并的分类，可以分为吸收合并和新设合并两种。《公司法》对合并的公司使用"解散"一词，但因合并而解散公司的意义不同于一般的解散公司程序，公司合并因其民事权利、义务有法定的继承者，并不归于消灭，无须进行清算和分配剩余资产，而一般意义上的解散公司必须进行清算。公司在合并时，若不选择适合公司自身情况的合并方式，则会影响公司持续运营发展，并减少资产总值。

（2）公司合并中股东利益保护的风险。公司合并是一种实体改变，必然给股东带来重大的影响，而在公司合并的决议过程中并不要求取得所有股东的同意。根据《公司法》第 74 条规定，公司合并，对股东会该项决议投反对票的股东可以请求公司按照合理价格收购其股权。根据《公司法》第 142 条规定，股东因对股东大会作出的公司合并决议持异议，可以要求公司收购其股份。要求公司收购股权是合并中对不支持合并的股东的一项保护权利。公司合并若一味按照所有股东的意见，则不能及时选择对公司最有利的合并方案，反而造成对公司的损失。

(3) 公司合并债权债务关系的风险。公司是一个持续运营的经济组织，不能因合并而进行清算或者停止经营。《公司法》第 174 条规定："公司合并时，合并各方的债权、债务，应当由合并后存续的公司或新设的公司承继。"对这一规定应当作较为广义的理解，即合并前各公司的民事、行政、司法、税务等或已经明确或不明确的债权债务都应当由合并后的公司承继。

2. 企业分立的相关风险

(1) 企业分立类型选择的风险。企业分立主要采取两种方式：一是派生分立；二是新设分立。公司分立方式的选择是公司分立的核心问题，公司通过分立，可以减少经营的事业、缩小经营的规模，从而实现公司经营的专业化与效率化，以增强公司的竞争力。公司分立还可以作为经营意见发生对立时解决公司内部纷争的手段。如果没有完善、规范的公司分立的制度支撑，将会给公司分立的具体实施带来障碍，限制公司分立功能的发挥。

(2) 公司分立中股东利益保护的风险。由于各方面的原因，公司需要分立时，持反对意见的股东根据《公司法》第 74 条的规定，可以请求公司按照合理价格收购其股权。根据《公司法》第 142 条规定，公司不得收购公司股份，但是，股东因对股东大会作出的公司分立决议持异议，要求公司收购其股份的除外。因此，在公司分立过程中，股东利益保护依然不可忽视，股东若持较大异议，公司应当考虑决策带来的成本问题，作出合适选择。

(3) 公司分立前债务承担的风险。《公司法》第 176 条规定："公司分立前的债务由分立后的公司承担连带责任。但是，公司在分立前与债权人就债务清偿达成的书面协议另有约定的除外。"该规定中的公司分立前的债务，可以拓展到尚未履行完结的合同义务和公司分立前所履行的民事、行政的义务。如果在分立前，债权人或债务人与公司就如何偿还达成书面协议，将不享有主张各分立后的公司承担连带偿还责任的权利。

（四）企业破产法律风险

破产是企业清算的特别方式，其法律后果与企业清算相同，都是企业作为民事主体的消灭。当企业的资产不足以偿还公司债务时，清算就只能采取破产的方式进行。破产法律制度是企业因各种原因不能清偿到期债务时，通过重整、和解或者破产清算等法定程序，使债务得以延缓或者公平清偿的债务清理制度。在我国现行的破产制度下，无论是企业出现破产重整还是由债权人申请的破产，并不会必然导致企业宣告破产，在破产程序中，可能出现破产重整、和解等情况，从而使企业不再承担清偿责任，企业能够继续存续。只有未实施重整、和解程序或者在重整、和解无法进行下去的情况下，企业才会最终被宣告破产并完成破产清算。

1. 破产不符合条件的法律风险

无论是债务人自己申请破产，还是债权人申请债务人破产，都需要债务人具备法定的企业破产条件，这个条件就是“企业法人不能清偿到期债务，并且资产不足以清偿全部债务或者明显缺乏清偿能力”。单纯的资不抵债不能构成企业破产的条件，单纯的不能清偿到期债务也不能构成企业破产的条件，必须是两者同时具备，才构成企业破产的条件。公司的资产总值小于公司的负债总额，公司不一定不能偿还到期债务；公司不能偿还到期债务，可以出于多种原因，不一定是公司资产不足以清偿全部债务。不满足破产条件时申请破产，公司不但不能顺利破产减少资产流失，还会造成剩余资产的浪费。

2. 破产流程不明晰的法律风险

破产有如下流程：（1）破产申请的提出：可以由公司自己提出，也可以由债权人提出，还可以在普通清算过程中由清算人提出。(2) 破产申请的受理，在破产案件受理后，公司不能对个别债权人的债务进行清偿，即使清偿还债该行为也无效。(3) 指定破产管理人，法院受理破产案件后将指定破产管理人，管理人可以由有关部门、机构的人员组成的清算组或者依法设立的律师事务所、会计师事务所、破产清算事务所等社会中介机构担任。(4) 债权申报。(5) 债权人会议，债权人会议由无财产担保的债权人、有财产担保的债权人和代替债务人清偿债务后享有求偿权的人员共同组成。(6) 重整。(7) 和解。(8) 破产清算。

公司在破产中如对上述流程不明确，走错一步则可能造成公司资产流失，对债权债务处理不平衡，甚至因此陷入另外的诉讼纠纷。

3. 破产责任不明确的法律风险

公司在破产时应当明确：(1) 破产企业的董事、监事和高级管理人员的破产责任：在破产过程中，公司的董事、监事和高级管理人员在经营过程中应当承担忠实勤勉义务，否则造成损失应当承担赔偿责任，且自公司破产清算完结之日起 3 年内不得担任其他公司的董事、监事、高级管理人员；(2) 破产企业的法定代表人等有关人员在破产程序中的配合责任：积极参与不得擅自离开住所地等；(3) 破产管理人违背职责的行为给债权人、债务人或者第三人造成损失的，依法承担赔偿责任。否则，破产程序出现法定问题，则会追究相关责任人的法律责任。

(五) 企业解散的法律风险

公司解散是指引起公司人格消灭的法律事实。已经成立的公司，因公司章程或者法定事由出现而停止公司的经营活动，并开始公司的清算，使公司法人资格消灭。

公司解散的原因。公司解散的事由，是指导致公司被解散的法律事实。依据解散是否基于公司出资者的意愿，将公司的解散分为自愿解散、强制解散和司法解散三种。在自愿解散中，公司是否解散主要取决于投资人的意愿，但意思自治也是有限的。强制解散是不依照公司出资者的意志解散，而是依据国家公权力使公司独立人格消灭的法律行为，如公司破产、公司被吊销营业执照等。司法解散即按照《公司法》规定，当公司经营管理发生严重困难，继续存续会使股东利益受到重大损失，通过其他途径不能解决的，持有公司全部股东表决权10%以上的股东，可以请求人民法院解散公司。

司法解散要件的判断。《公司法》第182条规定了司法解散公司的四个要件：（1）原告为“持有公司全部股东表决权百分之十以上的股东”；（2）公司经营管理发生严重困难；（3）继续存在会使股东利益受到重大损失；（4）通过其他途径不能解决。关于要件（1）和要件（3）的认定较易，要件（2）和要件（4）相对难以确定。对于要件（2），《公司法解释二》第1条[①]第1款对公司经营管理严重困难列举了四种情况；而要件（4）则要求股东在提起解散公司诉讼时应当用尽了公司内部救济的途径。

公司解散诉讼中公司及股东诉讼地位的确定。公司解散诉讼中公司及股东诉讼地位如何确定对诉讼至关重要。根据《公司法》的相关规定，股东提起公司解散诉讼，应当以公司为被告。其他股东或有利害关系人申请以共同原告或者第三人身份参加诉讼的，法院也会予以准许。

---

① 《公司法解释二》第1条：“单独或者合计持有公司全部股东表决权百分之十以上的股东，以下列事由之一提起解散公司诉讼，并符合公司法第一百八十二条规定的，人民法院应予受理：（一）公司持续两年以上无法召开股东会或者股东大会，公司经营管理发生严重困难的；（二）股东表决时无法达到法定或者公司章程规定的比例，持续两年以上不能做出有效的股东会或者股东大会决议，公司经营管理发生严重困难的；（三）公司董事长期冲突，且无法通过股东会或者股东大会解决，公司经营管理发生严重困难的；（四）经营管理发生其他严重困难，公司继续存续会使股东利益受到重大损失的情形。股东以知情权、利润分配请求权等权益受到损害，或者公司亏损、财产不足以偿还全部债务，以及公司被吊销企业法人营业执照未进行清算等为由，提起解散公司诉讼的，人民法院不予受理。”

三、防控建议

（一）完善内控制度防范财务危机

企业可以通过控制好内部环境因素来对财务危机进行防控，通常可以选择从以下几个方面进行控制防范：

1. 完善企业经营制度设计

企业内部整体水平的高低最终表现为企业竞争力的强弱，更具体表现为企业在市场份额所占比例的增减，应当组建最优的运营管理团队，加强企业管理层的建设；强化企业管理的内部控制，包括生产、销售、核算、审核、计划、评价等管理方式；同时，加强制度建设和完善，建立符合企业整体发展需要的相关制度、实施程序和监督措施。

2. 提升企业资源配置效率

企业要达到其总体计划与目的，所需要的资源类型包括人力、金融、物质、关系、信息等各个方面，而企业法律风险管理资源通常涵盖资金运营、组织与职能、人力资源、规则制度、法律顾问、外聘专家、公共关系、信息技术数据库等。企业在全面了解自身需求后，应当制订整合资源的方案，合理配置资源，并能及时对资源的价值变化作出适宜的反应，保存好所需结构又能随时进行适当调整。

3. 强化企业财务管理制度

主要包含企业本身的财务控制制度和内部的稽核制度，进一步对会计、审计、绩效考核等内部规则进行合理设置，有效控制企业成本，减少浪费和无效率运行的情形，避免财务混乱，做到账面资产在税息前不出现负数；资金应有明确的去向及实施步骤和记录，借款的预期收益高于借款成本；不得随意开具非营业内支付票价；制定客户信用管理体系和应收账款管理制度，保证资金流向的安全。

4. 审慎实施公司投资与并购

投资和并购是企业运营发展中利用资本流动方式增强公司经营规模必不可少的途径。公司需谨慎对外投资，要完善企业对外投资的决策机制，其中包括项目考核审查、可实践性分析、外部审计、内部商定、集体决策等方面。企业并购是关系到企业生死存亡的大事，在并购前应当明确具体并购目标，衡量必要性，全面评估并购行为财务变动带来的法律风险，避免信息不对称的情况。投资与并购都应当谨慎选择合作伙伴，充分运用专业机构和专业人员的建议，并制定相关执行监管配套措施，避免盲目决策引发的法律风险。

5. 采取适宜企业的投保措施

结合我国实情和相关法律制度，有效地减少企业财务危机带来的法律风险，还可以采取购买保险的方式。例如，在增减企业资本、对外投和并购等情况下，尽可能地利用保险机制减少或分散运营决策不善带来的法律风险，尽可能地避免突发事故对企业带来的损失。

（二）谨防被吊销营业执照，不得恶意注销

针对被吊销营业执照与恶意注销的法律风险，企业可以采取以下措施：

1. 及时清算

根据《公司法》第180条、第183条[①]的规定，企业被依法吊销营业执照后，应当组成清算组，进行清算。公司清算义务人没有及时履行清算义务，相关债权人主张在其造成损失范围内承担赔偿责任，此时人民

① 《公司法》第183条："公司因本法第一百八十条第（一）项、第（二）项、第（四）项、第（五）项规定而解散的，应当在解散事由出现之日起十五日内成立清算组，开始清算。有限责任公司的清算组由股东组成，股份有限公司的清算组由董事或者股东大会确定的人员组成。逾期不成立清算组进行清算的，债权人可以申请人民法院指定有关人员组成清算组进行清算。人民法院应当受理该申请，并及时组织清算组进行清算。"

法院会给予支持。如果清算义务人不能提供证据证明因其不及时履行应负的清算义务而给公司财务造成的损失范围时，人民法院可以根据公司最后一次工商年检报告登记的资产为据推定“损失范围”，判令清算义务人在此范围内对公司债务承担赔偿责任。故公司被吊销营业执照后，应当及时进行清算避免更大的损失。

2. 依法清算和注销

公司决定解散后应当依法进行清算，清算完成后再进行注销公司登记。公司不履行清算程序即进行注销登记，会损害公司和债权人的利益，对此，《公司法解释二》第 20 条[①]规定，责任由公司的股东、董事承担。公司未经依法清算，编制内容不实的清算报告骗取公司登记机关办理法人注销登记，且公司股东承诺对公司债务承担责任，债权人主张股东对公司债务承担相应赔偿的，人民法院应依法予以支持。因此，为避免不必要的赔偿和追偿责任，公司应当依法清算，依法注销。

（三）合并与分立风险相关防控建议

公司的合并与分立不仅涉及公司内部股东、管理层、员工的利益，也涉及公司外部债权人、供应商、销售商的利益，是非常复杂的系统工程。在公司合并和分立的时候，必须目的明确、审慎论证、周密策划、合规操作。实践过程非常复杂，应当从以下几个方面进行风险防范：

1. 公司合并的法律风险防范

（1）掌握操作方式及程序。对公司来讲，公司合并最大的风险就在于操作不当，导致在合并过程中或者合并之后出现债权债务及股权纠纷

---

① 《公司法解释二》第 20 条：“公司解散应当在依法清算完毕后，申请办理注销登记。公司未经清算即办理注销登记，导致公司无法进行清算，债权人主张有限责任公司的股东、股份有限公司的董事和控股股东，以及公司的实际控制人对公司债务承担清偿责任的，人民法院应依法予以支持。公司未经依法清算即办理注销登记，股东或者第三人在公司登记机关办理注销登记时承诺对公司债务承担责任，债权人主张其对公司债务承担相应民事责任的，人民法院应依法予以支持。”

等。只有掌握公司合并的操作方式和程序才能有利于防范风险，充分保护股东及债权债务人的利益，降低法律风险。

（2）选择最佳合并方式。逻辑上可以将吸收合并方式分为两类：①资产先移转，其又可以分为现金购买资产的方式和以股份购买资产的方式；②股权先移转，其又分为以现金购买股份的方式和以股份购买股份的方式。公司在合并之前应当对本公司的资产运营情况做一个摸底统筹，选择最佳的合并方式以减少法律风险。

2. 公司分立的法律风险防范

（1）适当选择公司分立的情形。从实务中看，如下情况可以考虑通过分立对公司进行重组：①公司跨行业经营业务相对较复杂，可以通过分立的方式使公司的业务更加专业化；②需要通过分立缩小管理幅度，缩短管理流程；③股东之间存在矛盾难以克服，公司处于僵死状态，可以通过分立解决股东之间的矛盾，使股东能独立经营自己的公司。

（2）把控公司分立的财务和债务进行分割。根据《公司法》第175条的规定："公司分立，其财产作相应的分割。公司分立，应当编制资产负债表及财产清单。"公司在进行财务和债务分割时应当严格规范流程，请专业会计审计人士进行分割，以避免在公司分立的过程中损害公司和股东的利益。

（四）关于企业破产的风险防控建议

濒临破产的企业可以从以下几个方面采取措施，减少相应的破产法律风险：

1. 引入投资者解决公司困局

公司出现危机的主要表现形式是公司的资金紧张，而如果公司本身的经营业绩、公司资产情况良好的话，引入投资者是一个比较好的选择，既可以缓解企业经营中的资金紧张，也能从技资者引进先进的管理制度，增强企业核心竞争力。

2. 以破产重整为契机

我国《企业破产法》规定了破产重整程序，允许不对破产企业立即进行清算，在法院主持下由债务人与债权人达成协议，制订计划，在规定的一定期限内债务人如果部分或全部清偿债务，则债务人可以继续经营其业务。实践中，有很大一部分公司采取了破产重整的方式寻求契机。

3. 建立风险控制体系

公司内部应当有一套完整有规划的风险防控措施，在公司管理和市场遇到危机的时候，不至于举手无措。例如，对合同相对方是否有履行能力进行确认、在合同谈判过程中聘请专业律师进行评估等。如果出现问题，尽快采取措施避免造成更大损失。对于危机企业而言，风险防控尤为重要。

4. 把控破产流程

公司若走到破产这一步，应当确定合适的管理人，对第一债权人会议进行确认，但在破产管理的过程中，应当继续寻求改变公司最终破产的其他有效途径。

（五）关于企业解散的风险防控建议

公司解散是针对已经依法成立的公司而言的，公司解散意味着公司人格的消灭，在解散法律程序和法律行为中有一系列问题需要注意，以减少和防范公司解散过程中带来的风险。

1. 制定规范严谨的公司章程

在风险识别的分析中，可以明确若公司章程规定“股东任何一方要求解散公司的，公司可以解散”时，股东请求解散公司会得到法院的支持。公司在制定章程时，应当请专业的律师团队根据公司的客观情况制定适宜的公司章程，尽量做到规范严谨以减少公司解散时带来的诉累。

2. 合理分配公司股东之间的利益

在公司的运营过程中，制定合理的分红及考核机制至关重要。应当尽量合理分配公司股东之间的利益，以确保股东之间的利益平衡，从而减少股东之间的矛盾，即使在遇到客观情况需要解散公司时，可以减少不必要的诉累。

3. 整合公司财产和证据

股东提起公司解散之诉时，可以向人民法院申请财产保全或证据保全，在股东提供担保且不影响公司正常经营的情形下，人民法院可以予以保全。此时，需要公司提前做好整合公司财产和证据的准备，对公司的凭证和账册进行清理，以避免在清算过程中给公司带来损害。

第二节　企业清算相关法律风险及防控

在第一节所述的终止原因出现时，企业不得不选择终止，进行清算。企业清算是企业终止至关重要的一环。本节将揭示终止未清算、逾期清算、清算期间进行经营活动等具体终止方式中的法律风险，以达到公平清理债权债务、保护债权人和债务人的合法权益、促进宏观经济发展、维护市场秩序的目的。

一、风险揭示

（一）公司终止未清算的法律风险

根据《公司法》相关规定，公司在申请主体资格注销之前，股东应根据法律规定对公司进行清算，在结算公司债务后才可分配清算剩余财产，当清算财产不足以偿付企业债务时，公司应当向法院申请公司破产。如果股东未对公司进行清算和分配公司财产就对公司进行注销登记，那么股东应对公司持续期间的债务承担偿还责任。

《公司法》第183条规定："公司因本法第一百八十条第（一）项、

第（二）项、第（四）项、第（五）项规定而解散的，应当在解散事由出现之日起十五日内成立清算组，开始清算。有限责任公司的清算组由股东组成，股份有限公司的清算组由董事或股东大会确定的人员组成。”若公司未进行清算即注销主体资格，不仅不能逃避债务责任，在权利人进行追责时仍然需要赔偿。因此，公司应当及时有效组建清算组进行清算，以避免走不必要的法律程序。

（二）清算期间进行经营活动的法律风险

《公司法》第186条第3款规定：“清算期间，公司存续，但不得开展与清算无关的经营活动。”《公司法》第184条规定了清算组的职权，包括处理与清算有关的公司未了结的业务。公司进入清算后，公司作为民事主体的资格并没有立即消灭，只是公司的行为受到了法律的限制，不得再从事与清算无关的经营活动。但在实践中，清算中的公司完全有可能开展在法律规定范围外的与清算无关的经营活动，第三人客观上也并不完全清楚公司的具体情况，而认为公司有完全的权利能力和行为能力，故而与其进行经营活动。而此时对经营活动责任主体的认定直接关系到公司债权人、公司股东及公司利益和交易秩序。

1. 清算期间公司的民事主体资格和行为能力

清算期间，公司有限的民事活动将全部由公司清算组进行，而不再是法定代表人或者相关负责人进行。公司在清算期间，能够从事的民事活动主要包括：了结相关业务、处理尚未履行完的合同、向人民法院提起诉讼或应诉、清理接收公司债权等。根据《公司法解释二》第10条规定，公司依法清算结束并办理注销登记前，有关公司的民事诉讼，应当以公司的名义进行。公司成立清算组的，由清算组负责人代表公司参加诉讼；尚未成立清算组的，由原法定代表人代表公司参加诉讼。

2. 清算期间与清算无关经营活动的效力

对于在清算期间，公司进行的与清算无关的经营活动效力，根据

《公司法》第205条规定："公司在清算期间开展与清算无关的经营活动，由公司登记机关予以警告，没收违法所得。"但该条仅规定了清算期间，进行与清算无关的经营活动的行政责任，并没有对民事法律效力作明确规定。按照法律规定，合法所得应当是合法经营活动所得，如果经营活动的法律行为无效，则法律后果是返还所得财产，而没有所得收益的问题。经营活动各方当事人之间的行为形成平等交易主体之间的行为，同样要承担民事法律后果。对具体责任的认定，应当依照《民法典》等相关法律处理。

（三）企业清算未尽通知义务的法律风险

《公司法解释二》第11条规定："公司清算时，清算组应当按照公司法第一百八十五条的规定，将公司解散清算事宜书面通知全体已知债权人，并根据公司规模和营业地域范围在全国或者公司注册登记地省级有影响的报纸上进行公告。清算组未按照前款规定履行通知和公告义务，导致债权人未及时申报而未获清偿，债权人主张清算组成员对因此造成的损失承担赔偿责任的，人民法院应依法予以支持。"所以，如果因清算组履行通知、公告债权人义务不符合规定导致债权人未能及时申报债权而未能获得应有的受偿，债权人有权要求清算组给予自己赔偿。《公司法》第189条第3款规定："清算组成员因故意或者重大过失给公司或者债权人造成损失的，应当承担赔偿责任。"

因此，清算组未通知债权人申报债权时，清算组成员应承担赔偿责任。公司清算制度的目的一方面是保护股东的合法权益，另一方面是对债权人利益给予充分的保障，使清算程序受到法定制约，避免清算过程中的不公平行为。从保护债权人利益的角度出发，清算组成员不履行书面通知义务，导致债权人没有及时申报债权而未获得清偿的，清算组成员的赔偿范围是债权人未获得清偿的全部债权。

（四）企业虚假清算的法律风险

若企业以欺诈手段进行清算，则需承担相应的法律责任。

根据《公司法》第 183 条规定，依法需解散时，应当在解散事由出现之日起 15 日内成立清算组，开始清算。有限责任公司的清算组由股东组成，股份有限公司的清算组由董事会或者股东大会确定的人员组成。公司申请注销时，必须对公司依法进行清算。根据《公司法》和《公司登记管理条例》等规定，清算时应当提交清算报告，以证明公司的财务状况，特别是证明公司的债权、债务等已经处理完毕。如果公司清算组成员没有依法履行清算义务，以欺诈手段骗取登记机关对公司进行注销登记，那么，清算义务人要对公司注销之前的债务承担赔偿责任。

根据《公司法解释二》第 19 条、第 23 条的规定可知，公司解散后，公司股东或其他清算组成员恶意处置公司财产给债权人造成损失，或者未经依法清算，以虚假的清算报告骗取公司登记机关办理法人注销登记，应对公司债权人承担赔偿责任。而清算组从事清算事务时，违反法律、行政法规或者公司章程给公司或者债权人造成损失的，也应当承担赔偿责任。根据《公司法》第 206 条、《公司登记管理条例》第 69 条、第 70 条可知，公司在进行清算时，隐匿财产，对资产负债表或者财产清单作虚假记载，由公司登记机关责令改正，对公司处以隐匿财产金额 5% 以上 10% 以下的罚款；对直接负责的主管人员和其他直接责任人员处 1 万元以上 10 万元以下罚款的行政处罚。清算组不依法向公司登记机关报送清算报告，或者报送清算报告隐瞒重要事实或者有重大遗漏的，公司登记机关有权责令改正。我国《公司法》、《公司法解释二》及《公司登记管理条例》对公司以欺诈手段清算进行了严格的规定，也制定了相关的惩罚措施。

二、防控建议

（一）按照法律规定进行清算

公司出现解散事由需要终止时，在清算过程中应当注意把握以下几点：

1. 及时组建清算组进行清算

企业不能打法律和政策的擦边球，企业注销主体资格前就应当进行清算，主动按程序进行清算才能确保公司和股东的利益被最大化保护。如不及时进行清算，则会使公司和股东进入烦琐的诉讼程序，不利于利益保护。如果公司未在法定期限内成立清算组开始清算，导致公司财产贬值、流失、毁损或者灭失的，根据《公司法解释二》第18条①的规定，负责清算人员将在损失范围内对债权人承担赔偿责任。

2. 接受专业人士建议

公司需要清算时，应当征询公司法务部或其他相关专业律师团队的专业意见，保持清算的秩序，减少清算过程中的摩擦，以确保清算组顺利实施清算活动。

3. 保留清算过程的所有证据材料

清算结束后，应当对清算过程中的所有材料进行归类整理，注意保留好成立清算组并进行清算活动以及清算公告的证据材料。当相关权利人对此有所疑问时，可以确保公司整个清算不再进入诉讼程序。

---

① 《公司法解释二》第18条："有限责任公司的股东、股份有限公司的董事和控股股东未在法定期限内成立清算组开始清算，导致公司财产贬值、流失、毁损或者灭失，债权人主张其在造成损失范围内对公司债务承担赔偿责任的，人民法院应依法予以支持。有限责任公司的股东、股份有限公司的董事和控股股东因怠于履行义务，导致公司主要财产、账册、重要文件等灭失，无法进行清算，债权人主张其对公司债务承担连带清偿责任的，人民法院应依法予以支持。上述情形系实际控制人原因造成，债权人主张实际控制人对公司债务承担相应民事责任的，人民法院应依法予以支持。"

（二）清算期间审慎开展经营活动

公司清算制度是公司注销最为关键的一环，其重要性不仅在于保障众多债权人的权益，也在于保护股东的权益。润朗律师认为，防范清算期间经营活动带来的法律风险应做到以下几点：

1. 明确经营活动的范围及性质

公司在清算期间可以从事的民事活动主要包括：了结未结的业务、处理未完成的合同、清收公司债权等。公司在开展经营活动前，应当先判定经营活动的范围，如果属于清算范围则应当按照约定和法律规定履行清算义务；如果不属于清算范围，则应当立即停止该经营活动。

2. 请专业人士和团队进行指导

根据《公司法》第 184 条的规定，清算组可以清理公司财务，分别编制资产负债表和财产清单、处理与清算有关的公司未了结的业务、清缴所欠税款以及清算过程中产生的税款、清理债权债务、处理公司清偿债务后的剩余财产。而根据《公司法》第 183 条之规定，清算组组成人员除法院指定外，大多由公司股东或者董事及股东大会确定的人员组成，并非专业的律师或者财会审计专业人士，而他们对清算范围不一定有准确的把握。为了避免给公司、股东及债权人造成不公与损失，应当请专业人士和团队参与指导。

（三）清算未尽通知义务的防范措施

公司在清算过程中未尽通知义务会承担不必要的法律风险，可以从以下几点进行防范：

1. 明确未尽通知义务赔偿责任的性质

从《公司法》第 185 条、第 189 条及《公司法解释二》第 11 条来看，清算组在组成后，应该按照法律规定履行通知和公告的义务，二者不可缺少，未尽到该义务应承担赔偿责任。通常认为，对于清算组未尽到通知义务所承担的赔偿责任性质，在责任构成上符合侵权责任的构成要件，其符合侵害行为、过错、因果关系、损害结果成立侵权责任的四个要件。清算组成员的不作为会导致债权人不能及时申报债权，为了保障债权人的合法权利，清算组成员应当承担赔偿责任，属于侵权责任。

2. 依法严格规范履行通知义务

在对《公司法解释二》第 11 条的实践适用中，根据不同的出发角度，存在以下两种适用情况：（1）清算组成员对债权人的赔偿责任范围应当是清算报告的剩余财产，超过此范围的债权数额，清算组成员无须赔偿；（2）为了保护债权人的合法权益，促使清算组成员认真履行职责，规范清算程序，应当将清算组成员的赔偿责任解释为债权人未获清偿的全部债权。在实践中，法院通常采取第二种法律解释，包含了利益衡量和价值判断。故公司在清算时，应当严格按照法律的规定履行通知和公告的义务，可以安排相关专业人士进行指导与监督，以免造成更大的损失。

（四）杜绝虚假清算

1. 规范公司内部财产管理

在公司开始运营时，应当制定合理的管理制度，特别是财务管理制度。可以采用专人专管、交叉互查等方式进行管理，依法贯彻规范使用原则。以免在公司需要清算时，因对公司的债权债务等财务状况不够明确而带来不必要的损失。

2. 强化股东法律意识

公司股东及清算时的清算组成员，不能抱以侥幸心态而触碰法律底线，不能以制定虚假财务报告或者资产负债表等方式骗取公司登记机关注销公司而逃避债务。即使公司已经清算完毕注销，也可参照《公司法》第 152 条[①]的规定，直接以清算组成员为被告、其他股东为第三人向人民

---

① 《公司法》第 152 条："董事、高级管理人员违反法律、行政法规或者公司章程的规定，损害股东利益的，股东可以向人民法院提起诉讼。"

法院提起诉讼，人民法院应予受理。

3. 保留清算过程中的证据材料

为了降低清算过程中的法律风险，在清算时一定要保存好诸如清算报告、资产负债表、财产清单等证据材料，防止在清算结束公司注销后，相关债权人或者股东对清算有异议。

第十章

企业刑事法律风险及防控

在法治经济的背景下，企业的任何行为都需要经受法律的评判。企业作为市场经济的主体，必须了解和遵守市场规则，否则就要付出惨痛的代价。本章旨在帮助民营企业提高刑事法律风险的防范及控制能力，在形式上采取五大模块、归纳整理每个模块中存在的刑事法律风险的方式呈献给民营企业；在内容上分别从民营企业公关活动、内部管理、融资过程、生产经营和知识产权保护五大模块中涉及的各种刑事罪名进行详细的分析、讲解，并结合司法实践中的案例给予民营企业具有较强可操作性的刑事法律风险防范指点。

第一节　公关活动中的刑事法律风险及防控

一、行贿罪

行贿罪是指为谋取不正当利益，给予国家工作人员、集体经济组织工作人员或者其他从事公务的人员以财物的行为。

（一）犯罪构成

1. 犯罪客体

本罪的客体是复杂客体。其中，主要客体是国家工作人员职务的廉洁性；次要客体是国家经济管理的正常活动。另外，行贿罪的犯罪对象是财物。这里所说财物，与受贿罪中的财物相同。

2. 客观方面

行贿罪在客观方面表现为行为人给予国家工作人员以财物的行为。与受贿的形式相对应，行贿也分为两种情形：一是行为人主动给予受贿人以财物。在这种情况下，无论行为人意图谋取的正当利益是否实现，均不影响行贿罪的成立。二是行为人因国家工作人员索要而被动给予其财物。在这种情况下，如果行为人是因被国家工作人员勒索而被迫交付财物，只有在行为人获得不正当利益的情况下，才构成行贿罪。如果没有获得不正当利益的，则不是行贿。此外，根据《刑法》规定，在经济往来中，违反国家规定，给予国家工作人员以财物，数额较大的，或者违反国家规定，给予国家工作人员以各种名义的回扣、手续费的，也应以行贿罪论处。

3. 犯罪主体

本罪的主体是一般主体。即年满 16 周岁、具有刑事责任能力的自然人均能成为行贿罪的主体。

4. 主观方面

本罪在主观方面表现为直接故意，即明知自己的行为是收买国家工作人员以及其他依法从事公务的人员利用职务上的便利为自己谋取不正当利益而实施这种行为，意图谋取不正当利益。

行贿的目的，在于使国家工作人员或其他从事公务的人员利用其职务上的便利为自己谋取不正当利益。不正当利益是相对正当利益而言的，是指根据法律、行政法规及有关政策规定不应当得到的利益，包括非法利益。例如，行贿人为了走私而行贿海关人员；为了生产、销售伪劣产品而行贿工商人员、技术监督人员；明知自己或者他人不符合升学、招工、提职、农转非的条件而行贿有关人员；为了减、免税而行贿税务人员等。谋取不正当利益是构成行贿罪的必要条件。给予国家工作人员财物的情况比较复杂，有的人根据法律、政策符合条件，有资格，也应当得到某种正当利益，如招工、晋升、分房、办理某种手续等，但由于社会上存在不正之风，一些人不给钱不办事，问题长期得不到解决，不得已送钱送物。这种情况的出现，主要责任在受贿方。对于有这种行为的可以批评教育，但这一行为不构成行贿罪。这样规定，有利于区分罪与非罪的界限，避免打击面过宽。谋取不正当利益是构成行贿罪的必要条件，行为人若不是为了谋取不正当利益，则不构成行贿罪。

（二）量刑标准

根据《刑法》第390条规定，对行贿罪的处罚有以下情形：

1. 对一般行贿罪，处5年以下有期徒刑或拘役，并处罚金。

2. 因行贿谋取不正当利益，情节严重的，或者使国家利益遭受重大损失的，处5年以上10年以下有期徒刑，并处罚金。

3. 情节特别严重的，或者使国家利益遭受特别重大损失的，处十年以上有期徒刑或者无期徒刑，并处罚金或者没收财产。关于情节严重、情节特别严重的标准，法律未作具体规定。从司法实践的情况来看，应该从行贿数额、手段、次数、人数、后果、犯罪后的表现等方面进行考察。一般是指为谋取个人非法利益，一贯行贿，屡教不改的；为推销伪劣产品而行贿造成严重后果的；为签订假合同，骗取财物而行贿的；为骗取国家出口退税而行贿的；行贿手段或结果又牵连其他多种罪行的；用国家文物行贿或者用优抚、救济、扶贫、教育等专项特定款物行贿以及用党费、团费行贿的；行贿数额巨大或特别巨大，致使国家利益遭受重大或者特别重大损失的；在司法机关追诉时，拒不交代罪行，伪造、隐匿、毁灭证据，与受贿人订立攻守同盟的等。

行贿人在被追诉前主动交代行贿行为的，可以从轻或者减轻处罚。这是对行贿人自首的特别规定。

鉴于贿赂犯罪具有很大的隐蔽性，取证难度较大，而且行贿与受贿又是对应的，密切联系在一起的，行贿人主动交代行贿行为实际上是对于受贿人的揭发检举，属于立功表现。因此，为了分化瓦解犯罪分子，严厉打击受贿犯罪，落实惩办与宽大相结合的政策，我国《刑法》规定，行贿人在被追诉前主动交代行贿行为的，可以从轻或者减轻处罚。其中，犯罪较轻的，对侦破重大案件起关键作用的，或者有重大立功表现的，可以减轻或者免除处罚。

（三）本罪界限

认定行贿罪，应注意以下两个问题：

1. 行贿罪与馈赠礼物的界限

关键是看行为人在给予国家工作人员礼物时，主观上是否有利用国家工作人员职务上的便利，为自己谋取不正当利益的犯罪目的。

2. 行贿罪与对公司、企业人员行贿罪的界限

两者的区别主要在于：

（1）犯罪主体不同。行贿罪只能由自然人实施；而对公司、企业人员行贿罪则既可以由自然人实施，也可以由单位实施。

（2）犯罪客体和对象不同。行贿罪侵犯的客体是公务行为的廉洁性，犯罪对象只限于国家工作人员；而对公司、企业人员行贿罪侵犯的客体主要是公司、企业的管理秩序，犯罪对象只能是公司、企业中除国家工作人员以外的工作人员。

（四）共犯类型

1. 因被勒索给予国家工作人员以财物，没有获得不正当利益的，不

是行贿；但国家工作人员的行为仍然是索取贿赂。

2. 为了谋取正当利益而给予国家工作人员以财物的，不是行贿；但国家工作人员接受财物的行为成立受贿罪。

3. 为了谋取不正当利益而给予国家工作人员以财物的，构成行贿罪；但国家工作人员没有接受贿赂的故意，立即将财物送交有关部门处理的，不构成受贿罪。

二、单位行贿罪

单位行贿罪，是指单位为谋取不正当利益而行贿，或者违反国家规定，给予国家工作人员以回扣、手续费，情节严重的行为。

（一）犯罪构成

1. 犯罪客体

单位行贿罪侵犯的客体，主要是国家机关、公司、企业、事业单位和团体的正常管理活动和职能活动及声誉。

本罪中的财物一般是公司、企业、事业单位、机关、团体的财物，而非某个人的财物。同时，也包括一些具有财产性质的利益，如国内外旅游等。

2. 客观方面

单位行贿罪在客观方面表现为公司、企业、事业单位、机关、团体为了谋取不正当利益，给予国家工作人员以财物，数额较大的，或者违反国家规定，给予上述人员以“回扣”“手续费”，情节严重的行为。

3. 犯罪主体

单位行贿罪的主体是单位，所谓“单位”，包括公司、企业、事业单位、机关、团体。与单位受贿罪不同，并不仅仅局限于国有公司、企业、事业单位、机关、团体，还包括集体所有制企业、中外合作企业、有限公司、外资公司、私营公司，等等。

4. 主观方面

本罪在主观方面表现为直接故意并且具有为谋取不正当利益的目的。

（二）主要特征

1. 单位行贿罪的犯罪主体必须是单位

这里所讲的单位，根据《刑法》第30条的规定，应指公司、企业、事业单位、机关、团体。而根据最高人民法院《关于审理单位犯罪案件具体应用法律有关问题的解释》的规定，“公司、企业、事业单位”，既包括国有、集体所有的公司、企业、事业单位，也包括依法设立的合资经营、合作经营企业和具有法人资格的独资、私营等公司、企业、事业单位。在单位行贿罪中，还存在单位内部机构行贿犯罪的可能性。所谓单位内部机构是相对于单位整体而言的，是指法人的分支机构，单位内设的科、室、部等下属小单位。单位内部机构可以成为单位行贿罪的犯罪主体，其犯罪行为应按单位犯罪惩处，主要理由是：

首先，由于财务管理的不健全，各单位内部机构存在的“小金库”是产生行贿犯罪的物质基础，而这些内部机构为谋取本“小集团”的局部利益，又是产生行贿犯罪的动因，因而，为本内部机构谋取不正当利益，经集体决定或由其负责人决定实施的本内部机构的行贿犯罪，其行为符合单位行贿犯罪的特征，实质仍属单位行贿罪。

其次，中国《刑法》之所以规定单位犯罪而没有采用“法人犯罪”的称谓，正是考虑到目前中国大量不具有法人资格的非法人组织犯罪的存在，其中包括行贿犯罪。使用“单位犯罪”这一外延比较宽泛的概念可以防止犯罪主体的缺漏。

单位行贿犯罪并不指单位中的每个部门都行贿，因此，对于单位内部机构的行贿犯罪，在前面仍冠以“单位”名称作为被告人，不会株连无辜。

2. 单位行贿罪在客观方面表现为直接负责的主管人员或直接责任人员根据本单位的意志以单位名义实施的行贿行为。

具体包括以下两种情形：一是为谋取不正当利益而行贿；二是违反国家规定，给予国家工作人员以回扣、手续费。

司法实践中常见的单位行贿行为主要有：（1）经单位研究决定的由有关人员实施的行贿行为；（2）经单位主管人员批准，由有关人员实施的行贿行为；（3）单位主管人员以法定代表人的身份实施的行贿行为。需要指出的是，根据《刑法》的有关规定，行贿行为的违法所得必须归单位所有，如果归个人所有，应以自然人的行贿罪论处。最高人民法院《关于审理单位犯罪案件具体应用法律有关问题的解释》第 2 条规定："个人为进行违法犯罪活动而设立的公司、企业、事业单位实施犯罪的，或者公司、企业、事业单位设立后，以实施犯罪为主要活动的，不以单位犯罪论处。"第 3 条规定："盗用单位名义实施犯罪，违法所得由实施犯罪的个人私分的，依照刑法有关自然人犯罪的规定定罪处罚。"

3. 单位行贿罪在主观方面只能是直接故意，并且具有为本单位谋取不正当利益的目的。

4. 单位行贿罪的犯罪对象只能是国家工作人员。

单位行贿罪的犯罪对象只能是国家工作人员，理由如下：

对于行贿这类犯罪行为，我国《刑法》规定了四种行为：（1）自然人对国家工作人员的行贿；（2）自然人对国有单位的行贿；（3）单位对国有单位的行贿；（4）单位对国家工作人员的行贿。而"两高"分别就《刑法》罪名确定问题的有关司法解释，都将第一种情形，即自然人对国家工作人员的行贿犯罪确定为"行贿罪"；将第二、三种情形，即自然人或单位对国有单位的行贿犯罪定义为"对单位行贿罪"；而第四种情形，即单位对国家工作人员的行贿犯罪规定为"单位行贿罪"。若将单位也列为"单位行贿罪"的犯罪对象，势必造成"单位行贿罪"和"对单位行贿罪"这两种犯罪在犯罪对象上相互包容，这是不符合逻辑的。

如果认定单位行贿罪的犯罪对象包括国有单位，势必造成在单位对国有单位的行贿犯罪行为的定罪量刑上产生分歧，给公正执法带来负面影响。按照上述观点，单位为谋取不正当利益而给予国有单位，即国家机关、国有公司、企业、事业单位、人民团体以财物的行贿行为，既可构成“对单位行贿罪”，也可构成“单位行贿罪”。而这两罪在量刑方面明显不同，根据《刑法》第391条及第393条的规定，“对单位行贿罪”的法定最高刑为3年有期徒刑，而“单位行贿罪”的法定最高刑为5年有期徒刑。上述对同一具体行为在定罪与量刑上存在的双重标准，显然已违反了《刑法》总则所确定的罪刑法定原则。所以，“单位行贿罪”的犯罪对象只能是国家工作人员。

5. 构成单位行贿罪必须具备“情节严重”

“情节严重”是构成单位行贿罪的必要条件之一，也是与行贿罪、对单位行贿罪相区别的一个重要标志。至于如何认定该罪的“情节严重”，则应从主、客观两方面，即根据主观上的罪过程度与客观上造成的社会危害程度来确定，具有下列情形之一的应视为“情节严重”：

（1）行贿数额大。根据最高人民检察院《关于人民检察院直接受理立案侦查案件立案标准的规定（试行）》中的有关规定，单位行贿数额在20万元以上的，应予立案。

（2）具有其他严重情节。根据最高人民检察院在上述司法解释中的规定，单位为谋取不正当利益而行贿，数额在10万元以上不满20万元，但具有下列情形之一的，应同样予以立案：①为谋取非法利益而行贿的；②向3人以上行贿的；③向党政领导、司法工作人员、行政执法人员行贿的；④致使国家或者社会利益遭受重大损失的。

三、对非国家工作人员行贿罪

对非国家工作人员行贿罪是指为谋取不正当利益，给予公司、企业或者其他单位的工作人员以财物，数额较大的行为。

（一）犯罪构成

1. 犯罪客体

该罪侵犯的是复杂客体，即公司、企业的正常管理秩序和市场竞争秩序。对公司、企业人员行贿行为违背诚实信用、公然抢走生意，严重挫伤合法经营者的积极性，使市场竞争营业处于混乱无序的状态。如果在司法实践中以行贿罪认定和处理这些问题，囿于主体的公职身份、客观上利用职务之便要求的局限，难免存在困难偏差，出现打击盲点。随着公务员制度的建立与完善，国家工作人员直接以权谋私、以权换利的贿赂犯罪会逐步减少，而部分商品经营者、从事营利活动的个人、企事业单位利用贿赂手段进行不正当竞争谋取非法利润的商业行贿犯罪会不断上升，其隐蔽性和欺骗性很大，而且会并发其他多种犯罪，危害极大。为打击制裁经济犯罪、规定经济行为，《刑法》将“为谋取不正当利益，给予公司、企业或者其他单位的工作人员人财物，数额较大的”行为规定为犯罪。

2. 客观方面

本罪的客观方面表现为谋取不正当利益，给予公司、企业或者其他单位的工作人员以财物，并且数额较大的行为。支付回扣、手续费是本罪客观方面的主要表现形式。原则上，只要买卖双方和中间人本着诚实信用、公平交易的原则，在不违反国家政策和法律的情况下支付收受，对经济发展是有利的，法律上也应予以承认和保护，但是某些情况下，回扣、手续费的支付与收受会危害市场经济公平竞争机制、破坏市场经济秩序，严重的则可能构成本罪。

3. 犯罪主体

犯罪的主体是经营者，对从事商品经营、营利性服务等经济活实施违法犯罪的要平等地制裁打击，不能搞区别对待，宽严不一。

4. 主观方面

犯罪的主观方面为故意，其目的是谋取不正当利益。此处的牟利，不同于经济活动中依法经营，获取的正当利益，而是牟取暴利、追求不正当的高额经济利润。就行贿方而言，旨在通过对公司、企业或者其他单位的工作人员行贿，牟取高于其提供的商品、劳务服务所应得的公平利润，其动机还可能是为了垄断市场、排除竞争对手，最终进行垄断经营，牟取暴利。

（二）量刑标准

1. 自然人犯该罪，即给予公司、企业或者其他单位的工作人员以财物，数额较大的，处3年以下有期徒刑或者拘役，并处罚金；数额巨大的，处3年以上10年以下有期徒刑，并处罚金。

2. 单位犯该罪的，对单位判处罚金，并对其直接负责的主管人员和其他直接责任人员，依照上述规定处罚。对于罚金的数额，法律未作明确规定，主要根据行贿的数额和情节来确定。对于直接负责的主管人员和其他直接责任人员的自由刑处罚，主要根据职责权限的大小和在行贿中所起的作用大小来确定。

（三）本罪界限

1. 本罪与请客送礼的界限

在认定向公司、企业或者其他单位的工作人员行贿罪时，要注意划清其与请客送礼的界限。在现实生活中，礼尚往来的请客送礼一般都以公开的方式进行，且礼品的价值一般较小，行为人没有明显的、直接的谋取不正当利益的动机和目的，这与本罪的行贿行为有本质区别。

2. 本罪与向公司、企业或者其他单位的工作人员一般行贿行为的界限

根据《刑法》第164条的规定，向公司、企业或者其他单位的工作人员行贿，达到数额较大的，才构成犯罪。因此，如果向公司、企业或

者其他单位的工作人员行贿，数额未达到较大的，属于向公司、企业或者其他单位的工作人员一般行贿行为，不能以本罪论处。

3. 本罪与行贿罪的区别

在认定向公司、企业或者其他单位的工作人员行贿罪时，要注意主观方面均为直接故意，且均为谋取不正当利益；在客观特征上行为人均向受贿人实施了给予财物且数额较大的行为，但两罪在本质上是不同的。

（1）犯罪主体不同

该罪的主体为商品经济的经营者，具有特定性，而行贿罪的主体为一般主体，其范围较本罪主体更广泛。

（2）行贿的对象不同

该罪的行贿对象是公司、企业或者其他单位的工作人员，而行贿罪的对象是国家工作人员。

（3）侵犯的客体不同

该罪侵犯的客体是公司、企业或者其他单位的工作人员职务的廉洁、公正制度，公司、企业等单位的正常业务及管理活动，更为主要的是侵犯了社会主义市场经济的公平竞争秩序。而行贿罪所侵犯的客体是国家工作人员职务的廉洁性，以及国家经济管理的正常活动。

四、防控建议

企业为防范行贿类犯罪的风险，需要注意以下几点：

1. 企业都是以营利为目的的，但应当在公平、公正、公开的市场环境中进行，通过诚实信用、合法经营，获取合法利益，而不能罔顾法律，为谋取不正当利益进行钱权交易。

2. 当人情往来与工作交织的时候，应当格外慎重。发生财务往来的背景，财务往来的价值，财务往来的缘由、时机和方式，提供财务方对于接受方有无职务上的请托，接受方是否利用职务上的便利为提供方谋取利益，这些因素都是认定行贿类犯罪要考虑的因素。

3. 企业管理者可以在业余时间进行法律学习，不必专精但也要有所了解，不做法盲。如果一旦被公安机关立案调查，应尽快聘请律师提供法律帮助，以保障合法权益。

第二节 内部管理中的刑事法律风险及防控

一、职务侵占罪

职务侵占罪，是指公司、企业或者其他单位的人员，利用职务上的便利，将本单位财物非法占为己有，数额较大的行为。

（一）犯罪构成

1. 犯罪客体

本罪的犯罪客体是公司、企业或者其他单位的财产所有权。此处所称“公司”，是指按照《公司法》规定设立的非国有的有限责任公司和股份有限公司；所称“企业”，是指除上述公司以外的非国有的经过工商行政管理机关批准设立的、有一定数量的注册资金及一定数量的从业人员的营利性的经济组织，如商店、工厂、饭店、宾馆及各种服务性行业、交通运输行业等经济组织；其他单位，是指除上述公司、企业以外的非国有的社会团体或经济组织，包括集体或者民办的事业单位，以及各类团体。

职务侵占罪侵犯的对象是公司、企业或者其他单位的财物，包括动产和不动产。所谓“动产”，不仅指已在公司、企业或其他单位占有、管理之下的钱财（包括人民币、外币、有价证券等），而且也包括本单位有权占有而未占有的财物，如公司、企业或其他单位拥有的债权。就财物的形态而言，本罪的犯罪对象包括有形物和无形物，如厂房、电力、煤气、天然气、工业产权，等等。

2. 客观方面

本罪在客观方面表现为利用职务上的便利，侵占本单位财物，数额较大的行为，具体而言，包括以下三个方面：

首先，必须是利用自己的职务上的便利。所谓利用职务上的便利，是指利用职权及与职务有关的便利条件。职权，是指本人职务、岗位范围内的权力，与职务有关的便利条件，是指虽然不是直接利用职务或岗位上的权限，但却利用了本人的职权或地位所形成的便利条件，或通过其他人员利用职务或地位上的便利条件，包括：（1）利用自己主管、分管、经手、决定或处理以及经办一定事项等的权力；（2）依靠、凭借自己的权力去指挥、影响下属或利用其他人员与职务、岗位有关的权限；（3）依靠、凭借权限、地位控制、左右其他人员，或者利用对己有所求人员的权限，如单位领导利用调拨、处置单位财产的权力；出纳利用经手、管理钱财的权力；一般职工利用单位暂时将财物（如房屋等）交给自己使用、保管的权力等。至于不是利用职务上的便利，而仅是利用工作上的便利，如熟悉环境、容易混入现场、易接近目标等，即使取得了财物，也不是构成本罪，构成犯罪的，应当以他罪如盗窃罪论处。

其次，必须有侵占的行为。本单位财物，是指单位依法占有的全部财产，包括本单位以自己名义拥有或虽不以自己名义拥有但为本单位占有的一切物权、无形财物权和债权。其具体形态可以是建筑物、设备、库存商品、现金、专利、商标等。所谓非法占为己有，是指采用侵吞、窃取、骗取等各种手段将本单位财物化为私有，既包括将合法已持有的单位财物视为己物而加以处分、使用、收藏，即变持有为所有的行为，如将自己所占有的单位房屋、设备等财产等谎称为自有，标价出售，将所住的单位房屋，过户登记为己有，或者隐匿保管之物，谎称已被盗窃、遗失、损坏等，又包括先不占有单位财物但利用职务之便而骗取、窃取、侵吞、私分从而转化为私有的行为。无论是先持有而转为已有还是先不持有而采取侵吞、窃取、骗取方法转为已有，只要本质上出于非法占有的目的，并利用职务之便作出了这种非法占有的意思表示，达到了数额较大的标准，即可构成本罪。值得注意的是，行为人对本单位财物的非法侵占一旦开始，便处于继续状态，但这只是非法所有状态结果的继续，并非本罪的侵占行为的继续。侵占行为的完成，则应视为既遂。至于未遂，则应视侵占行为是否完成而定，如果没有完成，则应以未遂论处，如财会人员故意将某笔收款不入账，但未来得及结账就被发现，则应以本罪未遂论处。

最后，必须达到数额较大的程度，如果仅有非法侵占公司、企业及其他单位财物的行为，但没有达到数额较大的标准，则也不能构成本罪。根据相关法律规定，职务侵占 6 万元以上 100 万元以下为数额较大，100 万元以上为数额巨大。

3. 犯罪主体

本罪主体为特殊主体，包括公司、企业或者其他单位的人员。具体是指三种不同身份的自然人，一是股份有限公司、有限责任公司的董事、监事，这些董事、监事必须不具有国家工作人员身份，他们是公司的实际领导者，具有一定的职权，当然可以成为本罪的主体。二是上述公司的人员，是指除公司董事、监事之外的经理、部门负责人和其他一般职员和工人。这些经理、部门负责人以及职员也必须不具有国家工作人员身份，他们或有特定的职权，或因从事一定的工作，可以利用职权或工作之便侵占公司的财物而成为本罪的主体。三是上述公司以外企业或者其他单位的人员，是指集体性质企业、私营企业、外商独资企业的职工，国有企业、公司、中外合资、中外合作企业等中不具有国家工作人员身份的所有职工。综上，凡具有国家工作人员身份的人员，利用职务或者工作上的便利，侵占本单位的财物的，应依照关于贪污罪的规定处罚，不具有国家工作人员身份的，利用职务上的便利，侵占本单位财物，则按本罪论处。这里所说的“国家工作人员”是指在国有公司、企业或者其他公司、企业中行使管理职权，并具有国家工作人员身份的人员，包括受国有公司、国有企业委派或者聘请，作为国有公司、国有企业代表，在中外合资、合作、股份制公司、企业等非国有公司企业中，行使管理职权，并具有国家工作人员身份的人员。具有国家工作人员身份的人，不能成为本罪的主体。

4. 主观方面

本罪在主观方面是直接故意，且具有非法占有公司、企业或其他单位财物的目的，即行为人妄图在经济上取得对本单位财物的占有、收益、处分的权利。至于是否已经取得或行使了这些权利，并不影响犯罪的构成。

（二）防控建议

公司、企业的财务是保障企业良好运转的物质基础，一旦被侵占将严重影响公司、企业运营，应当引起足够重视。为了防范职务侵占犯罪的发生，可以从以下几个方面着手：

1. 加强公司、企业的财务制度建设。公司、企业应当对财务管理、货物流转、合同签订等重要环节制定完善的规章制度，规范财务流程，严格执行审批程序，确保财务流通的各个环节有章可循。加大与业务单位核对账目的力度，及时发现和处理违规账目，并尽量通过银行结算。

2. 加强对公司、企业人员的培训。公司、企业应当定期开展对管理人员、员工的业务能力、法律知识及职业道德的培训，使公司、企业人员明确自身职责、诚信履职。

3. 对于公司董事、监事、高级管理人员等，应当强化其关于公司财产独立的意识，严格按照《公司法》等法律法规及公司章程的规定开展经营活动，杜绝将个人财产与企业财产混同、用企业资金支付个人支出的行为。

4. 对公司、企业人员的职务侵占行为应当按照公司、企业的规章制度严肃处理，其中情节严重、涉嫌犯罪的，应当及时向公安机关报案。

（三）以案释法

柴某职务侵占案

案情简介

被告人柴某在某建材公司财务科工作。2017 年 3 月，因擅自开车不慎将所在单位车撞坏，公司花费修理费 10,000 余元，老板因此迟发其工资，柴某怀恨在心。同年 6 月 25 日下午，柴某从本公司销售人员郭某手里收走收款凭证，私自收取建材款项 75,000 元后逃走。

裁判结果

人民法院审理后认为，被告人柴某作为公司的工作人员，利用职务上的便利，将本公司财物非法占为己有，数额较大，其行为已构成职务侵占罪。被告人柴某自辩因老板扣发工资生气所为之理由既不能否定对其职务侵占罪的定性，亦不能作为对其量刑的酌定从轻情节，遂以职务侵占罪判处有期徒刑 1 年零 6 个月。

润朗说法

职务侵占罪的发生会给企业造成较大的财产损失，本罪多发生于企业内部员工身上，尤其是中层领导、财务人员以及负责购销的工作人员，因此，企业对本罪的防范应主要在对员工的监督方面。

首先，一定要与员工签订劳动合同。职务侵占一旦发生，公司在报案的过程中需要通过劳动合同证明与该员工间存在劳动关系。如不能证明劳动关系的存在，则会被定性为盗窃、诈骗或者侵占，其中侵占罪是自诉案件，需要公司自行向人民法院起诉并调查证据，难度增大许多。

其次，对于交易往来，尤其是长期客户一定要定时进行账目核对，及时掌握财务情况，防止信息掌握在少数业务员手中，导致公司管理失控。账目核对应当聘请专业人员进行，且应完善监督制度，使人员之间互相制衡、监督，责任到人，避免出现问题后无法确定相关责任人的情况。

再次，及时发放员工工资，避免拖欠、克扣员工工资的情形。现实生活中，许多职务侵占案件的发生都是由企业拖欠员工工资引起的。

最后，妥善保存员工身份证复印件等个人信息资料，一旦发生职务侵占案件，及时携带这些材料向公安机关报案。若员工侵占数额不足起刑点，则应及时提起民事诉讼，追索损失款项。

二、挪用资金罪

挪用资金罪，是指公司、企业或者其他单位的工作人员利用职务上的便利，挪用本单位资金归个人使用或者借贷给他人，数额较大、超过3个月未还的，或者虽未超过3个月，但数额较大、进行营利活动的，或者进行非法活动的行为。

（一）犯罪构成

1. 犯罪客体

本罪所侵害的客体是公司、企业或者其他单位资金的使用收益权，对象则是本单位的资金。所谓本单位的资金，是指由单位所有或实际控制使用的一切以货币形式表现出来的财产。

2. 客观方面

本罪在客观方面表现为行为人利用职务上的便利，挪用本单位资金归个人使用或者借贷给他人，数额较大、超过3个月未还的或者虽未超过 3 个月，但数额较大、进行营利活动的，或者进行非法活动的。挪用是指利用职务上的便利，非法擅自动用单位资金归本人或他人使用，但准备日后退还。利用职务上的便利，是指利用本人在职务上主管、经管或经手单位资金的方便条件，例如单位领导人利用主管财务的职务，出纳员利用保管现金的职务，以及其他工作人员利用经手单位资金的便利条件。未利用职务上的便利，不可能挪用单位资金，也不可能构成挪用资金罪。

具体地说，它包含以下三种行为：

第一，挪用本单位资金归个人使用或者借贷给他人，数额较大、超过 3 个月未还的。这是较轻的一种挪用行为。其构成特征是行为人利用职务上主管、经手本单位资金的便利条件而挪用本单位资金，其用途主要是归个人使用或者借贷给他人使用，但未用于从事不正当的经济活动，而且挪用数额较大，超过 3 个月而未还。

第二，挪用本单位资金归个人使用或者借贷给他人，虽未超过 3 个月，但数额较大、进行营利活动的。这种行为没有挪用时间是否超过 3 个月以及超过 3 个月是否退还的限制，只要数额较大且进行营利活动。所谓“营利活动”主要是指进行经商、投资、购买股票或债券等活动。

第三，挪用本单位资金进行非法活动的。这种行为没有挪用时间是否超过 3 个月以及超过 3 个月是否退还的限制，也没有数额较大的限制，只要挪用本单位资金进行了非法活动，就构成了本罪。所谓“非法活动”，是指将挪的资金用来进行走私、赌博等活动。

行为人只要具备上述三种行为中的一种就可以构成本罪，而不需要同时具备。上述挪用资金的行为必须是利用职务上的便利，所谓利用职务上的便利，是指公司、企业或者其他单位中具有管理、经营或者经手财物职责的经理、厂长、财会人员、购销人员等，利用其具有的管理、调配、使用、经手本单位资金的便利条件，将资金挪作他用。

3. 犯罪主体

本罪的犯罪主体为特殊主体，即公司、企业或者其他单位的工作人员，具体包括三种不同身份的自然人：一是股份有限公司、有限责任公司的董事、监事。二是上述公司的工作人员，即除公司董事、监事之外的经理、部门负责人和其他一般职工。上述的董事、监事和职工必须不具有国家工作人员身份。三是上述企业以外的企业或者其他单位的职工，包括集体性质的企业、私营企业、外商独资企业的职工，以及在国有公司、国有企业、中外合资、中外合作股份制公司、企业中不具有国家工作人员身份的所有其他职工，受国家机关、国有公司、企业、事业单位、人民团体委托，管理、经营国有财产的非国家工作人员。具有国家工作人员身份的人，不能成为本罪的主体，只能成为挪用公款罪的主体。

4. 主观方面

本罪在主观方面只能出于故意，即行为人明知自己在挪用或借贷本单位资金，并且利用了职务上的便利，而仍故意为之。

（二）防控建议

公司、企业为了防范挪用资金罪的刑事风险，可从以下几个方面着手：

1. 健全和完善公司资金管理制度，规范资金使用流程，保证资金流通的各个环节都有相应的责任人及监督机制。

2. 加强对公司、企业人员的培训。通过业务、法律、职业道德的培训，使公司、企业人员明确挪用单位资金的法律责任，严格遵循业务规范。

3. 公司、企业高管尤其是公司、企业的初始投资者，应当树立企业法人的理念，增强法律意识，严格区分个人与企业财产，需要动用公司资金时，应当按照《公司法》以及公司章程的规定，执行相应程序，不能擅自决定。

4. 公司、企业人员已经实施了挪用公司资金行为的，应当及时回收资金，归还单位，防止从民事责任向刑事责任转化。

（三）以案释法

吴某挪用资金案

案情简介

2010 年 2 月 5 日至 2014 年 2 月 25 日，吴某利用在某工厂当出纳的便利挪用工厂的资金共计 200 多万元，与丈夫薛某用于经营和赌博。工厂直至 2014 年 4 月才发现吴某挪用资金的行为并报案，吴某被抓获之前归还了 60 多万元，造成工厂损失达 150 多万元。

裁判结果

经查，吴某通过某鞋店银行对公账号转账挪用 23 万元。黄某为鞋店的出纳，罗某是鞋店的经营者。虽吴某犯挪用资金罪，被判刑 4 年 3 个月，但款项没有全部归还，某工厂将罗某、黄某及薛某起诉至法院，要求罗某、黄某及薛某就 23 万元的损失承担连带赔偿责任。罗某作为鞋店的经营者，委托广东国融律师事务所就此案提供法律服务，指派律师担任罗某的代理人。

案件经历一审、二审、再审、再审后一审、二审。最终法院认为罗某对黄某与吴某的行为不知情，亦无证据证明其对上述资金损失存在过错，故判决罗某对上述损失无须承担连带责任，黄某和薛某则需承担连带责任。

润朗说法

本案中，虽然法院判决黄某和薛某需要承担连带责任。但黄某与薛某的清偿能力有限，可能在执行上难以得到完全清偿。工厂因用人不当、监管不严，损失了150多万元，究其原因，是企业的资金管理制度存在漏洞。

该工厂是个人独资企业，出纳不能担任会计工作。本案中吴某既是出纳，又承担记账工作，说明工厂在财务制度管理上存在重大的漏洞。而工厂老板在审批盖章时，也没有尽到严格审查的义务，没有发现支票数字上留有空白的情形。因此，为避免本案类似情况的发生，律师提出如下风险防范建议：

1. 规范资金管理，严格财务制度，确保财务资金安全运行。企业应切实落实《会计法》等相关法律法规及财会制度，建立公司内部财务管理制度。良好的财务内控制度，能够有效约束企业的主要经济行为和关键岗位人员，确保企业财务资金安全运行。明确每个岗位的职责，避免出现本案中出纳同时担任会计工作的情形。

2. 加大内部检查力度。企业应当做好审计工作，定期进行自我排查，本案中工厂因为内部检查力度不够，长达4年均没有发现其出纳挪用资金的行为。

3. 重视从业人员思想教育，提升员工执业自律意识。结合警示教育和合规教育，定期组织从业人员培训学习挪用资金、职务侵占等相关处罚规定、案例，必要时可以请律师等专业人士提供相关法律培训，教育员工严格执行合规制度，提高从业人员履职行为自律意识，预防违法违规行为的发生。

三、非国家工作人员受贿罪

非国家工作人员受贿罪，是指公司、企业或者其他单位的工作人员利用职务上的便利，索取他人财物或者非法收受他人财物，为他人谋取利益，数额较大的行为。

（一）犯罪构成

1. 犯罪客体

本罪侵犯的客体是国家对公司、企业以及非国有事业单位、其他组织的工作人员职务活动的管理制度。在市场经济体制中，公司、企业以及事业单位、其他组织，后者如教育、科研、医疗、体育、出版等单位扮演着十分重要的角色。这些单位的工作人员通过自己合法的职务活动，使公司、企业、事业单位等在市场经济体制中的角色得以正常而出色的发挥。因此，有关法律对这些单位的工作人员的职务活动作了规范，建立起一套明确的管理制度。而相关人员的受贿罪则是对这套管理制度的直接侵犯，从而产生公司、企业、事业单位等管理层的腐败，危害公司、企业、事业单位的根本利益，破坏正常的社会主义市场公平竞争的交易秩序。

2. 客观方面

本罪的客观方面表现为利用职务上的便利，索取他人财物或非法收受他人财物，为他人谋取利益，数额较大的行为。利用职务上的便利是本罪在客观方面的重要表现形式，是指公司、企业以及事业单位、其他组织，后者如教育、科研、医疗、体育、出版等单位的工作人员，利用本人组织、领导、监督、管理等职权以及利用与上述职权有关的便利条件。索取他人财物是指利用组织、领导、监督、管理等职务上的便利，主动向有求于行为人职务行为的请托人索要财物。非法收受他人财物是指利用组织、领导、监督、管理等职务上的便利，为请托人办事，接受请托人主动给予的财物。为他人谋取利益是指行为人索要或收受他人财物，利用职务之便为他人或允诺为他人实现某种利益。该利益是否合法，该利益是否已谋取到，均不影响本罪的成立。数额较大是指接受贿赂即财物的数额较大。接受了数额较大的贿赂，则构成该罪的既遂。

3. 犯罪主体

本罪的犯罪主体是特殊主体，即公司、企业或者其他单位的工作人员。公司、企业的工作人员是指在公司、企业、其他单位中从事领导、组织、管理工作的人员，如公司的董事、监事以及公司、企业的经理、厂长、财会人员以及其他受公司、企业聘用从事管理事务的人员。“其他单位的人员”包括非国有事业单位或者其他组织的工作人员，如教育、科研、医疗、体育、出版等单位的从事组织领导以及履行监督、管理职责的人员。在国有公司、企业、其他国有单位中从事公务的人员和国有公司、企业、其他国有单位委派到非国有公司、企业以及其他单位从事公务的人员利用职务上的便利受贿的，不成立非国家工作人员受贿罪，而应依照《刑法》第385条、第386条的受贿罪定罪处罚。

4. 主观方面

本罪的主观方面表现为故意，即公司、企业或者其他单位的工作人员故意利用其职务之便接受或索取贿赂，为他人谋取利益。

（二）防控建议

公司、企业或者其他单位的工作人员，其自身利益与所在单位的利益休戚相关。为了公司、企业繁荣与个人发展，相关人员在工作中应当忠实、勤勉。利用职务上的便利索取或者非法收受他人财物，为他人谋取利益的行为既损害了公司的利益，也将自身置于刑事犯罪的巨大风险之下。

首先，在进行采购时，要注意将回扣和折扣、佣金等合法收入区别开来。交易向对方给予折扣、佣金的，应当在依法设立的，反映单位生产经营活动或者行政事业经费收支的财务账上，按照财务会计制度规定明确，如实记载。公司、企业的工作人员在采购时，要杜绝收取回扣、好处费等刑法禁止的行为。

其次，在其他业务活动中，公司、企业或者其他单位的工作人员也应当杜绝利用职务上的便利，索取或者收受任何形式的好处费。

第三节　融资过程中的刑事法律风险及防控

一、贷款诈骗罪

贷款诈骗罪，是指以非法占有为目的，编造引进资金、项目等虚假理由，使用虚假的经济合同，使用虚假的证明文件，使用虚假的产权证明作担保或者超出抵押物价值重复担保，以及以其他方法，诈骗银行或者其他金融机构的贷款，数额较大的行为。

（一）犯罪构成

1. 犯罪客体

本罪侵犯的客体是双重客体，既侵犯了银行或者其他金融机构对贷款的所有权，还侵犯了国家金融管理制度。贷款是指作为贷款人的银行或者其他金融机构对借款人提供的并按约定的利率和期限还本付息的货币资金。在现代社会中，随着国民经济和社会发展对资金需求的日益增大，贷款在社会经济生活中所起的作用日益突出。银行等金融机构不仅通过发放贷款参与企业流动资金周转，并支持企业购置固定资产和进行技术改造，促进生产发展，同时还通过发放贷款促进商品流通，促进科技、文化、卫生等事业的发展。与此同时，随着我国贷款金融业务的日益发展，诈骗贷款违法犯罪活动也随之产生并愈益严重。诈骗贷款行为不仅侵犯了银行等金融机构的财产所有权，而且必然影响银行等金融机构贷款业务和其他金融业务的正常进行，破坏我国金融秩序的稳定。因此，诈骗贷款行为同时侵犯了银行等金融机构的贷款所有权以及国家的贷款管理制度，具有比一般诈骗行为更大的社会危害性。

2. 客观方面

本罪在客观方面表现为采用虚构事实、隐瞒真相的方法诈骗银行或者其他金融机构的贷款，且数额较大的行为。

所谓虚构事实，是指编造客观上不存在的事实，以骗取银行或者其他金融机构的信任；所谓隐瞒真相，是指有意掩盖客观存在的某些事实，使银行或者其他金融机构产生错觉。

3. 犯罪主体

本罪的主体是一般主体，任何达到刑事责任年龄、具有刑事责任能力的自然人均可构成，单位不能成为本罪的主体。银行或其他金融机构的工作人员与诈骗贷款的犯罪嫌疑人串通并为之提供诈骗贷款帮助的，应以贷款诈骗罪的共犯论处。所谓串通，是指银行或者其他金融机构的工作人员与诈骗贷款的犯罪分子在实施诈骗前或在诈骗的过程中，相互暗中勾结，共同商量或进行策划，与诈骗犯罪嫌疑人相互配合，充当内应而为之提供帮助的行为。对于银行及其他金融机构的工作人员与其他犯罪分子相互勾结骗取银行等金融机构钱财的行为，应当注意分清两种人员在共同犯罪中采用行为的性质，如果是以银行等金融机构工作人员为主，而采用的行为主要是利用职务之便进行，社会上的其他人员仅是提供帮助的，这时就应以银行等金融机构的工作人员所犯的罪行来定性处理，如是贪污，就应以贪污罪处罚，社会上的其他人员则以贪污罪的共犯论处；如是侵占，就应以职务侵占罪治罪，其他人员则以职务侵占罪的共犯处之。如果采用的行为是以虚构事实、隐瞒真相的欺骗方法为主，银行等金融机构的工作人员仅是为之提供帮助的，这时就以本罪定罪处罚，而不能不分情况，都以本罪或他罪论处。

4. 主观方面

本罪在主观上由故意构成，且以非法占有为目的。至于行为人非法占有贷款的动机是为了挥霍享受，还是为了转移隐匿，都不影响本罪的构成。反之，如果行为人不具有非法占有的目的，虽然其在申请贷款时使用了欺骗手段，也不能按犯罪处理，可由银行根据有关规定给予停止发放贷款、提前收回贷款或者加收贷款利息等办法处理。

（二）防控建议

企业经营管理者在实际经济活动中面临着诸多刑事法律风险，其中一些是由于刑事立法上的模糊、市场经济环境不成熟导致的，而有一些却是因为企业经营管理者为谋取企业或少部分人的利益，采取了刑法所禁止的行为方式。为避免贷款诈骗罪的刑事法律风险，经营管理者可以从以下几个方面着手：

1. 申请贷款时，应当对经营状况、还款能力、项目风险等进行综合评估，确定贷款数额。企业在向银行或其他金融机构申请贷款时，应确保提供的信息、证据材料的真实性，不能有不实陈述、提供虚假材料、编造不存在的贷款用途等做法。

2. 取得贷款后，应当按照贷款合同约定的用途使用贷款。即使因客观条件变化须改变资金用途，也应当对新项目的经营风险进行评估。将贷款用于高风险的经营活动，如炒股、炒期货等，有被认定为“具有非法占有目的”的可能。

3. 贷款到期时，应当积极筹措资金还本付息。如确实因市场风险、经营不善等客观原因导致经济状况恶化或资金周转款困难，没有能力偿还贷款的，应当及时与金融机构协商，办理贷款展期手续。而不能抽逃、转移资金、隐匿财产，隐匿、销毁账目，或者搞假破产、假倒闭，逃避返还贷款或拒不返还贷款。

二、骗取贷款罪

骗取贷款罪，是指以欺骗手段取得银行或者其他金融机构贷款，给银行或者其他金融机构造成重大损失或者有其他严重情节的行为。

（一）犯罪构成

1. 犯罪客体

本罪侵犯的客体是国家的金融管理秩序。

2. 客观方面

本罪客观方面表现为以欺骗的手段骗取贷款，造成银行或其他金融机构重大损失或有其他严重情节。本罪客观方面必须具备两个要素：一是实行行为是以欺骗手段骗取贷款，只要行为人在申请信贷资金或信用过程中有虚构事实、隐瞒真相的情节，或者只要提供假证明、假材料，或者信贷资金没有按照申请时所承诺的用途使用，都可认定为欺骗；二是必须具有已对社会造成严重危害的“严重情节”，包括给银行或者其他金融机构造成“重大损失”这一结果要件，或者与之相当的“其他严重情节”。在此，特别强调的是，本罪不以谋利为目的，也不以非法占有为目的。

3. 犯罪主体

本罪主体为一般主体，包括自然人主体和单位主体。

4. 主观方面

本罪主观上为故意，包括直接故意和间接故意。具体表现为行为人明知自己的行为会发生扰乱金融管理秩序的后果，并且希望或者放任这种结果发生的心理态度。行为人对骗取的贷款只有使用的目的，没有非法占有的目的。

（二）防控建议

企业管理者应当杜绝以编造虚假理由的方式取得银行贷款。实务中，有的企业通过编造引进资金、项目等方式，使银行或其他金融机构相信贷款人所申请的贷款、承兑等将用于收益较好的项目，从金融机构取得了相应贷款。如果企业无法偿还银行贷款额，就可能涉嫌骗取银行贷款罪。

企业应当规范自身经营行为，不协助他人编造购销合同。一些企业出于帮忙等目的，或者碍于情面，在明知犯罪嫌疑人是为骗取贷款却仍然与之签订虚假的购销合同，并为其提供担保、倒账等便利，则构成骗取贷款罪的共犯。企业在签订合同时，应确保双方是否存在真实交易，切勿为“帮忙”而参与违法行为。

三、合同诈骗罪

合同诈骗罪是指以非法占有为目的，在签订、履行合同过程中，采取虚构事实或者隐瞒真相等欺骗手段，骗取对方当事人的财物，数额较大的行为。

（一）犯罪构成

1. 犯罪客体

本罪的客体是复杂客体，即国家对经济合同的管理秩序和公私财产所有权。本罪的对象是公私财物。

2. 客观方面

本罪的客观方面，表现为在签订、履行合同过程中，以虚构事实或者隐瞒真相的方法，骗取对方当事人财物，数额较大的行为。这里的合同，应当理解为不包括单纯的借款合同，因为利用借款合同进行诈骗相当于直接通过诈骗的手段使得对方产生错误认识进而处分财物，完全符合诈骗罪的构成。本罪的诈骗行为表现为下列五种形式：

（1）以虚构单位或者冒用他人的名义签订合同的。

（2）以伪造、变造、作废的票据或者其他虚假的产权证明作担保的。这里所称的票据，主要指能作为担保凭证的金融票据，即汇票、本票和支票等。所谓其他产权证明，包括土地使用权证、房屋所有权证以及能证明动产、不动产的各种有效证明文件。

（3）没有实际履行能力，以先履行小额合同或者部分履行合同的方法，诱骗对方当事人继续签订和履行合同的。

（4）收受对方当事人给付的货物、货款、预付款或者担保财产后逃匿的。

（5）以其他方法骗取对方当事人财物的。这里所说的其他方法，是指在签订、履行经济合同的过程中使用上述四种方法以外，以经济合同为手段、以骗取合同约定的由对方当事人交付的货物、货款、预付款或者定金以及其他担保财物为目的的一切手段。

行为人只要实施上述任何一种诈骗行为，便可构成本罪。《刑法》第231条规定："单位犯本节第二百二十一条至第二百三十条规定之罪的，对单位判处罚金，并对其直接负责的主管人员和其他直法接责任人员，依照本节各该条的规定处罚。"

另外，诈骗对方当事人财物必须数额较大的。所谓数额较大，根据最高人民检察院、公安部《关于公安机关管辖的刑事案件立案追诉标准的规定（二）》第77条规定："以非法占有为目的，在签订、履行合同过程中，骗取对方当事人财物，数额在二万元以上的，应予立案追诉。"

3. 犯罪主体

本罪的主体，个人或单位均可构成。犯本罪的个人是一般主体，犯本罪的单位是任何单位。

4. 主观方面

本罪的主观方面，表现为直接故意，并且具有非法占有对方当事人财物的目的。

（二）防控建议

合同诈骗罪是故意犯罪。公司、企业在市场交易中实施合同诈骗行为主要是由于诚信经营的理念尚未树立，为了谋取不正当经济利益而不择手段。此外，也存在公安机关故意混淆经济纠纷与诈骗案件的界限，为谋取私利，把经济纠纷、债务纠纷立为诈骗案件，而将公司、企业卷入刑事犯罪的情形。在公安机关规范自身行为、提高办案水平的同时，公司、企业也应当树立良好的商业道德，通过正当途径追求经济利益，坚决杜绝为谋取利益而不择手段的行为。具体来讲：

1. 公司、企业在签订合同时，应当衡量自身履行合同的能力，量力而行，不实施虚构单位、伪造证明文件、提供虚假担保等欺诈行为。明知自己没有合同履行能力而夸大合同履行能力，最终导致合同履行不能的，也有被认定为合同诈骗罪的风险。

2. 签订合同后，公司、企业应当积极创造条件履行全部合同义务。即使因为市场风险导致合同无法履行，也应当妥善处理，承担相应违约责任，而不能携带对方交付的钱款逃逸。

四、非法吸收公众存款罪

非法吸收公众存款罪，是指违反国家金融管理法规非法吸收公众存款或变相吸收公众存款，扰乱金融秩序的行为。

（一）犯罪构成

1. 犯罪客体

非法吸收公众存款罪的客体是国家的金融信贷秩序。在市场经济条件下的社会经济生活中，金融交易主体之间形成复杂的金融关系，金融关系的有机整体就是金融秩序。金融关系包括：金融交易关系，金融管理关系，金融机构的内部关系。金融管理关系是指国家金融主管机关对金融业进行监管和宏观调控过程中所发生的社会关系，它是一种非平等主体之间的经济管理关系，即纵向金融关系。金融秩序由金融管理秩序、金融交易秩序和金融机构内部秩序三个有机统一的方面结合而成，其目的在于实现国家的宏观调控，保证社会资金的合理流向，保护广大公众的利益。非法吸收公众存款行为不仅侵犯了金融储蓄的管理秩序，而且由于金融储蓄是信贷资金的主要来源，对储蓄管理秩序的侵犯必将侵犯整个金融信贷秩序。所以本罪的客体是国家的金融信贷秩序。

2. 客观方面

本罪客观方面表现为，未经中国人民银行批准，向社会不特定对象吸收资金，或者不以吸收公众存款的名义，出具凭证，承诺在一定期限内还本付息，扰乱金融秩序的行为。所谓“公众”意即吸收存款对象的不特定性，指社会上大多数人，包括自然人、法人，存款包括个人存款和机构存款，所以公众包括法人。本罪只要求行为针对社会上大多数人，并不要求实际从社会上大多数人得到资金。但由于现代法人制度的发展，法人规模越来越大，其成员构成规模也越来越大，法人内部的特定对象也满足不特定性要件。所以笔者认为，关键问题是行为的性质是否为金融业务活动。如果行为属于金融业务活动，而对象又为特定少数人，则可以依刑法的“但书”出罪。

3. 犯罪主体

本罪的主体为一般主体，即年满 16 周岁具有刑事责任能力的自然人，单位也可以构成本罪。

4. 主观方面

本罪的主观方面表现为故意，并且只能是直接故意。但行为人不能有非法占有的目的。

（二）防控建议

企业创办需要资金，企业在运转过程中更需要大量的资金。资金是企业不可或缺的血液，是一个企业的命脉。由于资本市场直接融资和银行贷款的门槛较高、程序烦琐，不能满足企业发展的资金需求，因而民间融资成为企业融资的优先选择。但是企业在民间融资实际操作过程中必须把握好合法民间融资与非法吸收公众存款罪的界限，防范民间融资跨越刑法的底线，构成非法吸收公众存款罪。具体而言，企业应当做到以下几点：

第一，就融资方式而言，企业进行民间融资时应注意避免通过媒体、推介会、传单、手机短信等公开宣传、推介的方式，而应当采用非公开的方式募集资金。

第二，就融资对象而言，企业进行民间融资时应注意避免向“不特定对象”融资，可以主要向有合作关系的业务伙伴、确定范围的家庭成员、亲戚朋友融资。

第三，就资金用途而言，企业民间融资的用途影响融资行为的定性，企业应当将募集的资金及时投入生产经营活动中，而不能用于转贷或者违法犯罪活动。

第四，对于已经涉嫌非法吸收公众存款的企业，应当立即停止非法吸收存款活动。在不影响企业正常生产经营的前提下，按期、按比例退还部分集资款，或与集资人签订还款协议，约定延展一定的还款期。

五、欺诈发行股票、债券罪

欺诈发行股票、债券罪，是指在招股说明书、认股书、公司、企业债券募集办法中隐瞒重要事实或者编造重大虚假内容，发行股票或者公司、企业债券，数额巨大、后果严重或者有其他严重情节的行为。

（一）犯罪构成

1. 犯罪客体

本罪侵犯的客体是复杂客体，即国家对证券市场的管理制度以及投资者（股东、债权人和公众）的合法权益。

2. 客观方面

（1）行为人必须实施在招股说明书、认股书、公司、企业债券募集办法中隐瞒重要事实或者编造重大虚假内容的行为。

（2）行为人必须实施了发行股票或公司、企业债券的行为。如果行为人仅是制作了虚假的招股说明书、认股书、公司、企业债券募集办法，而未实施发行股票或者公司、企业债券的行为，不构成本罪。即必须是既制作了虚假的上述文件，且已发行了股票和公司、企业债券的才构成本罪。

（3）行为人制作虚假的招股说明书、认股书、公司债券募集办法发行股票或者公司、企业债券的行为，必须达到一定的严重程度，即达到“数额巨大、后果严重或者有其他严重情节的”，才构成犯罪。

3. 犯罪主体

本罪的犯罪主体主要是单位，自然人在一定条件下也能成为本罪的犯罪主体。

4. 主观方面

本罪在主观上只能以故意构成，过失不构成本罪。即行为人明知自己所制作的招股说明书、认股书、公司、企业债券募集办法等不是对本公司状况或本次股票、债券发行状况的真实、准确、完整反映，仍然积极为之者。因而本罪行为人的罪过实质是诈欺募股或诈欺发行债券。

（二）防控建议

1. 公司、企业在发行股票、债券时，必须遵守我国《公司法》《股票发行与交易管理暂行条例》等法律法规的规定。招股说明书、认股书、公司、企业债券募集办法等书面文件应当真实反映公司，企业的经营状况以及股票、债券发行的真实情况。向社会公开发行股票、债券之前应当再三审核上述文件，保证文件的真实性、准确性和完整性。

2. 公司、企业在发行股票、债券的过程中，伪造、变造国家机关公文、有效证明文件或者相关凭证、单据的行为也应当杜绝。这些行为可能同时触犯伪造国家机关公文、证件、印章罪以及伪造、变造金融票证罪。

3. 通过发行股票、债券筹得资金后，应当保证将资金用于公司、企业合法的经营活动中，而不能利用募集的资金进行违法活动或者转移、隐瞒所募集的资金。

第四节　生产经营中的刑事法律风险及防控

一、生产、销售伪劣商品罪

生产、销售伪劣商品罪，是指生产者、销售者以牟利非法利润为目的，在从事工商业活动中，违反国家产品质量管理法规，生产、销售伪劣商品，严重损害用户和消费者利益，危害社会主义市场经济秩序，应受到刑法处罚的犯罪行为。

（一）犯罪构成

1. 犯罪客体

本类犯罪的犯罪客体为复杂客体，因行为人所生产、销售的伪劣商品的品种、性质、用途不同，其所侵犯的具体客体有所不同。例如，生产、销售伪劣产品罪的犯罪客体为社会主义市场经济秩序和消费者的财产权；生产、销售假药罪、劣药罪的犯罪客体是药品管理制度和消费者的财产权、人身权。在这些生产、销售伪劣商品所侵犯的复杂的客体中，社会主义市场经济秩序是最基本的、最主要的客体，决定着生产、销售伪劣商品罪的类罪性质，其他犯罪客体处于次要地位。因此，生产、销售伪劣商品罪属于破坏社会主义市场经济秩序犯罪范畴，属于经济犯罪，而非属于有关侵犯财产权犯罪、侵犯人身权利犯罪或危害公共安全犯罪。

2. 客观方面

生产、销售伪劣商品罪在客观方面最显著的特征是行为人在客观上实施了生产、销售伪劣商品。所谓生产、销售伪劣商品，是指行为人故意在生产、销售的产品中掺杂、掺假，以假充真，以次充好或者以不合格产品冒充合格产品的情形。由于行为人所生产、销售的伪劣商品的种类、性质、用途不同，《刑法》对行为人所构成的具体有关生产、销售伪劣商品方面的犯罪的客观要件的要求也有所不同。

3. 犯罪主体

作为生产、销售伪劣商品罪的犯罪主体，依据《刑法》的规定，既可以是个人，也可以是单位。单位既可以是合法成立的，也可以是未经工商部门登记注册的非法单位。无论是合法成立的，还是非法成立的，均不影响单位构成本罪。作为个人犯本罪的，为一般主体，即凡达到刑事责任年龄，具有刑事责任能力的自然人，即可成为本罪的主体。当然，不具有完全行为能力的自然人不能成为本罪的主体。

4. 主观方面

生产、销售伪劣商品犯罪为故意犯罪，要求行为人对其生产、销售的伪劣商品在主观上必须是出于明知。所谓明知，是指行为人在主观上已经确实知道生产、销售的物品属于伪劣商品或者根据客观证据、情形证明行为人确实可能知道其所生产、销售的物品是伪劣商品而不是其他物品的情况。“明知”不等于“确知”。只要根据客观实际情况，结合行为人主观情形，证实行为人在主观上出于能明知而且可能明知而行为人不能否认即可。根据本类犯罪的性质和实际生活中的发案情况，本类犯罪主体在主观上大都具有谋取非法经济利益之目的。过失不构成本类犯罪。如果行为人对其生产、销售的伪劣商品不是出于故意，而是由于生产技术水平达不到要求或者受他人欺骗等完全客观原因导致行为人对其生产、销售的伪劣商品在主观上出于过失，而非出于故意的，则行为人不构成本类犯罪。

（二）防控建议

为避免生产、销售伪劣商品罪的刑事风险，生产者和销售者应当增强法律意识，树立诚信经营的理念，杜绝生产、销售伪劣商品的行为。具体来讲：

首先，生产者在生产过程中应当遵循我国《产品质量法》、《工业产品质量责任条例》以及省、自治区、直辖市关于产品质量的地方性法规、规章等的规定，加强产品质量的监督，严把质量关，确保产品质量符合国家标准、地方标准和行业标准。

其次，对于销售者来说，明知是伪劣商品而予以销售或者在所销售的商品中掺杂、掺假的行为，构成生产、销售伪劣商品罪的风险极高，销售者在销售商品的过程中应当杜绝和抵制上述行为。

最后，生产者、销售者发现所生产、销售的商品存在质量问题时，应当召回并及时采取措施防止危害后果的扩大，减轻民事赔偿责任，也降低刑事犯罪的风险。

（三）以案释法

湖北某煤炭公司、费某甲等生产、销售伪劣产品案

案情简介

2003年10月26日，被告单位湖北某煤炭公司主管人员费某甲，以湖北某煤炭公司的名义与某贸易公司签订一份煤炭购销合同。后在履行合同过程中，被告人费某甲利用对方业务员的疏忽，指使他人在销售给对方的煤炭中，掺杂了大量的次煤等，以次充好，共销给某贸易公司不合格煤炭848.8吨，销售金额达202,000余元。另查明，被告人费某甲系湖北某煤炭公司的业务主管，也是具体负责本次煤炭业务的主要责任人。

裁判结果

法院认为，被告单位湖北某煤炭公司在经营过程中，故意掺杂、以次充好，致使所销售产品严重不符合合同要求，销售金额达人民币20余万元。被告人费某甲作为被告单位的主管责任人，其指使他人并亲自参与了主要的犯罪活动。被告单位湖北某煤炭公司和被告人费某甲的行为均已构成销售伪劣产品罪，公诉机关指控所犯罪名成立，依法予以支持。为打击刑事犯罪，保护国家对产品质量的监督管理制度，维护社会市场秩序，依照《刑法》第30条、第31条、第140条、第150条以及最高人民法院、最高人民检察院《关于办理生产、销售伪劣商品刑事案件具体应用法律若干问题的解释》第1条第3款、第2条第1款之规定，判决：(1) 被告单位湖北某煤炭公司犯销售伪劣产品罪，判处罚金200,000元，在判决生效之日起10日内一次缴纳；(2) 被告人费某甲犯销售伪劣产品罪，判处有期徒刑2年。

润朗说法

建议企业对自己生产、销售的产品，应做到符合国家标准或行业标准，对于标准不明确的，应当做到不影响他人生命、财产安全，同样也不得危及他人身体健康。在没有国家标准或行业标准，或标准不明确的情况下，可以自行制定标准，并到相关政府部门备案，在备案后按该标准组织生产，还应建立产品质量监督部门，负责产品质量的检查、评估等工作。另外，企业应制定产品质量监督管理规定，规范产品生产、销售过程。还要加强技术培训，提高生产人员综合生产水平。加强销售教育培训，改善销售方法，提升销售能力。在对员工进行教育时，员工的道德水平教育应当作为一项重要培训内容。在教育、培训后，企业应当对生产、销售部门的全体员工进行综合评测与考核。根据评测与考核结果，合理安排工作岗位，从而提升产品生产、销售整体水平。

二、重大责任事故罪

重大责任事故罪，是指在生产、作业中违反有关安全管理的规定，因而发生重大伤亡事故或者造成其他严重后果的行为。

（一）犯罪构成

1. 犯罪客体

本罪侵犯客体为工厂、矿山、林场、建筑企业或者其他企业、事业单位的生产安全。作为重大责任事故罪所侵犯的客体即生产安全，是公共安全的重要组成部分。危害生产安全，同样表现为能够使不特定的多数人的生命、健康或者公私财产遭受重大损害。其特点是这些损害发生在生产过程中。

2. 客观方面

重大责任事故罪的行为是在生产、作业中违反有关安全管理规定。这里的违反有关安全管理规定，是指违反有关生产安全的法律、法规、规章制度。因此，这种有关生产安全的规定包括以下三种情形：

（1）国家颁布的各种有关生产安全的法律、法规等规范性文件。

（2）企业、事业单位及其上级管理机关制定的反映生产安全客观规律的各种规章制度，包括工艺技术、生产操作、技术监督、劳动保护、安全管理等方面的规程、规则、章程、条例、办法和制度。

（3）虽无明文规定，但反映了生产、科研、设计、施工的安全操作客观规律和要求，在实践中为职工所公认的行之有效的操作习惯和惯例等。

重大责任事故罪的结果是发生重大伤亡事故或者造成其他严重后果。最高人民法院、最高人民检察院《关于办理危害生产安全刑事案件适用法律若干问题的解释》（法释〔2015〕22 号）第 6 条规定：“实施刑法第一百三十二条、第一百三十四条第一款、第一百三十五条、第一百三十五条之一、第一百三十六条、第一百三十九条规定的行为，因而发生安全事故，具有下列情形之一的，应当认定为‘造成严重后果’或者‘发生重大伤亡事故或者造成其他严重后果’，对相关责任人员，处三年以下有期徒刑或者拘役：（一）造成死亡一人以上，或者重伤三人以上的；（二）造成直接经济损失一百万元以上的；（三）其他造成严重后果或者重大安全事故的情形。实施刑法第一百三十四条第二款规定的行为，因而发生安全事故，具有本条第一款规定情形的，应当认定为‘发生重大伤亡事故或者造成其他严重后果’，对相关责任人员，处五年以下有期徒刑或者拘役。实施刑法第一百三十七条规定的行为，因而发生安全事故，具有本条第一款规定情形的，应当认定为‘造成重大安全事故’，对直接责任人员，处五年以下有期徒刑或者拘役，并处罚金。实施刑法第一百三十八条规定的行为，因而发生安全事故，具有本条第一款第一项规定情形的，应当认定为‘发生重大伤亡事故’，对直接责任人员，处三年以下有期徒刑或者拘役。”第 7 条规定：“实施刑法第一百三十二条、第一百三十四条第一款、第一百三十五条、第一百三十五条之一、第一百三十六条、第一百三十九条规定的行为，因而发生安全事故，具有下列情形之一的，对相关责任人员，处三年以上七年以下有期徒刑：（一）造成死亡三人以上或者重伤十人以上，负事故主要责任的；（二）造成直接经济损失五百万元以上，负事故主要责任的；（三）其他造成特别严重后果、情节特别恶劣或者后果特别严重的情形。实施刑法第一百三十四条第二款规定的行为，因而发生安全事故，具有本条第一款规定情形的，对相关责任人员，处五年以上有期徒刑。实施刑法第一百三十七条规定的行为，因而发生安全事故，具有本条第一款规定情形的，对直接责任人员，处五年以上十年以下有期徒刑，并处罚金。实施刑法第一百三十八条规定的行为，因而发生安全事故，具有下列情形之一的，对直接责任人员，处三年以上七年以下有期徒刑：（一）造成死亡三人以上或者重伤十人以上，负事故主要责任的；（二）具有本解释第六条第一款第一项规定情形，同时造成直接经济损失五百万元以上并负事故主要责任的，或者同时造成恶劣社会影响的。”

3. 犯罪主体

本罪主体为特殊主体，根据《刑法修正案（六）》第1条规定，本罪的主体为直接从事生产的人员和直接指挥生产作业的人员。

4. 主观方面

重大责任事故罪的主观方面是过失。这里的过失，是指应当预见到自己的行为可能发生重大伤亡事故或者造成其他严重后果，因为疏忽大意而没有预见或者已经预见而轻信能够避免，以致发生重大伤亡事故或造成其他严重后果的主观心理状态。

（二）防控建议

企业虽然不是重大责任事故罪的犯罪主体，但该罪一旦发生，将会影响企业的正常经营秩序，使企业的声誉受到影响，企业的经营管理人员可能会面临刑事责任。为了防患于未然，企业、企业家可从以下几个方面着手：

1. 在开展法律规定的宣传时，可结合企业所涉及的服务范围，找出具体的案例，以“规定 + 案例”的形式进行普法宣传。因为对于过失型犯罪而言，通过警示教育的方式可有效地起到预防犯罪的效果。

2. 健全企业安全生产的规章制度，将安全生产作为企业的基本要求，在制定规范的制度后，管理人员还应以身作则，将每一项规定落实到实处。

3. 健全事故预防、处理机制，律师的加入可使得企业事故预防、处理机制更加的专业化、高效化。

（三）以案释法

重大责任事故罪典型案例

案情简介

2012年9月13日下午，武汉东湖风景区东湖村东湖景园还建楼施工现场，一台搭载19名工人的施工电梯上升至33层时，吊笼坠落，19名工人全部坠地身亡。

东湖景园项目由东湖村委托武汉万嘉置业有限责任公司（以下简称武汉万嘉）对外发包建设并负责管理，2011年，武汉博特建设监理有限责任公司（以下简称武汉博特）、湖北祥和建设集团有限公司（以下简称武汉祥和）分别承接了这一项目C区C1～C7号楼的监理和建设施工，而当时，东湖景园项目尚未办妥《建设工程规划许可证》和《建筑工程施工许可证》等手续，按规定不能开工。

武汉万嘉员工王某出任东湖景园项目工程总负责人，武汉祥和则指派易少某为东湖景园C区项目部施工负责人，武汉博特指派丁某某作为东湖景园C区施工代理总监。2012年3月，武汉祥和向武汉中汇机械设备有限公司（以下简称武汉中汇）租赁了5台施工升降机，和武汉中汇负责人魏某某约定由武汉中汇对升降机进行安装、维修和保养。

调查发现，武汉万嘉不具备工程建设管理资质，武汉祥和派来的项目部负责人易少某、墙粉工程包工头肖某某、武汉中汇派来维修电梯的杜某某均不具备相应资质，其中易少某与安全员易金某指派没有操作资格证的人操作升降机并购买伪造的资格证，丁某某指派无资质的安全员、监理员上岗。按规定应每月进行的电梯检修保养，实际上也没有落实。

裁判结果

法院判决：被告人王某、魏某某、易少某、易金某、丁某某、肖某某、杜某某7人在生产、作业中违反有关安全管理规定，致使发生事故的施工升降机安装不规范，作业时维修保养不到位，作业现场管理秩序混乱，重大安全隐患未能及时排除，因而发生重大伤亡事故，致19人死亡，情节特别恶劣，已构成重大责任事故罪。

同时，事发后，王某等6人留在现场积极参与救援，配合公安机关进行事故调查，如实供述罪行，被法院认定为自首，可从轻处罚，而武汉中汇负责人魏某某虽也在现场积极救援，但到案后未如实供述自己的犯罪事实，而是辩称已严格对电梯进行了保养，法院认为其不构成自首。

一审法院判处王某、易少某、易金某有期徒刑4年半，丁某某、肖某某、杜某某有期徒刑4年，魏某某有期徒刑5年。

润朗说法

在工程项目建设中，安全生产风险防范是所有工作中的重中之重，一旦发生安全事故，造成重大人员伤亡或财产损失，工程建设的所有参与方及其人员，均可能触犯刑法，构成犯罪。在工程项目建设过程中，应从以下几个方面来防范有关刑事法律风险：

其一，要牢固树立安全生产意识，重视生产作业中的细节问题。重大责任事故罪是过失犯罪，重大责任事故的发生往往是由于疏忽大意、习惯性违章造成的。一些看似细小轻微的、习以为常的违规违章行为及不良习惯，往往是发生重大责任事故的导火索。

其二，安全生产，人人有责。重大责任事故罪的犯罪主体是非常广泛的，任何参与工程项目建设的主体及其个人，只要违反了有关安全管理规定，导致发生安全事故，均可能触犯刑法，受到刑事处罚。在工程建设中，所有的参与主体均应高度重视安全生产工作，从我做起，严格履行安全管理职责，杜绝事故的发生。

其三，严格遵守安全生产有关法律法规、行业规范、规则，严格遵守企业的安全生产规章制度，养成良好的工作习惯。《刑法》中的“安全管理的规定”含义非常广泛，如在生产作业中，违反其中的任何内容，导致发生事故的，均可能承担刑事法律责任。

其四，发生安全事故后，要及时报告。《生产安全事故报告和调查处理条例》对于事故报告程序和内容作出了非常明确的要求，事故发生后，事故现场有关人员应当立即向本单位负责人报告；单位负责人接到报告后，应当于1小时内向事故发生地县级以上人民政府安全生产监督管理部门和负有安全生产监督管理职责的有关部门报告。发生电力安全事故的，还应根据《电力安全事故应急处置和调查处理条例》有关规定向电力监督管理部门报告。事故发生后，有关责任人未按照法律规定的程序进行报告，不报或者谎报事故情况，贻误事故抢救，情节严重的，可能构成“不报、谎报安全事故罪”。

其五，在工程建设中，不同的参与主体承担不同的安全管理职责，工程各个参与主体应当严格依据有关法律规定及合同的约定履行各自的安全生产职责和义务。具体包括以下几个方面：

（1）项目业主单位，应选择具备相应资质的勘察设计和施工承包单位，提供符合安全生产要求的施工条件，依据《企业安全生产费用提取和使用管理办法》有关规定提取和支付安全生产费用，确保提供的设备和材料（甲供材）符合相关质量安全标准等，发包人不得对勘察、设计、施工、工程监理等单位提出不符合建设工程安全生产法律、法规和强制性标准规定的要求，不得随意压缩合同约定的工期。

（2）勘察设计单位，应当严格按照国家法律法规及行业有关规定从事勘察设计工作，从事勘察设计的人员应当具备相应的资质，在设计过程中严格遵守国家、行业以及合同约定的有关质量标准。设计单位不按质量标准进行设计，擅自降低设计标准，导致发生工程重大责任事故的，可能触犯“工程重大安全事故罪”。

(3) 工程施工总承包单位，应当对施工现场的安全生产负总责。施工总承包商不得将工程转包，不得进行违法分包，不得将工程分包给不具备相应施工资质的分包单位，在施工过程中不得偷工减料，不得违反国家或行业有关施工工艺和规程。施工总承包商的管理人员应当具备相应的管理资质（如建造师证书、安全生产考核合格证书等），施工总承包商应当合理使用安全生产费用，专款专用，不得挪作他用。

(4) 工程监理单位，应当严格审查施工组织设计中的安全技术措施或者专项施工方案是否符合工程建设强制性标准。在实施监理过程中，发现存在安全事故隐患的，应当要求施工单位整改；情况严重的，应当要求施工单位暂时停止施工，并及时报告建设单位。施工单位拒不整改或者不停止施工的，工程监理单位应当及时向有关主管部门报告。监理单位的人员应当具备相应的监理资格。

(5) 机械设备出租单位，应当确保出租的机械设备和施工机具及配件具有生产（制造）许可证、产品合格证。出租单位应当对出租的机械设备和施工机具及配件的安全性能进行检测。禁止出租检测不合格的机械设备和施工机具及配件。出租单位应当按照国家有关法律规定定期对出租的机械设备进行检修维护，出租单位应当指派具有相应资质的专业人员操作出租的机械设备，指派具有相应资质的专业人员对机械设备进行检修和维护。

三、虚开增值税专用发票、用于骗取出口退税、抵扣税款发票罪与虚开发票罪

虚开增值税专用发票、用于骗取出口退税、抵扣税款发票罪，是指个人或者单位故意虚开增值税专用发票或者虚开用于骗取出口退税、抵扣税款的其他发票的行为。

虚开发票罪，是指虚开除增值税专用发票、用于骗取出口退税、抵扣税款的其他发票以外的发票，情节严重的行为。

（一）犯罪构成

1. 犯罪客体

本罪侵犯的客体是国家对发票的管理制度，造成国家税款流失，严重破坏了社会主义市场经济秩序，这是本罪区别于其他破坏社会主义经济秩序罪的本质特征。

2. 客观方面

本罪在客观方面表现为没有货物购销或者没有提供或接受应税劳务而为他人、为自己、让他人为自己、介绍他人开具增值税专用发票或者即使有货物购销或提供或接受了应税劳务但为他人、为自己、让他人为自己、介绍他人开具数量或者金额不实的增值税专用发票或者进行了实际经营活动，但让他人为自己代开增值税专用发票的行为。

3. 犯罪主体

本罪的主体均为一般主体，即达到刑事责任年龄且具有刑事责任能力的自然人均可构成。另外，单位也可成为本罪主体，单位构成本罪的，对单位实行两罚制，对单位判处罚金，并对直接负责的主管人员和其他直接责任人员追究刑事责任。

4. 主观方面

本罪在主观方面必须是故意，而且一般具有牟利的目的。实践中，为他人虚开增值税专用发票的单位和个人一般都以收取高额的手续费为目的，为自己虚开、让他人为自己虚开，介绍他人虚开的单位和个人一般都是以收取高额的中介费、信息费为目的。但“以营利为目的”并不是本罪主观上的必要条件。

（二）防控建议

为防范和化解虚开发票类犯罪的风险，公司、企业可以从以下几个方面着手防控：

1. 完善公司、企业的发票管理制度。公司、企业财务人员应当按照国家发票管理及公司相关制度的规定，对于发票、企业财务人员应当按照国家发票管理及公司相关制度的规定，对于发票、合同及其他交易凭证明确责任、加强管理、严格控制，并在相关人员之间建立起制约和监督机制。

2. 加强对企业内部人员的业务及法律培训。通过财务人员、采购人员等进行专业的税法培训，使其全面了解发票相关知识，明确虚开发票、虚开增值税专用发票等行为的法律责任。

3. 涉及增值税专用发票及其他发票的具体业务要增强防范意识，规范业务行为。在销售和采购过程中要确保实物流、现金流、发票流的一致性。关联方之间因关系密切，违法开票的现象更加严重，更要注意实物流、现金流、发票流合法合规，规避风险。

（三）以案释法

无锡某科技有限公司、唐某等虚开增值税专用发票、用于骗取出口退税、抵扣税款发票罪案[①]

案情简介

被告单位无锡某科技有限公司与被告单位塑拓公司之间存在业务往来，塑拓公司为无锡某科技有限公司提供塑料粒子。2015 年 11 月前后，被告单位无锡某科技有限公司的法定代表人即被告人唐某与被告单位塑拓公司的法定代表人即被告人司某某达成一致，在正常的业务往来之外，塑拓公司为无锡某科技有限公司虚开增值税专用发票，无锡某科技有限

① 江苏省无锡市锡山区人民法院（2018）苏 0205 刑初 597 号刑事判决书。

公司支付票面金额（增值税专用发票价税合计金额）的8%作为费用。2015年11月至2016年5月，被告单位塑拓公司共为被告无锡某科技有限公司虚开增值税专用发票50份，价税合计金额总计5,091,100元，涉及税额总计739,732.32元。上述发票均已被被告单位无锡某科技有限公司作为扣税凭证抵扣其进项税额。

2018年3月29日，被告人唐某主动至公安机关投案，如实供述了自己让他人为自己虚开增值税专用发票的事实。7月14日，被上网追逃的被告人司某某在其位于上海市松江区的住所被公安机关抓获，归案后如实供述了自己为他人虚开增值税专用发票的事实。8月16日，被告人司某某向无锡市公安局退出赃款15万元。涉案发票涉及的增值税，被告单位无锡某科技有限公司已经全部补缴。

裁判结果

（1）被告单位无锡某科技有限公司犯虚开增值税专用发票罪，判处罚金人民币13万元。

（2）被告人唐某犯虚开增值税专用发票罪，判处有期徒刑2年6个月，缓刑3年。

（3）被告单位上海塑拓复合材料有限公司犯虚开增值税专用发票罪，判处罚金人民币15万元。

（4）被告人司某某犯虚开增值税专用发票罪，判处有期徒刑3年。

（5）被告人司某某退出的违法所得15万元，由公安机关予以没收，上缴国库。

润朗说法

被告单位塑拓公司违反发票管理法规，在没有真实业务往来的情况下，为被告单位无锡某科技有限公司虚开增值税专用发票，涉及税额

739, 732. 32 元，应当以虚开增值税专用发票罪追究塑拓公司的刑事责任；被告人司某某作为被告单位塑拓公司的直接责任人员，应当以虚开增值税专用发票罪追究司某某的刑事责任；被告单位无锡某科技有限公司违反发票管理法规，在没有真实业务往来的情况下，让被告单位塑拓公司为自己虚开增值税专用发票，涉及税额 739, 732. 32 元，应当以虚开增值税专用发票罪追究无锡某科技有限公司的刑事责任；被告人唐某作为被告单位无锡某科技有限公司的直接责任人员，应当以虚开增值税专用发票罪追究唐某的刑事责任。故法院的判决是正确的。

四、非法经营罪

非法经营罪，是指违反国家规定，有下列非法经营行为之一的犯罪：（1）未经许可经营法律、行政法规规定的专营、专卖物品或其他限制买卖的物品的；（2）买卖进出口许可证、进出口原产地证明以及其他法律、行政法规规定的经营许可证或者批准文件；（3）未经国家有关主管部门批准，非法经营证券、期货或者保险业务的，或者非法从事资金结算业务的；（4）从事其他非法经营活动，扰乱市场秩序，情节严重的行为。

（一）犯罪构成

1. 犯罪客体

非法经营罪侵犯的客体应该是市场秩序，为了保证限制买卖物品和进出口物品市场，国家实行上述物品的经营许可制度。

2. 客观方面

非法经营罪的客观方面表现为未经许可经营专营、专卖物品或者其他限制买卖的物品、买卖进出口许可证、进出口原产地证明以及其他法律、行政法规规定的经营许可证或者批准文件，以及从事其他非法经营活动，扰乱市场秩序，情节严重的行为。主要有以下几种行为方式：

（1）未经许可经营法律、行政法规规定的专营、专卖物品或者其他限制买卖的物品。

（2）买卖进出口许可证、进出口原产地证明以及其他法律、法规规定的经营许可证或者批准证件。

（3）其他严重扰乱市场秩序的非法经营行为，非法经营证券、期货或者保险业务，非法从事资金支付结算业务。“非法从事资金支付结算业务”是指地下钱庄非法从事商业银行才能开展的接受客户委托代收代付，从付款单位存款账户划出款项，转入收款单位存款账户，以此完成客户之间债权债务清算或资金调拨的业务活动。

（4）其他严重扰乱市场经济秩序的非法经营行为，如非法买卖外汇；非法经营出版物；非法经营电信业务；在生产、销售的饲料中添加盐酸克伦特罗等禁止在饲料和动物饮用水中使用的物品；擅自设立互联网上网服务营业场所（网吧）或者擅自从事互联网上网服务经营活动；非法经营彩票。

3. 犯罪主体

本罪的主体是一般主体，即一切达到刑事责任年龄，具有刑事责任能力的自然人。依法成立、具有责任能力的单位也可以成为本罪的主体。

4. 主观方面

本罪的主观方面由故意构成，并且具有谋取非法利润的目的。如果行为人没有以谋取非法利润为目的，而是由于不懂法律、法规，买卖经营许可证的，不应当以本罪论处，应当由主管部门对其追究行政责任。

（二）防控建议

为防范非法经营罪的刑事风险，公司、企业可以从以下几个方面着手：

第一，公司、企业应当在工商行政管理机关核准的经营范围内从事经营活动。经营国家专营、专卖及其他限制买卖物品的公司、企业应履行相应的审批程序，经过行政主管部门的审批，获得批准文件或经营许可证。

第二，买卖公司、企业所获得的进出口许可证、进出口原产地证明以及其他法律、行政法规规定的经营许可证或者批准文件，情节严重的，也可能构成非法经营罪，公司、企业应当杜绝此类行为。

第三，非法经营罪中存在“其他严重扰乱市场秩序的非法经营行为”的兜底性规定，这使得非法经营罪成了一个极富适用弹性的罪名。公司、企业在进行经营模式的创新时，应当深入研究和把握国家的法律法规和政策，格外警惕非法经营罪的刑事风险。

（三）以案释法

张某非法经营案[①]

案情简介

自2014年开始，张某在未取得药品经营许可证的情况下，伪造“陕西省康华新药采供站出库专用章”、“陕西恒健医药有限公司”、“陕西恒健医药有限公司质量管理部”和“××”等企业、法定代表人公章，冒用上述企业名义非法经营药品。2016年3月3日，西安市食品药品监督管理局在张某租赁的西安市莲湖区三桥国际汽车欢乐港A4排4号、6号仓库内查获尚未销售药品880余种，货值1,758,693.89元。公安机关查证，2014年11月至2016年3月，张某还向樊某某、崔某某等人非法销售药品，经审计，销售金额21,009,667元。

裁判结果

西安市中级人民法院一审认为：被告人张某在未取得药品经营许可证的情况下，非法销售药品，扰乱市场秩序，情节特别严重，其行为已

---

① 参见陕西省高级人民法院（2017）陕刑终209号刑事判决书。

构成非法经营罪。西安市人民检察院指控被告人张某犯罪事实清楚、适用法律准确。依照《刑法》第225条第1项、第67条第1款、第52条、第53条、第64条之规定，判决：(1) 被告人张某犯非法经营罪，判处有期徒刑10年，并处罚金人民币120万元。(2) 扣押在案的药品由扣押机关西安市公安局依法予以追缴上缴国库。一审判决作出后，张某以一审量刑过重为由，上诉至陕西省高级人民法院，二审法院经审理后裁定驳回上诉，维持原判。

润朗说法

我国对药品进行严格监管，生产、销售者一般需要取得《药品经营许可证》，未取得《药品经营许可证》者，生产、销售药品者可能触犯我国《刑法》规定的非法经营罪。但是鉴于我国许多中药材具有药食同源的特性，根据国家食品药品监督总局办公厅《关于非药品经营单位销售中药材有关问题的复函》（2017年1月22日作出）中明确规定：

1. 判断中药材是否属于药品管理，关键在于界定其用途。

2. 中药材作为重要生产的原料，进入药用渠道，须纳入药品管理，依法加工炮制使用。

3. 未进入药用管理的中药材，鉴于各地有不同食用传统，不宜强调其药品属性，经营者无须取得《药品经营许可证》。但经营此类种药材不得宣称功能主治、用法用量等相关内容。

4. 作为药品销售，使用的中药材，应符合国家药品标准，对生产、销售、使用不符合国家药品标准的中药材药品，依据《药品管理法》等法律法规的规定依法处理。

在此提醒广大生产、销售中药材者，要明确区分其生产销售的中药材是否依法纳入药品管理，须依法取得《药品经营许可证》的，要严格按照法律规定取得《药品经营许可证》等相关资质，无须取得《药品经营许可证》者也要依法经营。

第五节　知识产权保护中的刑事法律风险及防控

一、侵犯商业秘密罪

侵犯商业秘密罪，是指以盗窃、利诱、胁迫或者其他不正当手段获取权利人的商业秘密，或者非法披露、使用或者允许他人使用其所掌握的或获取的商业秘密，给商业秘密的权利人造成重大损失的行为。

（一）犯罪构成

1. 犯罪客体

本罪侵犯的客体为商业秘密权，即商业秘密权利人对商业秘密所拥有的合法权益，以及受国家保护的正常有序的市场经济秩序。

2. 客观方面

本罪在客观方面表现为侵犯商业秘密，给商业秘密的权利人造成重大损失的行为。商业秘密，是指不为公众所知悉，能为权利人带来经济利益，具有实用性并经权利人采取保密措施的技术信息和经营信息。技术信息与经营信息通常包括产品配方、技术诀窍、设计图纸、营销策略、客户名单等。

侵犯商业秘密的行为表现为以下几种情况：

第一，以盗窃、利诱、胁迫或者其他不正当手段获取权利人的商业秘密。盗窃，一般是指通过窃取商业秘密的载体而获取商业秘密；利诱，是指以金钱、物品或者其他利益为诱饵，使知悉商业秘密内容的人提供商业秘密；胁迫，是指对知悉商业秘密的人进行恐吓、威胁，迫使他人提供商业秘密。其他不正当手段，是指除盗窃、利诱、胁迫以外的其他不正当手段，如抢夺载有商业秘密的图纸。

第二，披露、使用或者允许他人使用以上述第一种手段获取的权利人的商业秘密。这是上述第一种行为的继续。披露，是指将其非法获得的商业秘密告知权利人的竞争对手或其他人，或者将商业秘密内容公布于众；使用，是指将自己非法获取的商业秘密用于生产或者经营；允许他人使用，是指允许他人将自己非法获得的商业秘密用于生产或者经营，包括有偿与无偿两种情况。

第三，违反约定或者违反权利人有关保守商业秘密的要求，披露、使用或者允许他人使用其所掌握的商业秘密。这是指合法知悉商业秘密内容的人披露、使用或者允许他人使用商业秘密的行为，包括公司、企业内部的工作人员，曾在公司、企业内工作的调离人员、离退休人员以及与权利人订有保守商业秘密协议的有关人员。

第四，明知或应知前述第一种至第三种违法行为，而获取、使用或者披露他人商业秘密。这是间接侵犯商业秘密的行为，即第三者明知或者应知向其传授商业秘密的人具有上述违法行为，但获取、使用或者披露他人的商业秘密。

3. 犯罪主体

本罪的主体为一般主体，凡达到刑事责任年龄且具备责任能力的自然人均能构成本罪，依《刑法》相关规定，单位亦能构成本罪主体。单位犯本罪的，对其直接责任的主管人员和其他直接责任人员追究刑事责任。

4. 主观方面

本罪的主观方面只能是故意，即行为人有意识地通过多种手段侵犯商业秘密。过失不构成本罪。至于行为人出于何种动机而实施犯罪，不影响本罪的成立，只是量刑时可考虑的情节。实践中，该罪的犯罪动机表现为：（1）为了交换利益而披露商业秘密；（2）为自己从事不正当竞争而使用商业秘密；（3）为击败同业竞争对手而以盗窃、利诱、胁迫或者其他不正当手段获取商业秘密；（4）为出卖而以盗窃、利诱、胁迫或者其他不正当手段获取商业秘密；（5）为报复或泄愤而披露商业秘密。

（二）防控建议

商业秘密是企业的无形财富，关系到企业的生存与发展。企业一旦牵涉进侵犯商业秘密罪，不仅会遭受巨大的经济损失，还可能给其商誉造成损害。因此，企业应当采取预防和控制措施，在保护自身商业秘密不受侵害的同时也避免侵犯其他公司、企业的商业秘密。

其一，在公司、企业的内部管理中，应当建立和完善保护商业秘密的规章制度。如在劳动合同中约定保密条款和竞业禁止的内容或者单独与员工签订保密合同及竞业禁止合同，明确公司、企业员工的保密义务与责任。

其二，通过对单位员工进行培训，明确泄露商业秘密的民事及刑事责任，增强员工的道德观念、法治观念和责任感，使掌握企业商业秘密的技术人员、营销人员等形成保护商业秘密的自觉性。降低上述人员因受利益驱动出卖本企业的商业秘密，或者以不正当手段获取其他企业的商业秘密的可能。

其三，在外部，与供应商、客户及政府部门交往的过程中应当注意商业秘密的保护，涉及商业秘密时，也可以协商签订保密协议。

二、假冒注册商标罪

假冒注册商标罪，是指违反国家商标管理法规，未经注册商标所有人许可，在同一种商品上使用与其注册商标相同的商标，情节严重的行为。

（一）犯罪构成

1. 犯罪客体

本罪侵犯的客体是国家对商标的管理制度和他人的注册商标专用权。本罪的犯罪对象是他人的注册商标。所谓商标，是指自然人、法人或者其他组织对其生产、制造、加工、拣选或者经销的商品或者对其提供的服务项目上采用的，由文字、图形、字母、数字、声音、三维标志和颜色或者其组合构成的，能够将其商品或者提供的服务与他人的商品或者提供的服务区别开来的，具有显著特征的可视性标志。中国对商标专用权的取得采用注册原则，即按申请注册的先后来确定商标权的归属，即谁先申请商标注册，商标权就授予谁。由于采用注册原则，只有注册商标才受《商标法》保护，没有注册的商标不在保护之列。在中国，按照不同的标准可对注册商标进行不同的分类：（1）根据商标使用的对象来看，中国商标可分为商品商标与服务商标两大类；（2）按照商标的构成要素，中国的商标可分为文字商标，图形商标，字母商标，数字商标，三维标志商标，声音、颜色组合商标和其他组合商标；（3）按照中国商标注册申请书表格中通用的商标种类，可将商标划分为一般商标、集体商标和证明商标三类。根据《刑法》第 213 条的规定，假冒注册商标罪的犯罪对象只包括商品商标，不包括服务商标。

2. 客观方面

本罪的客观方面表现为未经注册商标所有人许可，在同一种商品上使用与其注册商标相同的商标，情节严重的行为。具体来讲，本罪的客观方面包括以下几点：

（1）未经注册商标所有人许可。根据《商标法》的规定，商标所有人可以允许他人在其商品上使用其注册商标。未经许可，不得在相同或相似的商品上使用与他人注册商标相同或类似的商标。这是注册商标专用权的内容之一。未经注册商标所有人许可包括以下具体情形：①行为人从未获得注册商标所有人使用其注册商标的许可，即商标所有权人未在任何时间以任何方式许可行为人使用其注册商标；②行为人虽然曾经获得过注册商标所有人的使用许可，但在许可使用合同规定的使用期限届满后，仍然继续使用注册商标所有人的商标；③行为人虽然曾经获得注册商标所有人的使用许可，但由于被许可人不能保证使用该商标的商品的质量等原因导致许可合同提前解除，行为人在合同解除后仍然继续使用该注册商标；④行为人虽然获得了注册商标所有人的使用许可，但超越许可使用注册商标的商品范围使用；⑤行为人虽然获得了注册商标所有人的使用许可，但超越许可使用注册商标的地域范围使用。

（2）在同一种商品上使用与他人注册商标相同的商标。“同一种商品”是指同一品种的商品或完全相同的商品。“相同的商标”是指与被假冒的注册商标完全相同，或者与之在视觉上基本无差别，足以对公众形成误导。“使用”是指将注册的商标或者假冒的注册商标用于商品、商品包装或容器，以及产品说明书、商品交易书等，或者将其用于广告宣传、展览以及其他商业活动中。

3. 犯罪主体

本罪的主体为一般主体，自然人和单位均能成为本罪主体。就自然人而言，只要行为人达到了法定刑事责任年龄，具有刑事责任能力，实施了假冒注册商标的行为，即可构成本罪。就单位而言，单位实施了假冒他人注册商标的行为，构成犯罪的，实行双罚制，即对单位判处罚金，对直接负责的主管人员和其他直接责任人员依法追究刑事责任。

4. 主观方面

本罪在主观方面表现为故意，即行为人明知某一商标是他人的注册商标，未经注册商标所有人的许可，在同一种商品上使用与该注册商标相同的商标。一般情况下，假冒他人注册商标罪的行为人都具有获利的目的，但依《刑法》规定，“以营利为目的”不是假冒注册商标罪的构成要件，有些假冒商标的行为也可能是为了损害他人注册商标的信誉等。不论是出于什么动机或目的，均不影响本罪的构成。如果是出于过失，即确实不知道自己所使用的商标是他人已注册的商标，则不构成本罪，可以按一般的商标侵权行为处理。

（二）防控建议

针对假冒注册商标罪，企业可以从以下几个角度防范相应的风险：

1. 谨防通过电商平台售假。实务中不少企业或初创业人员在网络店铺销售困难，在高额利润的驱使下，往往通过售假及侵犯他人注册商标的行为达到其销量的目的。企业相应人员需要增强法律意识，遵守相关法律规定，克服对犯罪行为的侥幸心理。

2. 谨防翻新出售品牌商品的风险。实务中，有很多企业把废旧品或二手市场残次品翻新后作为新品销售，此种行为涉嫌欺诈，如果翻新出售的商品属于品牌商品或注册商标商品，情节特别严重，则该行为涉嫌假冒注册商标罪，企业得不偿失。

三、假冒专利罪

假冒专利罪，是指违反专利法规，假冒他人专利，情节严重的行为。

（一）犯罪构成

1. 犯罪客体

本罪的客体为复杂客体，它既侵害了国家专利管理部门的正常活动，也侵害了单位或者个人的专利权利。随着社会主义市场经济体制的建立和健全，不仅需要在法律上明确规定允许和保护科技发明创造的专利权，以鼓励发明创造，维护专利权和国家的利益，而且侵权行为不断发生，也需要法律保护专利权人和国家的专利权益。因此，对假冒专利侵犯他人的专利权和国家的专利管理制度并构成犯罪的行为予以打击是必要的。

2. 客观方面

本罪在客观方面表现为违反国家专利管理法规规定，在法律规定的有效期限内，假冒他人或单位已向国家专利主管部门提出申请并经审查获得批准的专利，情节严重的行为。根据我国《专利法》的规定，专利权的所有人和持有人（专利权人），享有专利的独占权和专用权，任何单位和个人非经专利权人许可，除法律规定以外，都不得实施其专利，即不得为生产经营目的制造、使用或者销售其专利产品，或者使用其方法。

3. 犯罪主体

本罪的主体为一般主体。凡达到刑事责任年龄且具有刑事责任能力的自然人均能构成本罪。单位亦能成为本罪主体。单位犯本罪的，实行两罚制，对单位判处罚金，对其直接负责的主管人员和其他直接责任人员依法追究刑事责任。

4. 主观方面

本罪在主观方面必须出于故意，即明知自己在假冒他人专利侵犯他人专利权而仍故意实施该行为。对于过失行为，不能构成本罪。至于犯罪的动机则多种多样，有的为了营利，有的为了获取荣誉，有的为了损坏他人名誉等，但无论动机如何，都不影响本罪的成立。

（二）防控建议

针对本罪的具体防控建议，参考本书第八章企业知识产权相关法律风险及防控部分，故在此不再赘述。在此需要提示的是，本罪的构成需要达到情节严重的标准，但这并不意味着在情节严重的标准以下可以实行假冒专利的行为。一般的假冒专利行为虽然不构成犯罪，但仍是民事侵权行为，此时专利权人或者利害关系人可以请求专利管理机关进行处理或者直接向人民法院起诉。专利管理机关处理假冒他人专利案件，有权责令侵权人停止侵权行为，并赔偿损失。人民法院受理专利权人或者利害关系人起诉的侵害专利权的案件，可以判决或者裁定停止侵害、赔偿损失，还可以收缴进行侵害的工具和非法所得，并依照法律规定予以罚款、拘留。

图书在版编目(CIP)数据

中国民企风控指南 / 葛翠寒, 黄鸿, 张琦著. -- 北京 : 法律出版社, 2021
ISBN 978-7-5197-4543-1

Ⅰ. ①中… Ⅱ. ①葛… ②黄… ③张… Ⅲ. ①企业法-研究-中国 Ⅳ. ①D922.291.914

中国版本图书馆 CIP 数据核字(2020)第 082532 号

中国民企风控指南
ZHONGGUO MINQI FENGKONG ZHINAN

葛翠寒 黄 鸿 张 琦 著

策划编辑 慕雪丹 章 雯
责任编辑 慕雪丹 章 雯
装帧设计 汪奇峰

出版 法律出版社
总发行 中国法律图书有限公司
经销 新华书店
印刷 中煤(北京)印务有限公司
责任校对 赵明霞
责任印制 胡晓雅

编辑统筹 法商出版分社
开本 710 毫米×1000 毫米 1/16
印张 19
字数 340 千
版本 2021 年 3 月第 1 版
印次 2021 年 3 月第 1 次印刷

法律出版社/北京市丰台区莲花池西里 7 号(100073)
网址/www. lawpress. com. cn
投稿邮箱/info@ lawpress. com. cn
举报维权邮箱/jbwq@ lawpress. com. cn
销售热线/400-660-8393
咨询电话/010-63939796

中国法律图书有限公司/北京市丰台区莲花池西里 7 号(100073)
全国各地中法图分、子公司销售电话:
统一销售客服/400-660-8393/6393
第一法律书店/010-83938432/8433 西安分公司/029-85330678 重庆分公司/023-67453036
上海分公司/021-62071639/1636 深圳分公司/0755-83072995

书号:ISBN 978-7-5197-4543-1 **定价**:78.00 元
(如有缺页或倒装,中国法律图书有限公司负责退换)